JN065155

中級文法への道標

英語ができればフランス語ここに極まる！

はじめに

はじめての授業の日、教室でこんな話をします。
— テキストを教えるわけではありません、テキストで教えます。書かれていることを単純になぞるような講義はいたしません。仏文を和訳するだけの無味乾燥なレッスンはいたしません。

そして、次のように付け加えます。
— 本気で講義をします。ただ、語学をモノにするには各人の地道な努力が必須です。

本書は全部で3章からなっています。
1章はいわば素材となるテキストです。文型をふり出しに、英仏語を比較対照しやすいよう見開きで構成しました。つまり、英語からフランス語への中級レベルの橋渡しをしています。
2章は1章の応用説明と練習問題を提供しています。講義で学生を前にして説明する要領で、1章との重複を厭わず、新しい角度からの説明も加えています。1章の内容を理解し、深めてもらうための章です。更なるレベルアップの鍵も示す発展編です。
3章は1・2章の前提となるフランス語の初級文法確認ページ。ただし、読者に積極的な参加を求めるべく、若干の練習問題と例文をディクテ・仏作文で展開するオリジナルといたしました。音源を利用し、手を動かして基本を確認ください。

唐突な問いですが、「大学入学共通テスト」の受験者が現状おおよそ 50 数万人ほど。そのなかで、フランス語を選択する受験生がどれだけいるかご存じでしょうか。全志願者数の 0.0003%以下、150 人未満です。誤解しないでください。フランス語を教える身として、この数字を嘆いているわけではありません。大学生で数えれば、この何倍、何十倍とフランス語履修者は増えますし、社会人でもフランス語に興味関心を抱く方は少なくありません。その点は前向きにとらえています。言いたいのは、日本で暮らす人で「英語」を学んでいない方はほぼ皆無だということ。その一方で、" でも、英語はわかりません " という返答が大半なのも事実です。ただどうでしょう。「冠詞」「関係代名詞」「仮定法」という言葉を聞いて、まったくなじみのない方はいないのではないでしょうか。This is a pen. は OK ですが、This is a apple. とは言わない、これも問題ないはず。文法用語が苦手でも、仮定法の例 I wish I were a bird.「鳥だったらなあ」を耳にしたことのない方もほとんどいないはずです。

英語・英文法の "「知」の利 " を生かして第2、第3の外国語を学ぶ、この姿勢は学びの効率を一気に高め、使える言語に向けて着実に歩を進められるという点で真っ当な学びの道。英仏は単語も文法もかなり似ていますのでなおさらです。大学院在籍時から、大手の予備校で10数年英語を教え、大学で30数年にわたってフランス語を講じてきた経験と知恵を盛りこんで、英仏語を真っ向から比較対照するこの一冊を書きおろしました。本書の入門・初級編である拙著『英語がわかればフランス語はできる!』、このタイトルは空疎なスローガンではなく、間違いなく真実だと自らの身をもって断言いたします。

* いつものように編集を担当いただいた上野大介さん、最終段階で文言のミスをご指摘いただいた唐木恵美さん、面倒なページ構成をきれいに形にしていただいた DTP 担当の屋良達哉さん、ならびに原稿段階で細かなチェックをしてくれた Julien Richard- 木口さんに謝意を表したい。

目次

1章　初級文法から中級文法へ Bridge Building

4 変形・転換

2 章　練習問題と補遺 UPGRADE

《巻末付録》動詞活用表

● 音声について（収録時間：約 69 分）●

p.235-273 の練習問題は音声が収録されています。〔00〕や〔14〕、〔16〕5. 9. を除くディクテの問題は、ふつう→ゆっくり→ゆっくり、と 3 回音声が収録されています。
下記 URL を入力するか、QR コードより「音声無料ダウンロード & ストリーミング専用サイト」をご利用ください。弊社 HP から『[中級文法への道標] 英語ができればフランス語ここに極まる！』を検索し、「音声無料ダウンロード & ストリーミング専用サイトはこちら」からも同ページにアクセスできます。

https://stream.e-surugadai.com/books/isbn978-4-411-00567-0/

有料で、別途 CD にしたものもご用意しています。
お近くの書店でご注文ください。

[中級文法への道標]
英語ができればフランス語ここに極まる！（別売 CD）
CD：定価（800 円＋税）
978-4-411-10567-7

※音声無料ダウンロード・ストリーミングサービスは予告なく中止する場合があります。
ご了承ください。

初級文法から中級文法へ
Bridge Building

1 文型
2 時制
3 句・節
4 変形・転換

CR pp.142–143

CR : cross-reference「（書籍内）他所参照」

1.1-A 第1文型 S + V（自）

SがVする：存在・移動・働きかけ

第1文型で使われる動詞は（**完全**）**自動詞**と呼ばれます。
主語（S : subjet）と動詞（V : verb）で文が完結する形です。

現在進行形 Birds are flying.「鳥が飛んでいます」でも第1文型。なお、はみ出し情報ですが When pigs fly. という表現をご存知でしょうか。“「豚が飛ぶとき」→「そんなことあり得ない」”の意味。フランス語 Quand les poules auront des dents.（←鶏に歯が生えるとき）と似た言い回しです。

Birds fly.
S V
鳥は飛ぶ（飛ぶものです）。

ただし、この文型はS＋Vだけで使われることはほとんどありません。Mが添えられるからです。Mとはmodifier（修飾語）、厳密にいえば形容詞・副詞を指しますが、文型を考える際には副詞（副詞的語句）をMと考えていきます。その多くは、下記の例文の下線部のように時・場所・様態（モノのあり方や行為の有り様）などを表す語です。

Birds are flying in the sky.
S V M
鳥が空を飛んでいます。

She is dancing well in the dance hall.
S V M M
彼女はダンスホールで上手に踊っています。

My sister goes to school by bus every morning.
S V M M M
姉（妹）は毎朝バスで学校に行きます。

フランス語

CR　pp.142－143

1.1-A　第１文型　S ＋ V（自）

SがVする：存在・移動・働きかけ

第1文型で使われる動詞は（**完全**）**自動詞**と呼ばれます。
主語（S：sujet）と動詞（V : verbe）で文が完結する形です。

Les oiseaux volent.
S　V
鳥は飛ぶ（飛ぶものです）。／鳥が飛んでいます。

英語は現在と現在進行形の動詞の形が違いますが、フランス語はどちらもまったく同じ、訳の違いは文脈（時を表す副詞の存在など）が決めます。

ただし、この文型がS＋Vだけで使われるケースは少なく、Mが添えられます。Mとはmodificatif（修飾語）のことで、文型を考える際には副詞（副詞的語句）による修飾をMと考えます。多くは、場所を説明する語句、あるいは時や様態などを表すもので、状況に応じて補う要素なので「状況補語」とも呼ばれます。

Les oiseaux volent dans le ciel.
S　V　M
鳥が空を飛ぶ（飛んでいます）。

Elle danse bien dans la salle de danse.
S　V　M　M
彼女はダンスホールで上手に踊ります（踊っています）。

Ma sœur va à l'école en bus tous les matins.
S　V　M　M　M
姉（妹）は毎朝バスで学校に行きます。

英仏ともに時間と場所の副詞を並べる際は〈「場所」＋「時間」〉の並びが通例です。

CR pp.142–143

1.1-B 第１文型 S + V（自）
SがVする：存在・移動・働きかけ

右の in the library のように削除できない副詞的語句（副詞句）を特別に付加詞（Adjunct）と呼びます。

be 動詞「〜にいる、ある」も1文型を構成する大事な動詞です。

Paul is often in the library.
S V M M
ポールはよく図書館にいます。

文が疑問でも、否定でも、時制が現在でも過去でも文型に変化はありません。

Does Louis live in the suburbs of London?
S V M
ルイスはロンドン郊外に住んでいますか。

This car doesn't go very fast.
S V M
この車はそれほど速く走りません。

They were in the conference room for about an hour.
S V M M
彼らは1時間ほど会議室にいました。

She was staying at that luxury hotel.
S V M
彼女はあの高級ホテルに泊まっていました。

All roads lead to Rome.
S V M
（ことわざ）すべての道はローマに通ず。

CR pp.142–143

1.1-B 第 1 文型 **S + V**（自）
S が V する：存在・移動・働きかけ

動詞 être「〜にいる、ある」も第1文型をつくる大切な動詞です。

Paul est souvent à la bibliothèque.
S V M M
ポールはよく図書館にいます。

文が疑問でも、否定でも、時制が何であっても文型に変化はありません。

Louis vit-il dans la banlieue de Londres ?
S V M
ルイはロンドン郊外に住んでいますか。

Cette voiture ne roule pas très vite.
S V M
この車はそれほど速く走りません。

Ils sont restés dans la salle de conférence
S V M
pendant environ une heure.
M
彼らは1時間ほど会議室にいました。

Elle séjournait dans cet hôtel de luxe.
S V M
彼女はあの高級ホテルに泊まっていました。

Tous les chemins mènent à Rome.
S V M
（ことわざ）すべての道はローマに通ず。

CR pp.144–145

1.2-A 第２文型 S + V（自） + C

SがCである

英文全体のおおむね6割がこの第2文型になると言われています。

第2文型で使われる動詞は（**不完全**）**自動詞**と呼ばれます。主語（S）+動詞（V）に補語（C : complement）と呼ばれる名詞（代名詞・to 不定詞・動名詞・that 節など）ないしは形容詞（現在分詞や過去分詞を含む）が加わります。S = C となる文の形です。

My wife is happy.
S V C
私の妻は幸せです。

第1文型でも用いた be 動詞ですが、ここでは役割が違います。my wife = happy という関係を「つなぐ、結びつける言葉」、繋辞（けいじ）とか linking verb（連結動詞）などと呼ばれるものです。なお、この例に助動詞を添えて My wife must be happy.「妻は幸せに違いない」としても、意味は変わるものの、文型に変化はありません。

この文型で使われる代表的な動詞は上記の **be** 動詞のほかに、**become**「～になる」、あるいは **feel**「～だと感じる」、**sound**「～に聞こえる」といった知覚（感覚）動詞、「～のようである、～に思える」を表す **seem**, **appear**, **look** などです。

English has become my favorite subject.
S V C
英語は私の好きな科目になりました。

That girl looks very cheerful.
S V C
あの少女はとても陽気そうです。

注 意

英仏が常に同じ文型になるわけではありません。
たとえば、「このバラはいい香りがします」を訳せば、These roses smell nice. / Ces roses sentent bon. となります。一見、どちらも同じ文型に見えますが、英語は第2文型、フランス語は bon が形容詞（bonnes となっていません）ではなく副詞ですから、第1文型になります。

CR pp.144-145

1.2-A 第2文型 S + V(自) + A

SがAである

第2文型で使われる動詞は**(不完全)自動詞**と呼ばれます。主語(S)+動詞(V)に、属詞(A: attribut)と呼ばれる名詞や形容詞が後続します。この文型はS=Aとなる形です。

英仏で第2文型の構成要素が補語(C)、属詞(A)と呼び名は違いますが、文法的な機能はおおむね同じです。

Ma femme est heureuse.
S V A
私の妻は幸せです。

第1文型でも用いるêtreですが、第2文型では役割が違います。ma femme = heureuseとSとAを連結する動詞です。なお、devoir「違いない」を添えてMa femme doit être heureuse. などとしても文型は変わりません。

この文型で使われる代表的な動詞は上記の**être**や**devenir**「〜になる」、ほかに**sentir**「〜だと感じる」、**entendre**「〜に聞こえる」といった知覚(感覚)動詞、あるいは「〜のようである」を表す**sembler**, **paraître**, **apparaître**, **avoir l'air**などがあげられます。

Le français est devenu ma matière préférée.
S V A
フランス語は私の好きな科目になりました。

Cette fille a l'air très gaie.
S V A
あの少女はとても陽気そうです。

注意

〈avoir l'air+[形容詞]〉をSVO(第3文型 ☞p.10)とするとらえ方もあります。
たとえば、上記の例をCette fille a l'air très gai. とすれば、意味は変わらないものの、形容詞gai(e)をl'airの男性名詞に対応させた形になり、この場合には文型をSVO(l'airは直接目的語)ととらえることになります。p.144も参照ください。

CR pp.144–145

1.2-B 第２文型 S + V（自）+ C
Sが C である

もちろん、疑問文や否定文でも、過去の文でも未来でも文型は変わりません。

Did she look old?
S V C
彼女は年をとっているように見えましたか。

> 文頭の did は疑問文をつくる材料（助動詞）ですが、文型には関係しません。

The students did not remain silent.
S V C
生徒たちは黙っていませんでした。

He was a student at this university until two years ago.
S V C M M
彼は2年前までこの大学の学生でした。

> ちなみに「私の誕生日は１月です」は第１文型。My birthday is in January.（← １月にある）。前置詞なしで My birthday is January. ですと「（日）誕生日」=「（月）１月」となりますのでご注意を。フランス語も同じく Mon anniversaire est en janvier. となります。

It is important to get a steady job.
S V C S′
安定した仕事につくことは大切です。

＊ it は形式主語で to get a steady job（不定詞の名詞的用法）が真主語（実質的な主語）です。

My dream is to play tennis at Wimbledon.
S V C
私の夢はウインブルドンでテニスをプレーすることです。

＊ to 不定詞（名詞的用法：主語と同格）も補語になります。

CR pp.144-145

1.2-B 第2文型 S + V(自) + A
SがAである

もちろん、疑問文や否定文でも、扱う時間が過去でも未来でも文型は変わりません。

Elle avait l'air âgée ?
S V A
彼女はをとっているように見えましたか。

Les élèves ne sont pas restés silencieux.
S V A
生徒たちは黙っていませんでした。

Il était étudiant dans cette université jusqu'il y a deux ans.
S V A M M
彼は2年前までこの大学の学生でした。

Il est important d'obtenir un emploi stable.
S V A S'
安定した仕事につくことは大切です。

＊S=S'、非人称の il は形式上の主語（仮主語）で d'obtenir un emploi stable が本当の主語（真主語）になっている文です。

Mon rêve est de jouer au tennis à Wimbledon.
S V A
私の夢はウインブルドンでテニスをプレーすることです。

＊mon rêve = jouer au tennis à Wimbledon という関係。

英語は補語の「学生」には冠詞を添えて a student としますが、フランス語では属詞の位置に「国籍、職業や地位（役職）など」が置かれるとき冠詞は不要です。ただし、C'est un Français.「彼はフランス人です」なら不定冠詞を要します。

英 語　　CR pp.146－147

1.3-A　第３文型 S + V(他) + O
S が O を〜する：行動・影響

自動詞と他動詞の簡略な見分け方は...「他動詞」は「タクシーを止める」「新聞を読む」のような「名詞+ヲ」という形式の補助語（目的語）を取る動詞。一方、「自動詞」は「タクシーが止まる」「新聞に載る」のような「名詞+ヲ」を取らない動詞のことです。

第1文型・第2文型で使われる動詞は**自動詞**ですが、この先の文型に使われる動詞は**他動詞**です。他動詞は、直後に「名詞」、すなわち「目的語」（主語とは違う人やモノ：多くは「〜を」と訳される）を引き連れる動詞です。厳密に言えばこの文型（第3文型）で使われるのは DO「直接目的語：何を、誰を」なのですが、通例に従い O と略記します。第2文型と比べてみましょう。

My brother became a lawyer.　　my brother = a lawyer
S　V　C　　（第2文型）
兄（弟）は弁護士になりました。

My brother hired a lawyer.　　my brother ≠ a lawyer
S　V　O　　（第3文型）
兄（弟）は弁護士を雇いました。

英文のおよそ3割がこの文型 S → O（S が O に向かう、動作が及ぶ）だと言われます。

上記の差異は動詞 become「〜になる」（自動詞）と hire「〜を雇う」（他動詞）の違いから生じるものです。ほかの第3文型の例を次ページに渡っていくつか列記してみます。

Do you like coffee?
S　V　O
コーヒーは好きですか（あなたはコーヒーを好みますか）？

*下記のように動名詞や to 不定詞でも目的語 O になります。
I like skiing [to ski].　スキーをするのが好きです。

米語では like doing と like to do を区別しませんが（後者の方が使用頻度は高い）、イギリス英語では少し意味合いの異なるケースがあります。前者は「習慣的行為や趣味」として「〜が好き」の意味（doing の現在や過去の事実を語る性質から）、後者は時間・場所を限定して「〜したいと思っている」という含意で（to do の未来指向を踏まえて）使われるケースです（☞ p.122、p.128）。

CR pp.146-147

1.3-A 第3文型 S + V（他） + OD

Sが ODを〜する：行動・影響

第1文型・第2文型で使われる動詞は**自動詞**ですが、この先の文型に使われる動詞は**他動詞**です。他動詞は、直後に「名詞」=「直接目的語」（主語とは違う人やモノ：多くは「〜を」と訳される）をつなぐ動詞です。第2文型と比べてみましょう。

フランス語の目的語は次の課 1.4-A/B で触れるように「間接目的語」の考え方が英語と違うため、この文型の目的語は OD（object direct）と表記するのが通例です。なお、正式には COD「直接目的補語」と呼ばれるのですが、本書は英語 C「補語」と混同しない表記を採用しています。

Mon frère est devenu avocat.　mon frère = avocat（第2文型）

S　V　A

兄（弟）は弁護士になりました。

Mon frère a engagé un avocat.　mon frère ≠ un avocat（第3文型）

S　V　OD

兄（弟）は弁護士を雇いました。

A と OD で冠詞の有無に差がある点にも注意。

上記の差異は動詞 devenir「〜になる」（自動詞）と engager「〜を雇う」（他動詞）の違いから生じるものです。この先、第3文型の別例を見ていきます。

Tu aimes le café ?

S　V　OD

コーヒーは好きですか?

*不定詞（不定法）でも直接目的語になります。

J'aime skier.　スキーをするのが好きです。

英語では無冠詞ですが、フランス語では定冠詞を添えた le café で「コーヒーというもの」（総称）を表します。p.240 を参照ください。

1.3-B　第３文型　S + V（他）+ O
Sが O を〜する：行動・影響

引き続き例文を見ていきます。

I left my umbrella on the bus.
S V O M
私はバスに傘を忘れました。

The flight leaves Naraita at noon.
S V O M
その飛行機は昼12時に成田を出発します。

＊フライトスケジュールは事前に決まっていますので現在形が通例（☞ p.159）。

We ate curry rice for breakfast.
S V O M
私たちは朝食にカレーライスを食べました。

I think that Jean will come tomorrow morning.
S V O
私はジーンが明朝来ると思います。

Jean will come tomorrow morning. は第1文型ですが、この例では that 以下（名詞節）として think の目的語になっています。

なお、この文型は原則として O を主語とする受動態に変形することができます。

My uncle designed this new library.
→ This new library was designed by my uncle.
おじがこの新しい図書館を設計しました。
→ この新しい図書館はおじが設計したものです。

＊英仏の受動態の詳しい説明は pp.114–117、pp.214–217 を参照ください。

1.3-B 第３文型 S + V（他） + OD
S が OD を〜する：行動・影響

引き続き例文を見ていきます。

J'ai oublié mon parapluie dans le bus.
S V OD M
私はバスに傘を忘れました。

L'avion quitte Narita à midi.
S V OD M
その飛行機は昼 12 時に成田を出発します。

＊自動詞を用いて décoller de Narita とも表現できます。その場合、第 1 文型になります。

Nous avons mangé du riz au curry au petit déjeuner.
S V OD M
私たちは朝食にカレーライスを食べました。

Je pense que Jean viendra demain matin.
S V OD
私はジャンが明朝来ると思います。

Jean viendra demain matin. 単独なら第1文型ですが、この例では que 以下（名詞節）が penser の直接目的語になっています。

なお、この文型は原則として OD を主語とする受動態をつくることができます。

Mon oncle a conçu cette nouvelle bibliothèque.
→ Cette nouvelle bibliothèque a été conçue par mon oncle.

おじがこの新しい図書館を設計しました。
→ この新しい図書館はおじが設計したものです。

CR p.149

1.4-A 第 1 文型 S + V(自) か
第 3 文型 S + V(他) + O か

英語とフランス語で目的語のとらえ方に違いがあるため、文型の合計数が違います。**英語は5文型、フランス語は6文型になります。**フランス語の第4文型は、英語では第1文型か第3文型に分類される用例になります。言い換えれば、フランス語には間接他動詞(英語なら自動詞扱い、あるいは動詞によっては第3文型になる)が作る文型があるのです。そこで、この課の英語 version は、これまでの復習と注意喚起の課といたします。
では、次の問いを考えてみてください。

問題 (1) 下記の英文は何文型でしょうか。

My daughter is thinking about her future.
娘は将来のことを考えています。

「将来のことを考える」と目的語(O)のように訳されますが、「前置詞+名詞」を英語では「目的語」とみなしません。修飾語(M)として扱います。この think は「自動詞」扱いで、about her future の箇所は修飾語(M)という扱いになります。つまり、S + V + M となる第1文型というわけです。

問題 (2) 正しい英語は A・B のどちらでしょうか。

A : We have to obey the law.
B : We have to obey to the law.

この文を直訳すると「私たちは法**に**従わなくてはなりません」となります。この訳にそって英語を見直すと、obey to と前置詞をプラスした **B** が正しいように思えます。しかし、正しい英文は "obey +目的語(O)" となる **A**(第3文型:例文には have to「〜しなければならない」がプラスされています)です。「法**を**遵守しなくてはなりません」と訳せます。**「〜を」は目的語、「〜に」は目的語ではないという日本語を介した簡易的な判別法**(☞ p.10)は文型を理解する際に危険を含んでいます。ただし、「法を遵守する」obedient という形容詞を用いるなら We have to **be obedient to** the law. と前置詞が必要になります。ややこしいです。

フランス語

CR pp.148–149

1.4-A 第4文型 S + V（他） + OI
S が OI に〜する：行動・影響

フランス語の第4文型に使われる動詞は「前置詞を介した目的語」を必要とし、それは間接目的語（OI : object indirect）と呼ばれます。導く前置詞は大半が à か de で、前置詞を含めた箇所が間接目的語です。左ページの **問題**（2）と次ページの **問題**（3）で取りあげた英文を順に 3 つフランス語にすると、以下のようになります。

Nous devons obéir à la loi.
私たちは法を遵守しなくてはなりません。

Elle ressemble à sa sœur dans le caractère.
彼女は性格が姉（妹）に似ています。

Ils doutent de votre sincérité.
彼らはあなたの誠実さを疑っています。

下線部が間接目的語（OI）です。なお、この3つの文は文型を変えて次のように言い換えられます。

（第3文型） Nous devons observer la loi.
（第4文型） Son caractère ressemble à celui de sa sœur.
（第3文型） Ils mettent en doute votre sincérité.

＊この例は Ils mettent en doute que vous soyez sincère. とも言い換えられます。

上記 3 つの例文は、もしも英語でも同様に前置詞を添えるのであれば第1文型にカウントされます。英語では「前置詞+名詞」は修飾語（M）の扱いだからです。しかし実際には、**英語の obey, resemble, doubt は前置詞を介さない他動詞**ですから、第3文型になります。英語が合計5つの文型であるのに対して、フランス語はこの第4文型が1つ多いため、合計6文型とカウントされ、この文型に使われる動詞は**間接目的語**を必要とするので**間接他動詞**と呼ばれます。ただし、英語の5文型にならった考え方に立っている辞書では「間接他動詞」という考えを取らず「自動詞」扱いとしています。

市販されている代表的な「仏和辞典」で「間接他動詞」を扱っているのは『プログレッシブ仏和』（小学館）や『プチ・ロワイヤル仏和』（旺文社）、これを「自動詞」としているのは『クラウン仏和』（三省堂）などです。

英 語　　CR p.149

1.4-B　第１文型 **S + V**（自）か 第３文型 **S + V**（他）**+ O** か

引き続き問題を付加いたします。

問題（3）1 ～ 3 の正しい英語は A・B のどちらでしょうか。

1

A : She resembles her sister in character.

B : She resembles to her sister in character.

2

A : They doubt your sincerity.

B : They doubt about your sincerity.

3

A : We have to oppose this idea.

B : We have to oppose to this idea.

resemble は「～に似ている」の意味、また、doubt「～を疑う」は「～について疑う」とも和訳できます。oppose は「～に（議論で）反対する」の意味。そのため、前ページの**問題**（2）と同様に、他動詞か自動詞かが混同されやすい動詞です。正しい文は、すべて **A** になります。訳せば順に「彼女は性格が姉（妹）に似ている」「彼らはあなたの誠実さに疑いをもっている」「私たちはこの考えに反対せざるを得ません」という意味になります。
「～に」は文型にからまず、「～を」と訳せればそれは目的語とするという他動詞・自動詞判別法はたしかに簡便なひとつの方法ではありますが、上記のような落とし穴が待っていますので注意が必要です。

目的語をとるように和訳できるものの、英仏語では自動詞になる語もあります。He knocked on the door. / Il a frappé à la porte. なら「彼はドアをノックした」と訳せますが、英仏語では「ドアの上（表面）に」と考えて自動詞が使われます。他に、「自分の将来を考える」think of one's future / penser à son avenir、「女優になることを夢みる」 dream of becoming an actress / rêver de devenir actrice など自動詞か他動詞かまぎらわしい例もあります。また、enter Keio University / entrer à l'Université Keio「慶應大学に入る」のように英仏で自他に違いのある動詞もあります。

フランス語 **CR** pp.148–149

1.4-B 第4文型 S + V(他) + OI

Sが OI に〜する：行動・影響

ほかのフランス語の第4文型の例を英文と併記してあげておきます。

フランス語 (第4文型)〈répondre à + [名詞]「〜に答える」〉

Mon fils ne répond plus à mes questions.

S V OI

英 語 (第3文型)

My son no longer answers my questions.

S V O

息子はもう私の質問には答えません。

フランス語 (第4文型)〈profiter de + [名詞]「〜を利用する」〉

Je profite de cette occasion pour faire le tour de Kyoto.

S V OI M

英 語 (第3文型)

I am taking this opportunity to go around Kyoto.

S V O M

私はこの機会を利用して京都をぐるっと回ってみます。

英語ページの 問題 (3) の 3 We have to oppose this idea. を仏訳すると、On doit s'opposer à cette idée. と代名動詞を用いた文になります。ただ、この再帰代名詞 (se) は直接目的語であるため第4文型ではありません(☞ p.147)。

ただ、急いで追記しますが、下記のフランス語の下線部を混同しないでください。

(第1文型)「場所を表す副詞句」=「状況補語」(修飾語)

Il vit à Bordeaux, sa ville natale.

S V M

彼は生まれ故郷のボルドーで暮らしています。

(第4文型)「間接目的語」

Il pense à Bordeaux, sa ville natale.

S V OI

彼は生まれ故郷のボルドーのことを考えています。

vivre は自動詞。penser à qqn/qqch は間接他動詞で「〜のことを思う、考える」の意味。

英語

CR pp.150–152

1.5-A 第4文型 S + V(他) + O1 + O2

S が O1 に O2 を〜する：与える・受け取る

通常、英語では目的語の直接・間接の別を強く意識しません。なお、この文型をとる動詞は授与動詞と呼ばれます。

2つの目的語（O）をとる他動詞が導く形、それが第4文型です。パターン化すれば「人に物（時間・お金など）を授与する」という流れとなる動詞が大半で、O_1 が**間接目的語**（IO）、O_2 が**直接目的語**（DO）と呼ばれます。

I gave my wife a bouquet of roses.
S V O_1 O_2
私は妻にばらの花束をあげました。

O_1 だけの「私は妻にあげた」では「何を」という不足を感じますが、「私はばらの花束をあげた」なら文意は通じます。その意味から、O_2 の方が重要という意味合いで「直接」と呼ばれます。あわせて、「（結果）O_1 は O_2 を手にしている」という関係が成立します。別の例をあげましょう。

She showed me the album.
S V O_1 O_2
彼女は私にアルバムを見せてくれた。

＊次のように直接目的語 O2 が that 節になる例もあります。
He showed us that French grammar was fun.
S V O1 O2
彼は私たちに仏文法のおもしろさを教えてくれた。

右記の第4文型の例は、「先生が哲学を学生に教えていて、その講義内容がきちんと学生に届いていること」も含意されます（☞ p.20）。

Mr. Sato teaches his students philosophy.
S V O_1 O_2
佐藤先生は学生たちに哲学を教えています。

フランス語

CR | pp.150-152

1.5-A 第5文型 S + V(他) + OI + OD

SがOIにODを〜する：与える・受け取る

2つの目的語（O）をとる他動詞が導く形、それがフランス語の第5文型です。英語の第4文型と同様、パターン化すれば「人に物（時間・お金など）を授与する」という流れになる動詞が大半です。
ただし、英語の第4文型（大半が「人に物を」の順）ではなく、それを書き換えた形（英語では第3文型に分類される「物を人に」の形）がフランス語の第5文型です。具体的に言えば、左ページの英語の最初の文（第4文型）をそのまま機械的にフランス語に置き換えて、

I gave my wife a bouquet of roses.

→ J'ai donné ~~ma femme un bouquet de roses.~~

私は妻にばらの花束をあげました。

とすることはできません。
つまり、フランス語の第5文型とは、下記の形で展開する文です。

英語で成立する第4文型の語順がフランス語にはありません。

S + V + OD + OI

OIは「[前置詞]（大半はà）+ [名詞]」になります。

＊英語では修飾語（M）と分類されるものが、フランス語では間接目的語（OI）となるわけです。

左ページにあげた英語の例文を上から順にフランス語（第5文型）にしていきましょう（和訳は省きます）。

J'ai donné un bouquet de roses à ma femme.
S V OD OI

2つの目的語を人称代名詞で受けて Je le lui ai donné.「それを彼女にあげた」と言い表すこともあります（☞ p.253）。

Elle m'a montré l'album.
S OI V OD

M. Sato enseigne la philosophie à ses étudiants.
S V OD OI

英語

CR pp.150–152

1.5-B 第4文型 S + V(他) + O1 + O2

S が O1 に O2 を〜する：与える・受け取る

右の書き換えは次のようなケースでは行なえません。We sent him to a branch office. は OK でも、We sent a ~~branch office him.~~ の語順は不可です。「支局（場所）が彼（人）を送る」ことはできないからです。つまり、英語の第4文型の多くが「人にモノを」と配される所以。

右の第3文型は、「佐藤先生が哲学を学生に教えている」という事実だけを伝える文になります。

英語では旧情報は前、新情報はうしろという原則があります。よって、第4文型なら O1（旧情報）+ O2（新情報）という流れ、第3文型なら O（旧情報）+ M（新情報）となるという差異があります。いずれを用いるかは文脈によることになります。

また、英語の第4文型は原則として、第3文型「S + V + O + M」に書き換えられます。

S + V + O2 + 前置詞 + O1

「[前置詞]（大半は to）+ [名詞]」は修飾語 (M)

前ページの2つの例を第3文型に書き換えるとこうなります。

She showed me the album.
S V O1 O2

→ **She showed the album to me.**
S V O M

Mr. Sato teaches his students philosophy.
S V O1 O2

→ **Mr. Sato teaches philosophy to his students.**
S V O M

第3文型に書き換える際に、前置詞が for になるケースもあります。たとえば、buy「買う」を用いた「私は父に赤いネクタイを買いました」という例なら、こう書き換えられます。

I bought my father a red necktie.
S V O1 O2

→ **I bought a red necktie for my father.**
S V O M

* give, show, teach などは「誰か（相手）に対して行なう行為（物や情報の移動）」に用いますが、書き換えたとき for をとる動詞（buy, make, cook など）は「相手なしで自分のためにでも取れる行動」という違いがあります（自分用にネクタイは買えます）。たとえば、動詞 bring「持って行く（来る）」が to「〜のところに」, for「〜のために」といずれの前置詞もとれる所以です。

CR pp.150-152

1.5-B 第５文型 S + V（他）+ OI + OD
S が OI に OD を〜する：与える・受け取る

そして、左ページの一番下の英文「私は父に赤いネクタイを買いました」は間接目的語に " 前置詞 pour" をともなってこうなります。

J'ai acheté une cravate rouge pour mon père.
S V OD OI

ちなみに、acheter A (qqch) à B(qqn) の形もありますが、この場合は文脈次第で（1）「B に A を買う」とも（2）「B から A を買う」とも訳せることになります（☞ p.150）。
Elle a acheté ce tableau à Frédéric.
（1）彼女はフレデリックにその絵を買った。
（2）彼女はフレデリックからその絵を買った。

また、informer A de B（A に B を知らせる）も第5文型になる代表的な動詞です。

Georges a informé ses parents de son arrivée à Rome.
S V OD OI
ジョルジュは両親にローマに到着したと知らせました。

＊英語に置けば inform A of B を用いる第3文型になります。
Georges informed his parents of his arrival in Rome.

あわせて、不定詞（不定法）をともなう次のようなケースも同じく第5文型です。

Mon mari m'a promis de cuisiner tous les week-ends.
S OI V OD
夫は毎週末料理をすると私に約束した。

＊英語なら My husband promised me to cook every weekend. となる第4文型に相当します。

動詞 promise は、不定詞の意味上の主語が「目的語ではなく文の主語と一致する」ため、that 節を用いて " ～ that he would cook every weekend." とする方が混乱をきたさないという指摘があります。

CR pp.153–155

1.6-A 第5文型 S + V(他) + O + C

SがOをCだと〜する：思う・知る／
S〈原因〉がOをCにする

NHKラジオの人気英語講師が「目的語説明型」と呼んでいる形ですが、要するに第5文型のことです。なお、この文型に使われる動詞は不完全他動詞と呼ばれます。

第2文型を内包した文型、それが第5文型です。

第2文型　**This magazine is very interesting.**

S　V　C　**S=C**

この雑誌はとてもおもしろい。

→ I find 〈S+V〉 + This magazine [is] very interesting.

第5文型　**I find this magazine very interesting.**

S　V　O　C

私はこの雑誌はとてもおもしろいと思います。

動詞（V）のうしろに2つの要素が置かれるという意味では第4文型と似ていますが、大きな違いは

第4文型　$O_1 \neq O_2$　　**第5文型　O = C**

という関係にあります。たとえば、第4文型でも第5文型でも使われる動詞 make を用いて考えてみましょう。

第4文型…おばは私たちにクッキーを作ってくれました。

My aunt made us cookies.

＊もちろん、下線部 O_1 =私たち（us）と O_2 =クッキー（cookies）は別物です。

第5文型…この映画を見ていると幸せな気分になります（この映画は私を幸せにする）。

This movie makes me happy.

下線部OとCをbe動詞でつないで、I am happy. という第2文型を作ることができます。

CR pp.153-155

1.6-A 第６文型 S + V (他) + O + A

S が OD を A だと〜する：思う・知る／
S〈原因〉が OC を A にする

第2文型を内に取りこんだ文型、それが第6文型です。

第2文型 **Ce magazine est très intéressant.**

S V A **S=A**

この雑誌はとてもおもしろい。

→ **Je trouve 〈S+V〉 + Ce magazine [est] très intéressant.**

第6文型 **Je trouve ce magazine très intéressant.**

S V O A

私はこの雑誌はとてもおもしろいと思います。

動詞（V）のうしろに2つの要素が置かれるという意味では第5文型と似て見えますが、大きな違いは

第5文型 OD ≠ OI 第6文型 OD = A

という関係にあります。たとえば、第5文型でも第6文型でも使われる動詞 rendre を用いて考えてみましょう。

第5文型…私はこの辞書を友だちに返します。

Je rends ce dictionnaire à mon ami.

＊ 下線部 OD =この辞書（ce dictionnaire）と OI =友だちに (à mon ami) は別物です。

第6文型…この映画を見ていると幸せな気分になります（この映画は私を幸せにする）。

Ce film me rend heureux(se).

下線部を動詞 être でつないで、Je suis heureux(heureuse). という第2文型が作れます。

CR pp.153-155

1.6-B 第５文型 S + V(他) + O + C

Sが O をCだと～する：思う・知る／
S〈原因〉が O をCにする

ほかに「知覚・感覚に関係する動詞」「感じる」「判断や評価などを下す、思う」「名づける」「選ぶ」などといった動詞が、第5文型を構成する代表的なものです。

◆ see ☞ p.202

I have never seen my boss angry.
S V O C

私は上司が怒っているのを一度も見たことがありません。

I saw a little girl get kidnapped by a masked man.
S V O C M

私は少女が覆面をした男に誘拐されるのを見ました。

原形不定詞が補語になっている例

◆ feel

I felt the wind change to the north.
S V O C M

私は風が北向きに変わるのを感じた。

◆ hear

I heard an uguisu singing in the woods.
S V O C M

私は林の中でウグイス (a Japanese bush warbler) が鳴いているのを耳にしました。

この例は受動態を用いて Mr.Umebayashi was elected chairman of the committee. と書き換えられます。

◆ elect

We elected Mr. Umebayashi chairman of the committee.
S V O C

私たちは梅林さんを委員長に選出しました。

CR pp.153–155

1.6-B

第6文型 **S + V**(他) **+ O + A**
SがODをAだと〜する：思う・知る／
S〈原因〉がOCをAにする

ほかに、「知覚・感覚に関係する動詞」「感じる」「判断や評価などを下す、思う」「名づける」「選ぶ」などといった動詞が、第6文型を構成する代表的なものです。

◆ voir

Je n'ai jamais vu mon patron en colère.
S V OD A
私は上司が怒っているのを一度も見たことがありません。

J'ai vu une petite fille se faire enlever par un homme masqué.
S V OD A M
私は少女が覆面をした男に誘拐されるのを見ました。

不定詞（不定法）が属詞になっている例

◆ sentir

J'ai senti le vent tourner au nord.
S V OD A M
私は風が北向きに変わるのを感じた。

◆ entendre

J'ai entendu un uguisu chanter dans les bois.
S V OD A M
私は林の中でウグイス (une bouscarle chanteuse) が鳴いているのを耳にしました。

◆ élire

Nous avons élu M. Umebayashi président du comité.
S V OD A
私たちは梅林さんを委員会の議長に選出しました。

この例は受動態を用いて M.Umebayashi a été élu président du comité. と書き換えられます。

2.1-A 現在形(事実の報告)と現在進行形(終点にいたっておらず進行中)

動詞の現在形は言うまでもなく、主に現在に関することを表しますが「今、このとき」(発話時)に限定されるものではありません。たとえば「地球は太陽の周りを回っている」という自明のことは The Earth goes around the Sun. と現在形で書かれますが、言うまでもなく「過去も現在も未来も」地球は太陽の周りを回っています。その意味では、現在形は現在を中心に「**過去←現在→未来**」**という広い範囲を指す**、いわば「時間に拘束されていない時制」と考えることができそうです。

動作や状態がどのような局面にあるか、どの段階なのかを表す動詞の形態を「相(アスペクト)」(aspect)と呼びます。英語の現在形は、出来事や状態を事実として静的に描写したり、習慣的行為を表す形式で「(現在)単純相」と呼ばれます。日本語では通常「ル形」(例「テニスをする」)で表されます。

現在形の基本的な意味合いは、ざっと、次の3つに集約できましょう。

(1) 現在の状態をいう:現在〜である、〜している(状態動詞)。

Our daughter in the third year of high school is 18 years old.

高校3年の娘は 18 歳です。

(2) 現在の習慣をいう:(習慣的に)〜する、〜している(動作動詞)。

My parents play tennis at a nearby sports center on Sundays.

両親は日曜に近所のスポーツセンターでテニスをします。

(3) 普遍・不変の真理(モノの属性・特性)や社会の通念の表現。

Water consists of hydrogen and oxygen.

水は水素と酸素から成っています。

ことわざの類も(3)の例です。

Haste makes waste.

急がば回れ(←急ぐことはかえって無駄を生むことになる)。

CR pp.158-162

2.1-A 直説法（現在の客観的な事実を現在形で伝える話し手のあり方）現在形（事実の報告）

現在時制は動詞の現在形を用いて、主に現在に関することを表しますが、「今、このとき」に限定されません。たとえば「地球は太陽の周りを回っている」という公転を説明するなら La terre tourne autour du soleil. と現在形で書かれますが、「過去も現在も未来も」地球は太陽の周りを回っています。その意味では、直説法現在形は「**過去・現在・未来」を包含した広い範囲を指す**ということができます。

現在形の基本的な意味（用法）は、ざっと次の3つに集約できそうです。

（1）現在の状態をいう：現在〜である、〜している（状態動詞）。

Notre fille en troisième année de lycée a 18 ans.

高校3年の娘は 18 歳です。

（2）現在の習慣をいう：（習慣的に）〜する、〜している（動作動詞）。

Mes parents jouent au tennis dans un centre sportif voisin le dimanche.

両親は日曜に近所のスポーツセンターでテニスをします。

（3）普遍・不変の真理（モノの属性・特性）や社会の通念の表現。

L'eau est composée d'hydrogène et d'oxygène.

水は水素と酸素から成っています。

ことわざの類も（3）の例です。

La hâte fait du gaspillage.

急がば回れ（←急ぐことはかえって無駄を生むことになる）。

＊ラテン語 Festina lente. を訳して Hâtez-vous [Hâte-toi] lentement. という言い方もします。

CR pp.158-162

2.1-B 現在形(事実の報告)と現在進行形(終点にいたっておらず進行中)

現時点で進行中の動作「(今)〜している、〜している最中である」を示すには、
現在進行形　S+〈be 動詞(am, is, are)+Ving(現在分詞)〉
の形を用います。

They are playing soccer in the school playground.
彼らは校庭でサッカーをしています。

＊ They **play** soccer in the school playground on weekends. と現在形にしますと、前ページの(2)と理解されて、現在に限らず習慣的に「週末になるとサッカーをする」と解されます。

My husband is looking good.
(格好が)夫はなかなかいい感じに見えます。

＊ この例は、普段はパッとしない旦那さんが、スーツをビシッと決めて目の前に現れたようなケースで使われます。現在形、My husband **looks** good. なら「(容姿、格好が)いい感じの夫」(あるいは My husband looks good in anything he wears. の含みで「何を着ても似合う人」)といった意味になります。

なお、行為や出来事が瞬時に終わることを意味する動詞の現在進行形が、差し迫ってくる未来「〜しかけている」や段階的な変化「(徐々に)〜しつつある」を表すケースがあります。

現在進行形は多く「往来・発着」のニュアンスを持つ動詞を用いて、進行中の「未来(計画・予定)」(近接未来)も表せます(例：Paul is returning to France the day after tomorrow.「あさってポールはフランスに戻ります」：確実な未来を見すえ、帰国の準備を着々と整えつつあるということ)。

A kitten is dying behind a tree.
子猫が木の陰で死にかけています。

＊ なお、I'm going to New York. と現在進行形を使うと「(明日にでも)ニューヨークに行ってきます」という感覚、これを未来を表す be going to を用いて I'm going to go to New York. とすると「(来月、あるいは来年)ニューヨークに行くことになりました」という感覚を伝えます。

The sun is setting on the horizon.
夕日が水平線に沈みかけています(もうすぐ沈む)。

CR pp.158–162

2.1-B 直説法（現在の客観的な事実を現在形で伝える話し手のあり方）現在形（事実の報告）

では、現時点で進行中の動作「（今）～している、～している最中である」を示すにはどうしたらいいのでしょうか。フランス語には英語の「現在進行形」に類する形がありません。現在形が代用します。そのため、下記の文には2つの訳が可能です。

進行形という当たり前に存在するとも感じられる時制（正しくは「進行相」）を有する言語はさほど多くありません。日本語は通常「テイル形」が該当します（☞ p.44）。

Ils jouent au football dans la cour de l'école.

① 現在での和訳　　　彼らは校庭でサッカーをします。
② 現在進行での和訳　彼らは校庭でサッカーをしています。

①と②の違いは文脈が決めます。

ただ、フランス語で「～が進行中だ」という内容を明示する手段がないわけではありません。たとえば、〈être en train de + inf.［動詞の原形・不定詞］〉「～しているところです」という熟語を用いて、上記の文を次のように書き換えることができます。

Ils sont en train de jouer au football dans la cour de l'école.

〈être sur le point de + inf.〉は類義で「まさに～しようとしている、まもなく行なわれるところだ」（= be about to do）の意味。
例：Mon mari est sur le point de sortir. / My husband is about to go out.「夫はちょうど出かけようとしているところです」。

これで「彼らは校庭でサッカーをやっている最中です」と「今、進行中」ということを明示できるわけです。
あわせて、左ページの英文「子猫が木の陰で死にかけています」も仏語にすると、上記の言い回しが使えます。

Un chaton est en train de mourir derrière un arbre.

＊ 文章語ですが、代名動詞 se mourir「死にかけている」を使ってこれを言い換えることも可能。

また、「夕日が水平線に沈みかけています（もうすぐ沈む）」の例なら〈aller + inf.［近接未来］〉の形を用いてこう言い表せます。

Le soleil va se coucher à l'horizon.

＊ 現在形を用いてもこのニュアンスを含意できます。

CR pp.163–166

2.2-A 過去形（過去の事実の報告）

「今、現在」とは関係のない過去の出来事や、行為、状態を伝えるもので、遡る時間の長短は関係がありません。日本語と同じく、英語の「過去形」は、過去の1回の出来事でも、一瞬の出来事でも、長期間に渡る出来事でも、反復行為でも表すことができます。

また、現在の状況 I **live** in a dormitory.「私は寮に住んでいます」を「過去形」に置いて My father **lived** in a dormitory in his college days. とすると、「父は大学時代、寮に住んでいた」と過去の状態「〜していた、〜していました」を表せます。

英語で過去形が使われるケース（用法）は大きく分けて、以下の4つです。

（1）過去の一時的な行為・状態を表す：〜した。

We had an English vocabulary test yesterday.
昨日、英単語のテストがありました。

Sophie arrived at the hotel at ten.
ソフィーは 10 時にホテルに着きました。

（2）過去の習慣的な行為を表す：（かつて）〜した、〜していた。

My father taught physics at this high school two years ago.
父は2年前この高校で物理を教えていました。

Some girls from my neighborhood came to work in the bakery for six months.
うちの近所の娘さんたちがパン屋に半年働きに来ていました。

CR pp.163–166

2.2-A 直説法複合過去 No.1 (過去の事実の報告)

"2語"で作られる過去なので"複合"過去と呼ばれます。

現在からの距離感は関係なく、1秒前でも 100 年前のことでも、過去の動作や状態を完了した行為 (点の行為) としてとらえる時制で、次の形を取ります。

[助動詞(現在形)](avoir か être) + [過去分詞]

① 〈助動詞 avoir + [過去分詞]〉の形は**すべての他動詞と大半の自動詞**で使われ、
② 〈助動詞 être + [過去分詞]〉の形は (1)「**往来発着昇降生死**」など「**移動**」**のニュアンスで使われる自動詞**、具体的には aller, venir, passer, partir, sortir, rester, monter, descendre, tomber, naître, mourir などや、(2) **代名動詞**で使われます。
フランス語で直説法複合過去が使われるケースは、英語の過去と現在完了の両方を包含していて少し使用範囲は広いのですが、左ページの英語 (過去形) と対照しながらフランス語訳を記せば、次のようになります。

(1) 過去の一時的な行為を表す：～した。

Nous avons eu un test de vocabulaire anglais hier.
昨日、英単語のテストがありました。

Sophie est arrivée à l'hôtel à dix heures.
ソフィーは 10 時にホテルに着きました。

(2) 過去の習慣的な行為を表す：(かつて) ～した、～していた。

Mon père a enseigné la physique dans ce lycée il y a deux ans.
父は2年前この高校で物理を教えていました。

Des filles de mon quartier sont venues travailler dans la boulangerie pendant six mois.
うちの近所の娘さんたちがパン屋に半年働きに来ていました。

être が助動詞の場合、過去分詞と主語との性数一致を忘れずに。

CR pp.163-166

2.2-B 過去形（過去の事実の報告）

（3）歴史的な事実を表す。

When did World War II break out?

第2次世界大戦はいつ勃発したのですか。

Napoleon was born on Corsica in 1769 and died on Saint Helena in 1821.

ナポレオンは 1769 年にコルシカ島で生まれ、1821 年にセント・ヘレナ島で没した。

（4）過去の持続的な状況を表す：～だった

She didn't know my name.

彼女は私の名前を知りませんでした。

My grandmother lived in Niigata when she was young.

祖母は幼い頃新潟に住んでいました。

なお、学校文法ではあまり触れられませんが、英語の「過去時制」は「**断定を避け、感情の余韻を響かせる**」**ケース**にも使われ、「過去」を使うことで心理的な距離感が生まれて丁寧な言い回しになることがあります。たとえば、叙述が強調された（遠慮のない）I **want** to ask you two questions.「2つ質問をしたい」という例を次のように過去形に言い換えて、

I wanted to ask you two questions.

とすると、「2つ質問をしたいと思うのですが」と断定を避けた婉曲的な言い回しになります。

2.2-B 直説法複合過去 No.1 (過去の事実の報告)

(3) 歴史的な事実を表す。

Quand la Seconde Guerre mondiale a-t-elle éclaté ?

第2次世界大戦はいつ勃発したのですか。

Napoléon est né en Corse en 1769 et mort à Sainte-Hélène en 1821.

ナポレオンは 1769 年にコルシカ島で生まれ、1821 年にセント・ヘレナ島で没した。

＊ (3) の例は現在では「書き言葉でのみ用いられる単純過去 (1語で作られる過去)」にも置き換えられます。ちなみに、上記の「ナポレオン」の例文を単純過去に置き換えれば下記のようになります。

Napoléon naquit en Corse en 1769 et mourut à Sainte-Hélène en 1821.

かつて、直説法複合過去は英語の現在完了の役割をなし、直説法単純過去は英語の過去に相当する意味合いで話し言葉としても使われていたのですが、徐々に前者が後者を駆逐する形となり、20世紀に入り単純過去は「歴史的な出来事を伝える主として3人称で用いられる書き言葉」と相成りました。A. Camus の『異邦人』(1942) の冒頭 « Aujourd'hui, maman est morte. » が、複合過去台頭の象徴的な一文と言えそうです。

(4) 過去の持続的な状況を表す：～だった。

ただし、この英語の用例に相当するフランス語は**直説法複合過去**ではなく、この先 (☞ p.39、p.41) で触れる**直説法半過去**に相当する例となります。

Elle ne connaissait pas mon nom.

彼女は私の名前を知りませんでした。

Ma grand-mère habitait à Niigata quand elle était petite.

祖母は幼い頃新潟に住んでいました。

2.3-A 現在完了（過去の行為や出来事が現在とつながっていることを示す）

英語 Spring came. は単に「春が来た」という過去の一点を指します。現在完了 Spring has come. なら「春がやって来て、今も春」という現在とのつながりがわかる言い回し（「その状態がまだ終わっていません」）となります。日常会話で現在完了が広く用いられるのは、「現在」とのつながりに話のポイントを置くことが多いためです。

現在完了は現在を軸に**過去と現在とをつなぐ時制**で、ご存知のように「完了・結果」「経験」「継続」といった意味合いで使われます。

（1）**完了・結果**：過去に始まって今現在ちょうど完了した・その結果が今に及んでいる。

Have you already had lunch?
もう昼食は食べましたか。

I haven't read this romance novel yet.
私はまだこの恋愛小説を読み終えてはいません。

Eurostar has just arrived in London.
ユーロスターはちょうどロンドンに到着したばかりです。

＊副詞 just はイギリス英語なら完了形でも過去形でも用いますが、米語では過去形と共に用いられるケースが大半（例：兄（弟）は外出したところです。［英語］My brother has **just** gone out. /［米語］My brother **just** went out.）。

I have lost my wallet.
財布（さいふ）をなくしてしまった（今も見つかっていません）。

言うなれば、この文は “I lost my wallet.”+ “I have no wallet.” と2文が合体したもの。

＊単に過去のある時点で「財布をなくした」という事実を伝えるなら I lost my wallet. と過去形を使う。ただし、この区別を明確にするのはイギリス英語で、現在完了に細かな気を配らない米語では区別しないケースも少なくありません。アメリカ人の手がけた文法書には「時制」の項目に「現在完了」が載っていないケースさえあります。

注 意

現在完了は I have a letter written.「書かれた手紙を手にしている」が元々の形で、14世紀に現在の I have written a letter. という語順になりました。つまり、“I have（現在持っている）+ witten（過去に書かれた）” の組み合わせで、「過去のことが→今に及んでいる」を具体化した形状です。現在完了というネーミングより、むしろ「過去・現在形」（あるいは「現在・過去形」）といった名称が適当な形です。フランス語の複合過去もほぼ同じ経緯をたどっています（☞ p.164）。

CR pp.163–166

2.3-A 直説法複合過去 No.2（過去の行為や出来事が現在とつながっていることを示す）

直説法複合過去は、**英語の過去に相当する**だけでなく、**英語の現在完了の「完了・結果」「経験」のニュアンス**でも使われます。

（1）**完了・結果**：過去に始まって今現在ちょうど完了した・その結果が今に及んでいる。

Tu as déjà déjeuné ?

もう昼食は食べましたか。

Je n'ai pas encore lu ce roman d'amour.

私はまだこの恋愛小説を読み終えてはいません。

左ページの英語「（ちょうど）～したばかり」（完了）を表現する際には、フランス語では「近接過去」 venir de + inf. が使われます。
L'Eurostar vient juste d'arriver à Londres.
ユーロスターはちょうどロンドンに到着したところです。

J'ai perdu mon portefeuille.

財布（さいふ）をなくしてしまいました。

（2）**経験**：過去に体験し、今も過去の「経験」として残っている。

以下の例は、次ページの英語との対照になります。

Ma mère n'est allée à Paris qu'une seule fois.

母はたった1度だけパリに行ったことがあります。

Je n'ai jamais mangé un petit déjeuner aussi délicieux.

こんなにおいしい朝食はこれまで食べたことがありません。

＊無生物主語でも用います（例：Cette machine n'est jamais tombée en panne.「この機械は壊れたことがない」）。

CR pp.163-166

2.3-B 現在完了（過去の行為や出来事が現在とつながっていることを示す）

（2）経験：過去に体験し、今も過去の「経験」として残っている。

My mother has been to Paris only once.

母はたった1度だけパリに行ったことがあります。

＊中学の必須英文法ですが、have been to は「経験」の他に、前ページ（1）の用法で「～に行ってきたところだ、～行っていました」の意味でも使われます。たとえば、My sister has just been to the bookstore.「姉（妹）はちょうど書店に行ってきたところです（今は帰宅しています）」となります。

なお、have been to と混同しやすい have gone to は「～に行ってしまった（今ここにはいません）」という完了・結果のニュアンスで使います（例：My brother isn't here. He has gone to Okinawa.「兄（弟）はここにはいません。沖縄に行ってしまいました（今は沖縄です）」）。

I have never eaten such a delicious breakfast.

こんなにおいしい朝食はこれまで食べたことがありません。

＊現在完了「経験」というネーミングから人を主語にした文例を考えがちですが、この用法は次のように無生物主語でも使われます。
例：This machine has never broken down.
　この機械は壊れたことがない。

（3）継続：過去に始まった事柄が今でも継続している。

I have had my cat for three months.

私は3ヶ月前から猫を飼っています。

My secretary has been gone since Monday night.

私の秘書は月曜の晩から出かけております。

＊「今ここにはいません」という含意です。My secretary has left Monday night. とも言い換えられます。
なお、be gone は遠回しに「死んだ」の意味にもなります。たとえば、He is gone and lies in the cold earth. なら「彼は死んで、今は冷たい土の中だ」といった意味。

2.3-B 直説法複合過去 No.2（過去の行為や出来事が現在とつながっていることを示す）

しかしながら、継続の用法では直説法複合過去は使われません。

（3）継続：過去に始まった事柄が今でも継続している。
「継続」を意味する英語の現在完了は、一般的には**フランス語の直説法現在に相当**します。

J'ai mes chats depuis trois mois.
私たちは3ヶ月前から猫を飼っています。

注意

「継続」はフランス語では現在の範疇、この文を ~~J'ai eu~~ mes chats depuis trois mois. と複合過去にすることはできません（☞ p.160）。

ただし、過去分詞（形容詞）に動詞 être を用いる形（主に移動のニュアンスをもつ自動詞）、partir「出かける」、sortir「外出する」、arriver「着く」などには注意が必要です。現在完了（継続）のニュアンスであっても、一見すると、直説法複合過去が使われていると見間違いかねない以下のようなケースがあるからです。

Ma secrétaire est partie depuis lundi soir.
私の秘書は月曜の晩から出かけています。

＊細かい文法の話になりますが、上記の例文は〈動詞 être + ［過去分詞派生の形容詞］〉という展開です。したがって、これは複合過去の文ではなく、現在形（事実、例文は現在形を用いて、Ma secrétaire est absente depuis lundi soir. と言い換えられます）。

もし、「（現在に関連する）時や期間」を表す前置詞 depuis を用いない文、つまり Ma secrétaire est partie lundi soir. であれば、過去の秘書の行動にフォーカスした内容になり、「秘書は月曜の晩に出かけました」の意味で、partir の直説法複合過去の文となります。ただ、文法を細かく意識しない方には単にややこしいだけの話かもしれません。

2.4-A 過去進行形や過去の習慣を表す言い回し

英語の過去形と過去進行形（was［were］+ doing：～していた）には次のような違いがあります。

（i）**I washed the dishes this morning.**
（過去形）私は今朝皿を洗いました。

（ii）**I was washing the dishes this morning.**
（過去進行形）私は今朝皿を洗っていました。

（i）は「皿洗いが終わり、現在は皿を洗っていない」と行為が完結したことを意味しますが、（ii）は「今も皿を洗っているのか、そうでないのか」がわかりません（未完了で、皿洗いの途中の状態を切りとっている）。そのため、過去進行形では「いつの時点のことか」「どのような場面なのか」を説明する文言を添えることで文に完結した印象を添えます。たとえば、When my son came into the kitchen, I was washing the dishes.「息子がキッチンに入ってきたとき、私は皿を洗っていました」といった具合。

過去進行形は**過去のある時点での継続中・進行中の動作を表す**「**～していた**」という意味です。

「シャワーを浴びる」は take a shower / prendre une douche とも shower /se doucher とも表せますが、前者は「浴びる」というより日本語でいう「シャワー（を）する」という感覚に近く、「比較的短い活動の発生」にポイントを置く言い回しと言えそうです。

At 9 p.m. last night, I was watching an action movie in my room .
昨晩 9 時に部屋でアクション映画を見ていました。

I was taking a shower when the doorbell rang.
シャワーを浴びていたら玄関のチャイムが鳴りました。

＊「玄関のチャイムが鳴ったとき、私はシャワーを浴びていました」とも訳せますが、例文は「玄関のチャイムが鳴った」という箇所（後置されている語句）に力点のある文なので、前からうしろへ訳す方が理にかなっています。

CR pp.167–169

2.4-A 直説法半過去（imparfait は直訳すると「未完了」の意味）

半過去の「半」は「中途半端」の「半」のこと。過去のある時点での状況を表しますが、動作や状態が「未完了のまま」であることを示します。複合過去と比べて、こんな違いがあります。

(i) **J'ai lavé la vaisselle ce matin.**
（複合過去）私は今朝皿を洗いました。

(ii) **Je faisais la vaisselle ce matin.**
（半過去）私は今朝皿を洗っていました。

(i) は「皿を洗い終わって、現在は皿を洗っていない」と行為が完結したとわかりますが、(ii) は「今も皿を洗っているのか、そうでないのか」がわかりません（未完了）。そのため、半過去形では「いつの時点のことか」「どのような場面なのか」を説明する文言を添えることで文に完結した印象を与えるケースが多くあります（例：Quand mon fils est entré dans la cuisine, je faisais la vaisselle.「息子がキッチンに入ってきたとき、私は皿を洗っていました」）。

たとえば、直説法現在形 Il pleut. だけで「今、雨が降っている」という事実を伝えられます。しかし、半過去 Il pleuvait.「雨が降っていた」では情報不足は否めません。英語の過去進行形にも言えますが、「いつの時点で」とか「その状況でどうしたのか」といった補足が必要です。

フランス語の**直説法半過去の用法**は大別すると次の3つになります。

(1) **過去のある時点での継続中・進行中の動作を表す**：～していた（英語の過去進行形に相当）。

À 21h hier soir, je regardais un film d'action dans ma chambre.
昨晩 9 時に部屋でアクション映画を見ていました。

Je prenais une douche quand la sonnette a retenti.
シャワーを浴びていたら玄関のチャイムが鳴りました。

＊英語のページでも触れたように「玄関のチャイムが鳴ったとき、私はシャワーを浴びていました」とも訳せます。ただ、例文は「玄関のチャイムが鳴った」という箇所（後置されている語句）に力点のある文なので、前からうしろへ訳す方が理にかなっています。

2.4-B 過去進行形や過去の習慣を表す言い回し

ただし、英作文でミスにつながるケースが多いのですが、「～していた」という日本語が機械的に「過去進行形」になるわけではありません。「過去のある時点での状態・状況を表す」なら次のように過去形が使われます。

That day, Mt. Fuji was covered with clouds.
あの日、富士山は雲に覆われていました。

When the TGV arrived in Lyon, the daughter was asleep.
TGV がリヨンに着いたとき、娘は眠っていました。

used to は動詞 use のそもそもの意味「慣例として行なう」to follow as a custom から派生し、過去のことを表現する語に変化したと言われています。助動詞扱いではありますが、疑問文や否定文で通常の動詞のように did を用いるのはそのためです。

あわせて、過去の習慣や状態「(以前) ～したものだ / ～があった」を表すには used to do、過去の習慣を懐かしんで回想するなら would (often)「よく～したものだ」が使われます。ただし、前者は「過去はそうであったが、今はそうではない」という点にポイントがあり、後者は「あの頃はよく～した」という回顧に力点がかかります。つまり後者は、「以前に比べて今はどうなのか」が判然としない言い回しになります。

I used to go to hot springs at the end of the month.
私は月末には温泉に行ったものです。

＊現在の習慣なら I go to hot springs at the end of the month. と現在形を用います。「しかし、今は行きません」という含意がないなら I would (often) go to hot springs at the end of the month. と置き換えられます。

would (often) は意志を表す will から派生しているので、話者の意志が反映しない文脈では使えません (例：There used to ~~[would (often)]~~ be a vacant lot here.「かつてここには空き地がありました」)。

過去と現在との対比を明示した次のような例もあります。

My nephew doesn't smoke now, but he used to.
甥(おい)は今はたばこを吸いませんが、以前は吸っていました。

CR pp.167–169

2.4-B 直説法半過去（imparfait は直訳すると「未完了」の意味）

（2）過去のある時点での状態・状況を表す：～だった、～していた（英語の過去形に相当）。

Ce jour-là, le mont Fuji était couvert de nuages.
あの日、富士山は雲に覆われていました。

Quand le TGV est arrivé à Lyon, ma fille dormait.
TGV がリヨンに着いたとき、娘は眠っていました。

（3）過去の習慣・反復行為を表す：（以前）～したものだ、かつては～だった（英語 used to に相当）。

J'allais aux eaux thermales chaudes à la fin du mois.
私は月末になると温泉に行ったものです。

なお、〈avoir l'habitude de + inf.「～するのが習慣である」〉を半過去形で用いて、上記の例文を

J'avais l'habitude d'aller aux eaux thermales chaudes à la fin du mois.
私は月末になると温泉に行くのが習慣でした。

とすれば「過去の習慣」であることをもっとはっきり表現することができます。

過去と現在とを対比する以下のような例もあります。

Mon neveu ne fume plus maintenant, mais il fumait avant.
甥（おい）は今はたばこを吸いませんが、以前は吸っていました。

「現在の習慣」なら Je vais aux eaux thermales chaudes à la fin du mois. と現在形を用います。

2.5-A　過去形 vs 過去進行形（点の過去と線の過去）

過去形と過去進行形が接続詞でつながれるケースがあります。次の例を見てください。

I was having breakfast when Lucas visited me.
私が朝食を食べていたら、ルーカスが訪ねてきた。

（たとえば）
8:30am 前後に食べ始める　　9:00 am に玄関のチャイムが鳴る

上記の文は When Lucas **visited** me, I **was having** breakfast. と書き換えられます。ただし、英語は後半に置かれる箇所に力点がかかるため、when の節が前方なら「ルーカスが訪ねてきたとき、私は朝食を食べていた」と訳す方が理になかっています。

また、異なる用法の過去が組み合わされる例もあります。

When I was little, I used to go fishing with my dad.
小さかった頃、父とよく釣りに行ったものです。

線の状態　　過去の習慣（複数回）
↓　↓　↓　↓　↓
====〜〜〜〜〜〜✕〜〜〜✕〜✕〜〜✕〜==== →

（たとえば）10 歳の頃に4回

この文の主節を説明的に言い換えれば、I used to go fishing with my dad, but I don't anymore.「かつて行っていたが、今はもう行かない」という意味になります。

CR pp.167–169

2.5-A 直説法複合過去 vs 直説法半過去（点の過去と線の過去）

複合過去は「点の過去」、半過去は「線の過去」とも呼ばれ、この2つの時制が同時に用いられる文があります。下記の例を見てください。

Je prenais mon petit déjeuner quand Lucas m'a rendu visite.

私が朝食を食べていたら、リュカが訪ねてきた。

（たとえば）

8:30am 前後に食べ始める　9:00 am に玄関のチャイムが鳴る

上記の文は Quand Lucas m'**a rendu** visite, je **prenais** mon petit déjeuner. と書き換えられます。ただし、語順を変えると英語と同じく力点のかかる位置に違いが生じます。

上記は半過去と複合過去の例ですが、用法の違う半過去が組み合わされる次のような例もあります。

Quand j'étais petit, j'allais souvent à la pêche avec mon père.

小さかった頃、父とよく釣りに行ったものです。

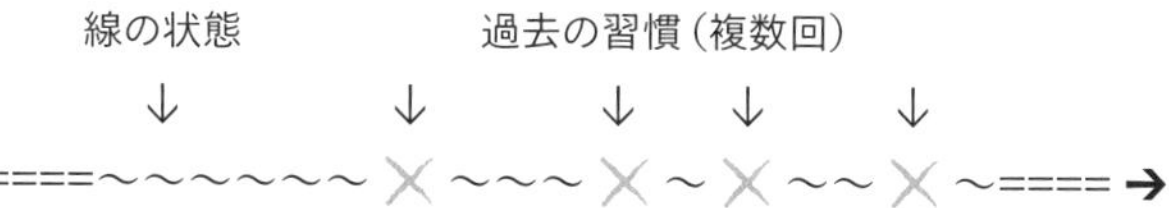

（たとえば）10 歳の頃に4回

＊「小さかった時期」を一律にかくかくしかじかの「期間」と特定はできません。半過去が使われる所以です。

半過去を使っているので、私が「朝食を食べ続けた」のか、「食べるのを止めた」のかは不明です。

CR pp.167–169

2.5-B 過去形 vs 過去進行形（点の過去と線の過去）

また、下記のように並行的な事柄を併記する例もあります。

Naomi was studying at home while her friends were playing in the park.

友だちが公園で遊んでいる間、ナオミは自宅で勉強していました。

*2つの事柄が同時並行で進行している過去の状況。

ただし、「動作を表す動詞」は進行形になりますが **「状態を表す動詞」は通常、現在進行形や過去進行形にはできません**。
たとえば「若い頃、彼女は母親に似ていました」と言いたい場合には、以下の A ではなく、B と表現しなくてはなりません。

A : When she was young, she ~~was resembling~~ her mother.

B : When she was young, she resembled her mother.

この例は、動作を表す動詞（その動作が短い時間でも成り立つ）ではなく、状態を表す動詞を使った文だからです。たとえば、オカルトの世界や SF 小説でもない限り、30 分だけ「母に似ている」といった言い方は日本語でも英語でもできません。ほかに「知覚・感覚」「感情」「思考・認識」などを意味する動詞も進行形になじみません。ただし、進行形になじまない動詞であっても、たとえば次のようなケースでは進行形が可能です。そもそも、状態を表す動詞でも動作性は含まれているからです。

I was living in London with my girlfriend.

私は恋人とロンドンで暮らしていました。

* 普段はロンドン在住ではないがその時だけ一時的に住んでいた。

I'm really hating this humid weather.

このじめじめした天気にはもううんざりだ。

* 強い感情を込めて言うとき。

英語で状態動詞は前提条件がないと進行形にできません。know → ~~be knowing~~ / belong → ~~be belonging~~ など進行形は通常不可。しかし、日本語なら「知る・知っている」/「所属する・所属している」を問題なく使えます。よく考えてみると、この場合、日本語は英語の状態動詞を進行形にしているわけではなく、非状態動詞に「結果の状態」を意味する「テイル」が加えられた形なのだと気づくはずです。

CR pp.167–169

2.5-B 直説法複合過去 vs 直説法半過去（点の過去と線の過去）

また、並行的な事柄を併記する例もあります。

Naomi étudiait à la maison pendant que ses amies s'amusaient dans le park.

友だちが公園で遊んでいる間、ナオミは自宅で勉強していました。

*2つの事柄が同時並行で進行している過去の状況。

なお、**未完了（終点に至っていない出来事や状態）を表現する半過去は、たとえば toute la matinée「午前中ずっと」とか〈pendant + [時]（始まりから終わりまでの継続時間を示す）〉と一緒には用いません**。

× **J'étudiais à l'étranger à Paris pendant un an pour étudier la culture française.**

私はフランス文化を学ぶために1年間パリに留学していました。

左記の文ですと、期間が「中途半端」でなくなり、すでに「完了」した出来事なのに、半過去を使うという矛盾が生じます。

直説法半過去=「線の過去」という単純な等式に縛られていると誤解が生じますが、「1年間」と過ぎ去った継続期間が明示され、この発話がなされた時点で留学はすでに終わった事柄（パスポートに出入国日は記載済）です。したがって、この例は

○ **J'ai étudié à l'étranger à Paris pendant un an pour étudier la culture française.**

と複合過去形にしないと誤文です。
ただし、例外はつきもので、〈pendant + [出来事]〉であるなら、半過去といっしょに使うことはできます。下記のようなケースです。

Pour réduire sa peur, Roland écoutait de la musique pendant le décollage de l'avion.

恐怖心を軽減しようと、ロランは飛行機が離陸する際に音楽を聴いていた。

CR pp.170－172

2.6-A 過去完了形（過去の基準時以前のこと）

「行為・出来事の継続」には過去完了進行形という時制が使われます（☞ p.59）。

現在完了が「現在」「今」と過去がどう関連するかを切りとる時制（過去のある時点から現在に至る）であるのに対して、過去完了形は **had＋［過去分詞］** の形をとり、「過去のある時点から過去のある時点までの〈完了・結果〉〈経験〉〈継続〉」を扱う時制です。

主節と従属節の時制の差異を意識した 3 つの文を使って、英語の過去時制が織りなすニュアンスの差を考えてみましょう。

（1）従属節も主節も過去の組み合わせ。

When he got to Shinjuku station, the rapid train was about to leave.

彼が新宿駅に着いたとき、快速電車は今にも出発しようとしていました。

＊発車ベルが鳴っているタイミングかもしれませんが、急げば、快速電車に乗れます。“be about to do は「まさに（今にも）～しようとしている」” の意味です。

（2）従属節が過去、主節が過去進行形の組み合わせ。

When he got to Shinjuku station, the rapid train was leaving.

彼が新宿駅に着いたとき、快速電車は出発しつつありました。

＊ホームに快速電車の姿は見えますが、すでにゆっくりと動き出しています。もう乗車できません。

（3）完了 従属節が過去、主節が過去完了の組み合わせ。

When he got to Shinjuku station, the rapid train had already left.

彼が新宿駅に着いたとき、快速電車はすでに出発していました。

＊ホームにはもう快速電車の姿は見えません。完了の用例です。

CR pp.170-172

2.6-A 直説法半過去から直説法大過去へ

過去のある時点を基準として、未完了の状態・継続的動作・習慣的行為を表す半過去に対して、**助動詞 (avoir, être) の半過去 +［過去分詞］**で構成される「大過去」と呼ばれる時制は「過去のある時点を基準にその時までに完了している動作や状態（いわゆる過去完了：過去の過去）」を表すものです。

左ページの英語と対比しつつ過去時制のニュアンスの差を考えてみましょう。

（1）従属節が複合過去、主節が半過去の組み合わせ。

Quand il est arrivé à la gare de Shinjuku, le train rapide était sur le point de partir.

彼が新宿駅に着いたとき、快速電車は今にも出発しようとしていました。

＊発車ベルが鳴っているかもしれませんが、急げば、快速電車に乗れます。〈être sur le point de + inf.「まさに（今にも）～しようとしている」〉（☞ p.29）の意味です。

（2）同じく、従属節が複合過去、主節が半過去の組み合わせ。

Quand il est arrivé à la gare de Shinjuku, le train rapide partait.

彼が新宿駅に着いたとき、快速電車は出発しつつありました。

＊ただし、ホームに快速電車の姿は見えますが、(1)〈être sur le point de + inf.〉は使われていませんので、すでにゆっくりと動き出しています。もう乗車できません。

（3）完了 従属節が複合過去、主節が大過去の組み合わせ。

Quand il est arrivé à la gare de Shinjuku, le train rapide était déjà parti.

彼が新宿駅に着いたとき、快速電車はすでに出発していました。

＊ホームにはもう快速電車の姿はありません。

この文は、主節に aller + inf.「近い未来（近接未来）」を半過去形で用いて Quand il est arrivé à la gare de Shinjuku, le train rapide alllait partir. とも書けます。

2.6-B 過去完了形（過去の基準時以前のこと）

前ページ（3）の時間の流れを図示すれば下記のようになります。

すでに快速電車は出発駅から出発（過去の基準となる時間より前）

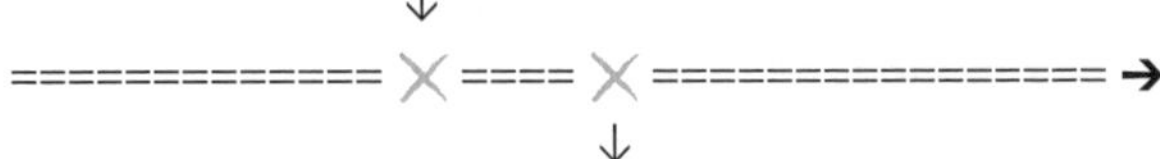

（遅れて）彼が新宿駅に到着（過去の基準となる時間）

以下は過去完了形が「経験」「継続」を表している例です。

経験

I knew her name well because I had heard it several times.

私は彼の名前をよく知っていました、以前何度か聞いたことがあったからです。

My uncle told me that he had been to Africa twice before.

おじは私にこれまでに2度アフリカに行ったことがあると言った。

＊時制の一致（☞ p.134）の例でもあります。

継続

Tom had been in a coma for a week when Susie visited him in the hospital.

スージーがトムを見舞ったのは、トムが昏睡状態になって1週間経過してからでした。

＊後方に置かれる内容にポイントが置かれる英語の性質に照らせば、順行訳、前からうしろへと訳を運び「トムが昏睡状態になって1週間経ってスージーは彼を見舞った」とも訳せます。

2.6-B 直説法半過去から直説法大過去へ

前ページ(3)の例文の時間の流れを図示すれば次のようになります。

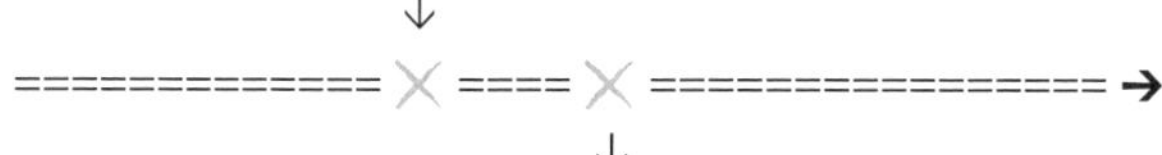

「(その時点までに)～したことがあった」という経験のニュアンスでも「大過去」は使われます。

経験

Je connaissais bien son nom car je l'avais entendu plusieurs fois.

私は彼の名前をよく知っていました、以前何度か聞いたことがあったので。

Mon oncle m'a dit qu'il était déjà allé deux fois en Afrique.

おじは私にこれまでに2度アフリカに行ったことがあると言った。

＊時制照応（☞ p.135）の例でもあります。

ただし、英語の現在完了（継続の用法）がフランス語では「現在」で表されたように、「継続」のニュアンスになる左ページの英文は次のように仏語訳されます。大過去ではなく半過去を使います。

継続

Tom était dans le coma depuis une semaine lorsque Susie lui a rendu visite à l'hôpital.

スージーがトムを見舞ったのは、トムが昏睡状態になって1週間経過してからでした。

＊Il y **avait** une semaine que Tom était dans le coma quand Susie est allée le voir à l'hôpital. とも言い換えられます。

CR pp.173 – 177

2.7-A 未来形（予定の報告・発言時の新たな判断）

未来形を「時制」ではなく、「進行と完了」といった「相」の機能から解すべしとする文法学者もいますが、ここは従来の英文法に則して話を進めます（日本語の「相」（☞ p.26）と英語の「時制」は混同されやすい）。なお、現在進行形などでも表現できる未来の用法あれこれが複雑だと感じる方は、ざっくり日常会話では “未来=〈be going to〉” と考えるのが簡便です。

ちなみに「過去の時点での未来の計画がはたされなかった」ケースでは be going to の過去形を使います（例：He was going to come, but he couldn't.「彼は来るつもりだったが、来られませんでした」）。

英語 “will + 動詞の原形 ” で表される未来は、文法的には「意志未来」と「単純未来」とに分けられます。ただ、そうした用語の別より、運用の面から見た下記の 2 つのポイントが大切でしょう。

（1）今、その場で決めたこと（意志）を表現する。

I'll answer the phone.
私が電話に出ます。

＊この例を I will answer the phone. の短縮と書いている参考書が大半ですが、I'll と I will は同じ意味ではないとする人もいます。後者は強調的になるからです。さらに突っ込んで、前者は「その場で決めた感覚」を表し、後者は「（絶対に）～する」という意志表示に力点が置かれるという意見もあります（たとえば、たくさんの参考書を世に送り出している David Thayne 氏）。ともあれ、日常会話では I'll が通例です。なお、「その場で決めた（現在の意思決定）」を意味する will と「前もって決まっていた計画・予定、準備が進行中」be going to という差異もあるとされていますが、be going to の方が未来の文を作る守備範囲は広いです。

なお、助動詞 will の用法に関することですが、上記の意志を表現する未来の強調として、否定文中で「どうしても～ない」という「拒絶」の意味になるケースがあります。

My daughter won't listen to my advice.
娘はどうしても私の忠告を聞こうとしません。

I tried to open the window, but it wouldn't open.
その窓を開けようとしたが、どうやっても開かなかった。

＊これは擬人法の例。この3人称で使われた「拒絶」の助動詞は強く発音されます。なお、上記の例が示しているように動詞 open は I opened the window. と他動詞として使える一方で、The window opened. と他動詞の目的語を主語として用いた自動詞（受動態でない形）としても使えます。こうした特徴をもつ動詞を「中間動詞」と呼び分類するケースがあります（☞ p.215）。

2.7-A 直説法単純未来（予定の報告・発言時の新たな判断）

英語の will のような助動詞を用いず、フランス語では動詞を活用した1語で未来を表現するので「単純未来」と呼ばれます。ちなみに、複合過去の「複合」は〈[助動詞 avoir / être] + [過去分詞]〉の2語でつくる過去という意味から生まれたネーミングです。

単純未来が表す意味は大別すれば以下の2つになりましょう（注：この課は英語例文との対照にずれがあります。以下の例は次ページ p.52 の英文に相当します）。

（1）未来に実現されるはずの事柄あるいは予測を示します。

Mon père arrivera à Milan demain matin.
父は明朝ミラノに着きます。

＊初学者は「ミラノに着くでしょう、着くだろう」と訳す傾向があります。ただ、それですと「推定」（ひょっとする「着かない可能性があるの?」）と区別がつきにくい。「明朝」とあればそれだけで未来の事だとわかりますから。

Nous nous marierons à la fin de ce mois.
今月末に私たちは結婚します。

＊この例は以下のように「近接未来」〈aller + inf.〉や「現在形」を使って言い表すこともできます。
近接未来　Nous **allons nous marier** à la fin de ce mois.
現在形　Nous **nous marions** à la fin de ce mois.
ただ、単純未来が現在とは直接関係なしに「未来の事実」を淡々と伝える時制であるのに対して、近接未来も現在形も、未来を現在の延長としてとらえ、現在からみたこの先の当然の流れ、帰結としているという違いがあります。

「現在形」であれば結婚が確定された計画・予定で、物事が予定通り着実に進んでいることを強く示唆します。

英語と同じく条件節（if/si などで始まる副詞節）では未来のことでも現在時制を用いますが、時を表す次のようはケースでは英語と違って、フランス語は単純未来が使えます。
例）彼が来たらこの手紙を渡してください（☞ p.206）。
Give him this letter when he comes. / Donnez-lui cette lettre quand il viendra.

CR pp.173–177

2.7-B 未来形（予定の報告・発言時の新たな判断）

よくある誤解ですが「近い未来なら進行形」という考えは正しくありません。たとえば、「来春、50歳になります」をI'm turning 50 next spring.と表現できます。すでに「決定済みの未来」ですから、現在時からの遠近とは関係なく進行形が使えます。

（2）未来に実現されるはずの事柄あるいは予測を示します。

My father will arrive in Milan tomorrow morning.
父は明朝ミラノに着きます。

We will get married at the end of this month.
今月末に私たちは結婚します。

＊ただこの例は「～するつもり」（意志未来）とも理解できそうです。なお、英語では「何かの予定があって、その準備が着々と進行している場合」なら、現在進行形で未来を表すことができます。よって、上記の例は以下のように書き換えられます。
We **are getting married** at the end of this month.

英語には未来進行形 "will + be doing" という形もあります。これは下記の2つの使い方が主な用例です。

（1）「現在進行形が未来に移行した」ととらえられる例で、未来のある時点での進行中の動作を表して「(この先きっと) ～していることになります」の意味になるケース。

I'll be cruising in the Mediterranean in three hours.
あと3時間もしたら、私は地中海でクルージングをしていることでしょう。

（2）「自然の成り行きで～となる、～することになっている」という意味で使われるケース。

I'll be meeting my old friends tomorrow.
明日、旧友たちと会うことになっています。

この例文は事の成り行きからすでに予定が決まっていることを意味し、主語（話者）の「意志」は反映されません。これをI'll meet my old friends tomorrow.とすると「明日、旧友たちに会うつもりでいる」と「意志」が反映された内容になります。

2.7-B 直説法単純未来（予定の報告・発言時の新たな判断）

（2）主語の人称の違いで以下のようなニュアンスの差が生じます。

① 1人称主語なら、自然と話し手の意志が反映されます。

Au printemps prochain, je passerai un examen d'entrée à l'Université de Kyoto.

来春、私は京都大学を受験します。

② 2人称主語を用いると、命令や指示、依頼のニュアンスになります。

Vous prendrez une capsule trois fois par jour après les repas.

1日3回食後にこのカプセルを1錠服用してください。

Vous viendrez ce soir vers neuf heures ?

今晩 9 時ごろにいらしていただけますか。

③ 3人称主語なら、明確であっても話者には確信のない状況を切り取る言い回しになります。

Demain matin, il neigera.

明朝は雪でしょう。

上記の用法以外に、直説法現在に代わって物事を丁寧に述べるために使われることもあります。

Je me permettrai de vous faire observer que vous avez tort.

（失礼ながら申し上げます）あなたは間違っておいでです。

se permettre de+ inf. は「あえて～する、失礼を顧みずに～する」という強い調子の言い回し。ここに単純未来形を用いることで、クッションになり、断定的な物言いを緩和する役目をはたします。

また、現在進行中の行為であっても、話し手がその行為を確認しないまま「推定」として表現するケースにも単純未来が使われます。

On sonne, ce sera encore elle.

呼び鈴が鳴っています、きっとまた彼女ですよ。

CR pp.173–177

2.8-A 未来完了（将来の時点から振り返って見てひとまず終止符が打たれていること）

日常表現では "will + do（動詞の原形）" を用いるのが普通です。ただし、「完了」の意味合いを強調したいケースでは未来完了が使われることがあります。

未来のある時点を軸に、そのときまでに完了している行為には、**will + have +［過去分詞］**（未来完了）を用います。ただし、やや硬い表現でそれほど使用頻度は高くありません。
未来完了は未来の時点でどのようになっているかという内容を表現するものですが、このwillは主語の意志が反映する意志未来ではなく、大半が「〜だろう」という単純未来。具体的には、現在完了と同じように「完了・結果」「経験」「継続」の意味で使われます。

（1）**完了・結果**：（未来のある時点までに）〜し終わっているだろう。

By this weekend, we will have moved into the new apartment.
今週末までには、新しいアパルトマンに引っ越しているでしょう。

これを図示すれば以下のようになります。

転居
↓
==（現在）====== × ==（週末）================ →
→→→
新しいアパルトマンで暮らしている

文法的には未来完了の内容ですが、現在完了を使います。when I will have finished this jobとは言い表しません。

ただし、「時」when, after, before, until, as soon asや「条件」if, unlessを表す接続詞節で「〜し終わったら」と未来のある時点での動作の完了を表す際には、未来完了形は使えません。現在完了を用います（☞ p.206）。

I'll call you when I have finished this job.
この仕事が終わったら電話いたします。

CR pp.173–177

2.8-A 直説法前未来（将来の時点から振り返って見てひとまず終止符が打たれていること）

未来のある時点を軸に、そのときまでに完了している行為には「前未来」（未来完了）を用います。形は、［**助動詞 avoir, être の単純未来形**］ **+** ［**過去分詞**］となります。ただし、やや硬い表現で実際にはそれほど使用頻度は高くありません。
「完了・結果」「経験」「継続」のニュアンスで使われます。

（1）**完了・結果**：（未来のある時点までに）～し終わっているだろう。

D'ici ce week-end, nous aurons emménagé dans le nouvel appartement.
今週末までには、新しいアパルトマンに引っ越しているでしょう。

図示すれば下記のようになります。

転居
↓
==（現在）======  ==（週末）================= →
→→→
新しいアパルトマンで暮らしている

単純未来とのからみで、p.51 でも触れていますが、「時」を表す接続詞内でも、フランス語には左ページの英語のルールは適応されません。前未来をそのまま使うことができます。

ただ、「現在形と複合過去」の組み合わせを用いて Je vous appelle quand j'ai fini ce travail. としても類義になります。

Je vous appellerai quand j'aurai fini ce travail.
この仕事が終わったら電話いたします。

CR pp.173-177

2.8-B 未来完了（将来の時点から振り返って見てひとまず終止符が打たれていること）

前ページで、日常表現では未来完了の頻度はそれほど高くないと記しましたが、時間の前後関係を明確にする必要がある場合には未来完了が使われます。たとえば、次のように。

She will leave the bank at seven because she will have finished her work by then.

彼女は7時に銀行を出ます。それまでには仕事を終えているでしょうから。

（2）経験：（次で）～回することになります。

I'm going to Finland next month, I will have visited it three times.

来月フィンランドに行くと、そこに3回訪問したことになります。

この例を図示すればこうなります。

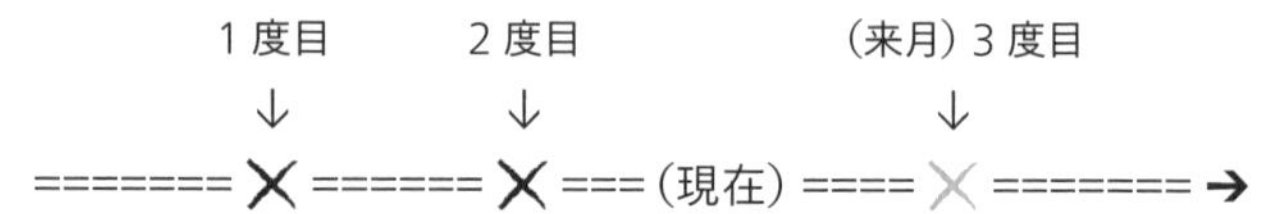

（3）継続：（未来のある時点で）～していることになります。

At the end of this month, my aunt will have stayed three weeks in Hakone.

今月末で、おばは箱根に3週間滞在したことになります。

この例を図示すれば次のようになります。

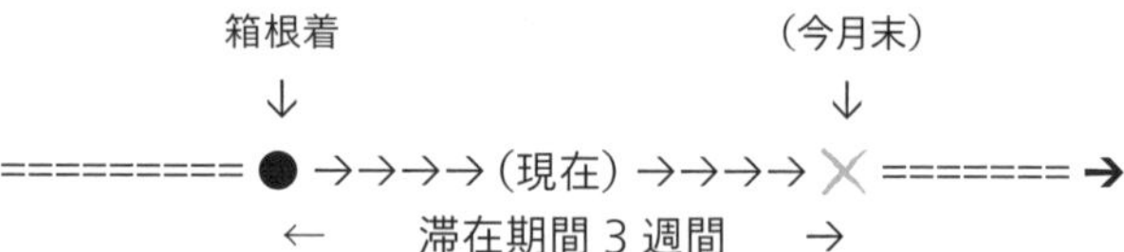

"will have been + doing（現在分詞：動作を表す動詞）"は未来完了進行形と呼ばれ、未来のある時点まで行為や出来事が「継続している」ことを表すものですが、実際にはあまり使われません。

2.8-B 直説法前未来（将来の時点から振り返って見てひとまず終止符が打たれていること）

前未来の使用頻度はそれほど高くないですが、時間の前後関係を明確にする必要があるケースでは未来完了のニュアンスで使われます。たとえば、次のように。

Elle quittera la banque à sept heures parce qu'elle aura fini son travail d'ici là.

彼女は 7 時に銀行を出ます。それまでには仕事を終えているでしょうから。

（2）**経験**：（次で）〜回することになります。

Je vais en Finlande le mois prochain, je l'aurai visitée trois fois.

来月フィンランドに行くと、そこを3回訪問したことになります。

日本語の特色のせいですが、接続詞でつながず、2 つの文を〈 , 〉で併記する並列文はウィーク・ポイントになりやすいもの。ちなみに中国語でも並列文の頻度は高いです。

図示すればこうなります。

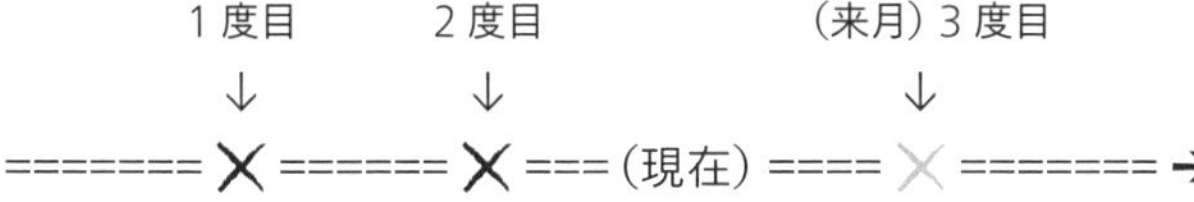

（3）**継続**：（未来のある時点で）〜していることになります。

À la fin de ce mois, ma tante sera restée trois semaines à Hakone.

今月末で、おばは箱根に3週間滞在したことになります。

この例を図示すれば次のようになります。

箱根着　　　　（今月末）

↓　　　　　　　↓

========= ● →→→→（現在）→→→→ × ======= →

← 滞在期間 3 週間 →

言語の外に存する「時間の区分」と言語の内側にある「時制」は同じものではありません。たとえば、現在形は未来も表せますから(ただし、現在と混同されないように、文中に未来の時点を表わす語句が置かれます)。なお、相対性理論に支えられた現代の物理学では、過去・現在・未来は「同時に」存在しているものとされているそうです。

2.9 現在・過去・未来の時制(仏英対照一覧)

この一覧は2節(直説法)のまとめ、紙幅の都合で例文の和訳は省きました。

直説法現在

01 現在 02 現在進行形 03 現在完了(継続) 04 現在完了進行形

01 Elles **jouent** pendant que je **travaille**.
They **play** while I **work**.

02 Il **pleut** maintenant.
It **is raining** now.

03 Je la **connais** depuis dix ans.
I **have known** her for ten years.

04 Je ne **travaille** pas depuis deux semaines.
I **have** not **been working** for two weeks.

* フランス語の現在形が英語の未来形で表されるケースもあります(例:Fais-moi ça tout de suite ou je te **tue** ! / Do this at once or I'**ll kill** you!)。近接未来 aller + inf. なら英語 be going to に相当します(例:Je **vais** aller faire les courses. / **I'm going to** go shopping.)。

直説法複合過去

05 過去 06 現在完了(完了・結果/経験)

05 Elle **est arrivée** en retard.
She **arrived** late.

06 Elle **a** beaucoup **changé** depuis deux mois.
She **has changed** a lot in the last wtwo months.

* 複合過去が現在に置き換えられる例もあります(例:Il **est parti** depuis un mois. / It **is** a month since he left. = It has been a month since he left. = He has been gone for a month.)。

直説法半過去

07 過去 08 過去進行形 09 used to do, would (often) 10 過去完了(継続) 11 過去完了進行形

07 Les routes **étaient** glissantes à cause de la neige.
The roads **were** slippery because of the snow.

08 Hier, je **lisais** dans le salon.
Yesterday, **I was reading** in the living room.

09 Elle me **téléphonait** souvent pendant les vacances.

She **would** often call me during the holidays.

10 Les parents de Takako **étaient mariés** depuis deux ans quand elle est née.

Takako's parents **had been married** for two years when she was born.

11 Nous **jouions** au tennis depuis 30 minutes quand il a commencé à pleuvoir.

We **had been playing** tennis for 30 minutes when it started to rain.

* 近接過去（半過去）は英語の過去完了に相当（例：Je venais de quitter ma chambre quand le téléphone a sonné. / I had just left my room when the telephone rang.）。

直説法大過去 12 過去完了（完了・結果／経験）

12 Il **avait cessé** de neiger quand elle s'est réveillée.

It **had stopped** snowing when she woke up.

直説法単純未来 13 未来形 14 未来進行形

13 Il **fera** beau demain.

It **will be** fine tomorrow.

14 Je t'**attendrai** à la porte.

I'**ll be waiting for** you at the gate.

"will be doing" は1人称主語で用いられるケースが多い形です（☞ p.52）。

直説法前未来 15 未来完了形 16 未来完了進行形

15 Attendez-moi ! J'**aurai fini** dans une minute !

Wait for me! I'**ll have finished** in a minute!

16 Lorsqu'il prendra sa retraite le mois prochain, il **aura enseigné** l'anglais pendant 40 ans.

When he retires next month, he **will have been teaching** English for 40 years.

* 前未来が現在完了に相当するケースもあります（例：Je te prêterai ce livre quand j'**aurai fini** de le lire. / I will lend you this book when I **have finished** reading it.）。

CR pp.177–181

2.10-A 仮定法（1）

仮定法は出来事や状態を想像として（事実に反することや、実際にはほとんど起こり得ないこととして）伝えるもので、現在が対象なら「過去形」を用い、過去が対象なら「過去完了形」が使われます。つまり、出来事や状態を事実として伝える直説法と違い、情報と使う時制にずれが生じることになります。
その前に、直説法の例をひとつ。

（1）**If I have time tomorrow, I will go with you.**
明日時間があれば、あなたといっしょに行きます。

この文は「現実のこと、あるいは現実に起こる可能性があること」を示す直説法の条件文が使われています。現在、はっきりとは分かりませんが、調整して「明日うまく時間の都合がつくようなら、いっしょに行きます」という可能性（おおむね 50% 程度の可能性だと書かれた参考書もあります）を伝えています。

これに対して、下記の例は「**現在の事実に反する仮定**」で**仮定法過去**と呼ばれます。

（2）**If I had time, I would go with you.**
もし時間があれば、あなたといっしょに行くのですが。

言いたいのは、今はどうにも時間の都合はつきそうにないので「いっしょに行けません」ということ。これを「過去」の事柄に反映すると、「**過去の事実に反する仮定**」を表す**仮定法過去完了**になります。

（3）**If I had had time, I would have gone with you.**
もし時間があったら、あなたといっしょに行けたのに。

つまり、過去の話ですが、「あのとき時間の都合がつけば、行きたかった（願望や後悔の念）」、でも実際には「時間がなかったせいで、どうしても行けなかった」という気持ちを伝えるものです。

学校英文法では反事実の仮定が例示されるケースが大半ですが、「これから起こるかもしれないことを指して」仮定法過去が使われるケースも多々あります。What would you do if you lost your job?「もしも失業したらどうしますか」といった言い回しで使われます。

CR pp.171－181

2.10-A 条件法（1）

条件法は出来事や状態を想像として（事実に反することや、実際にはほとんど起こり得ないこととして）伝えるもので、現在が対象なら「条件法現在」を用い、過去が対象なら「条件法過去」が使われます。つまり、出来事や状態を事実として伝える直説法とは違い、伝える内容と使う時制にずれが生じることになります。
その前に、直説法の例をひとつ。

（1）**Si j'ai le temps demain, j'irai avec vous.**
明日時間があれば、あなたといっしょに行きます。

この文は「現実のこと、あるいは現実に起こる可能性があること」を示す直説法が使われています。現在、はっきりとは分かりませんが、調整して「明日うまく時間の都合がつくようなら、いっしょに行きます」という可能性（未来の仮定）を伝えています。

これに対して、下記の例は「**現在の事実に反する条件**」で**条件法現在**と呼ばれます。

（2）**Si j'avais le temps, j'irais avec vous.**
もし時間があれば、あなたといっしょに行くのですが。

言いたいのは、今はどうにも時間の都合はつきそうにないので「いっしょに行けません」ということ。これを「過去」の事柄に反映すると、「**過去の事実に反する条件**」を表す**条件法過去**になります。

（3）**Si j'avais eu le temps, je serais allé(e) avec vous.**
もし時間があったら、あなたといっしょに行けたのに。

つまり、過去の話ですが、「あのとき時間の都合がつけば、行きたかった（願望や後悔の念）」、でも実際には「時間がなかったせいで、どうしても行けなかった」という思いを伝えるものです。

2.10-B 仮定法（2）

前ページの（1）～（3）をパターン化すると下記のようになります。

（1）**直説法の条件文**
If + S + V（現在形），S' + V（未来形）

（2）**仮定法過去**
If + S + V（過去形），
S' + would［could, should, might］+［動詞の原形］

（3）**仮定法過去完了**
If + S + V（過去完了形），
S' + would［could, should, might］+ have +［過去分詞］

このパターンに則した別例を順に3つ並べておきましょう。

（1）' **If the weather is good, I will climb to the top of the mountain.**
晴れたら、私は山頂を目指します。

＊現在は天候不順で山頂に登れないようだが、天候が許せば登頂するという意味合い。

（2）' **If I could marry her, I would definitely make her happy.**
もし彼女と結婚できるなら、絶対に幸せにするのに。

＊「現在の事実の反対」というより「実際にはまずあり得ない未来」を扱っている例。

（3）' **If you had studied hard, you could have passed the English exam.**
もし一生懸命に勉強していたら、あなたは英語の試験に受かったのに。

＊過去の事実に反する仮定、後悔先に立たずというわけです。

CR pp.177-181

2.10-B 条件法（2）

前ページの（1）～（3）をパターン化すると下記のようになります。

（1）**未来の仮定**
Si + S + V（直説法現在形），S' + V（直説法単純未来形）

（2）**条件法現在**
Si + S + V（直説法半過去形），S' + V（条件法現在）

（3）**条件法過去完了**
Si + S + V（直説法大過形），
S' + V（条件法過去：［avoir, être の条件法現在］+［過去分詞］）

初学者は勘違いしやすいですが、条件法を使うのは si を用いた条件節（従属節）ではなく、結果節（主節）です。

このパターンに則した別例を順に3つ並べておきましょう。

（1）' **S'il fait beau, je monterai au sommet de la montagne.**
晴れたら、私は山頂を目指します。

＊未来の仮定は原則として可能性をもつ事柄に使われ、今はともかく「（この先）晴れたら登頂する」という意味。

（2）' **Si je pouvais l'épouser, je la rendrais certainement heureuse.**
もし彼女と結婚できるなら、絶対に幸せにするのに。

＊「現在の事実の反対」というより「実際にはまずあり得ない未来（結婚の見込みなし）」を扱っている例。

（3）' **Si vous aviez étudié dur, vous auriez pu réussir l'examen d'anglais.**
もし一生懸命に勉強していたら、あなたは英語の試験に受かったのに。

＊過去の事実に反する仮定、然り、後悔先に立たず。

CR pp.177–181

2.10-C 仮定法（3）

前節で触れた〈if を用いた3パターン〉はいわば「仮定法」の学校文法枠での説明で、実際には条件節のない仮定法の方が圧倒的に頻度は高いです。たとえば、愛していることを強くアピールして……。

I would jump off a building for you!
君のためならビルからでも飛び降りてみせるよ。

＊「もしそうしろと言うなら（君が望むなら）」といった条件を言外にほのめかして。もちろん実際に行動に移すわけではありません。

この文に続けて「君のもとに飛んでいけるのに」I could fly to you. といった文が見え隠れしています。

また、願望を表す定番の言い回しも知らない人はいないと思います。

I wish I were a bird.
鳥だったらなあ。

あるいは、“as if「まるで～であるかのようだ、まるで～であったかのようだ」” には仮定法過去・仮定法過去完了の if 節の部分が使われます。

The French teacher talks as if he knew everything.
そのフランス語の教師はなんでも知っているかのように話します。

＊ただし、仮定ではなく実際の様子をたとえるケース、推測する場合なら直説法を用います。たとえばこんな例で。
My father is 70 years old, but he feels as if he is 50 because he is very energetic.
父は 70 歳ですが、とても元気はつらつで気持ちはまるで 50 歳のようです。

CR pp.177–181

2.10-C 条件法（3）

前節で触れた〈si を用いた3パターン〉はいわば「条件法」の学校文法枠での説明のあり方で、実際には si のない条件法がよく使われます。たとえば、愛していることを強くアピールして……。

Je sauterais d'un immeuble pour toi !
君のためならビルからでも飛び降りてみせるよ。

＊「もしそうしろと言うなら（君が望むなら）」といった条件を言外にほのめかして。

また、願望を表す英語の定番の言い回しをフランス語にすればこうなります。

J'aimerais être un oiseau.
鳥だったらなあ。

あるいは、〈comme si S + V「（実際はそうではないが）まるで～であるかのようだ、まるで～であったかのようだ」〉には「直説法半過去」「直説法大過去」が使われます。

Le professeur de français parle comme s'il savait tout.
そのフランス語の教師はなんでも知っているかのように話します。

＊ただし、仮定ではなく実際の様子をたとえたり、印象を表現するなら comme si ではなく、下記のような言い方をします。
Mon père a 70 ans, mais il a l'impression d'en avoir 50 parce qu'il est très énergique.
父は 70 歳ですが、とても元気はつらつで気持ちはまるで 50 歳のようです。

条件法は「もしできるものなら」si c'est possible、「仮に条件が合えば」si les conditions sont remplies、といった含みが前提にある言い回しです。

フランス語は professeur français「フランス人の教師」と professeur de français「フランス語の教師」を区別しますが、英語はどちらも a French teacher です。両者の区別は発音で分けられ French を強く読めば「フランス語の教師」、teacher に強勢を置くと「フランス人の教師」となります。和英辞典に載っている a teacher of French はふつう使われません。

2.10-D 仮定法(4)

仮定法が使われる定番の言い回しもあります。

“without + [名詞] ” を置き換えて、次のように書き換えられます。 If it had not been for a dictionary of technical terms, I wouldn't have been able to read this philosophical book.

Without a dictionary of technical terms, I wouldn't have been able to read this philosophical book.

専門用語の辞書がなければ、この哲学書は読むことができなかったでしょう。

* 実際には「専門用語の辞書があったので読めた」という含み。この例は「もしA [名詞] がなかったとしたら」という定番の言い回しです。

仮定法には現実から一歩退いた「もしできれば」if it's possible とか、「もしよろしければ」if you don't mind といったニュアンスが言外に隠れていますので、丁寧な言い回し(語気緩和)になります。

I'd like to talk to the woman in the white dress sitting on the sofa.

ソファに腰かけている白いワンピースの女性と話がしたいのですが。

* 直説法を用いた I want to talk to the woman in the white dress sitting on the sofa. なら一方的で、剥き出しの「願望」という感じですが、例示のように would like to do を用いれば控えめで、丁寧な表現になります。

Could you tell me the way to the nearest station? I seem to have got lost.

最寄駅への行き方を教えていただけますか。どうやら道に迷ったようなのです。

* Can you [Will you] tell me the way to the nearest station? とするより仮定法 could (would) を用いれば丁寧な言い回しになります。

CR pp.177-181

2.10-D 条件法(4)

条件法を用いた定番の言い回しもあります。

Sans un dictionnaire de termes techniques, je n'aurais pas pu lire ce livre philosophique.

専門用語の辞書がなければ、この哲学書は読むことができなかったでしょう。

＊実際には「専門用語の辞書があったので読めた」という含み。この例は「もしA［名詞］がなかったとしたら」という定番の言い回しです。

〈sans +［名詞］〉を置き換えて、次のように言い換えられます。
Si je n'avais pas eu un dictionnaire de termes techniques, je n'aurais pas pu lire ce livre philosophique.

p.65 の欄外注記で触れたように、条件法には「もしできれば」si c'est possible、「もしよろしければ」si cela ne vous dérange pas といった意味合いが言外に隠れていますので、丁寧な言い回し（語気緩和）になります。

Je voudrais parler à la femme en robe blanche assise sur le canapé.

ソファに腰かけている白いワンピースの女性と話がしたいのですが。

＊直説法を用いた Je veux parler à la femme en robe blanche assise sur le canapé. なら話者都合の剥き出しの「願望・要求」という言い回しですが、je voudrais と条件法を用いれば控えめで、丁寧な表現になります。

Pourriez-vous m'indiquer le chemin jusqu'à la gare la plus proche ? Je crains de m'être perdu.

最寄駅への行き方を教えていただけますか。どうやら道に迷ったようなのです。

＊条件法を用いる方が、Pouvez-vous［Voulez-vous］me dire le chemin vers la gare la plus proche ? と直説法を使うより丁寧です。

2.11-A 仮定法現在

仮定法現在とは、主に、願望・主張・意図・命令・要求・危惧などを表す動詞あるいは形容詞に続く that 節内で用いられる動詞の原形のことで、米語でよく用いられます。イギリス英語では多く助動詞 should（「かくあるべし」という含意）をともなって使われます。次のような例があげられます。

動詞の原型（あるいは should）を用いることで事実かどうかは不明で、that 節以下はあくまで話者の思い描いている事柄、まだ実現していないことの想像だという含みになります。

（1）**We desired that the exam (should) be postponed until the end of the month.**
月末まで試験が延期されるように望みました。

（2）**I insisted that she (should) not go out alone at night.**
彼女が夜一人で外出しないようにと私は強く言いました（懇願しました）。

（3）**The boss suggested she be sent to the branch.**
上司は彼女に支店へ出向するように進言しました。

＊イギリス英語でも suggest を用いる場合なら、should を省いた、仮定法現在を用いるのが通例。

ただし、例文（4）は日常会話なら We have to prepare for a big earthquake. とするのが一般的です。

（4）**It is necessary that we (should) prepare for a big earthquake.**
私たちは大地震に備える必要があります。

＊これは It is necessary for us to prepare for a big earthquake. と書くこともできます。

（5）**In the Potsdam Declaration the Allied powers requested that Japan (should) surrender unconditionally.**
ポツダム宣言で、連合国は日本に無条件降伏を要求しました。

CR pp.182–183

2.11-A 接続法

下記の2つの文を比べてみましょう。

A : Je pense que ma maison est grande.
B : Je veux que ma maison soit plus grande.

A は直説法で「わが家は大きいと思う」と客観的な事実を述べているのに対して、**B** は「わが家がもっと大きければいい」と話者の主観（願望）、すなわち話し手の想念を表現しています。
このように、願望・主張・意図・命令・要求・危惧などを表す動詞あるいは形容詞に続く que 以下の節内で用いられるのが接続法の基本的な形です。

左ページの英文ならびに次ページ（p.70）の英文を先取りして、順次フランス語にしていきます（和訳は省略）。

（1）**Nous avons souhaité que l'examen soit reporté à la fin du mois.**

（2）**J'ai insisté pour qu'elle ne sorte pas seule la nuit.**

（3）**Le patron a suggéré qu'elle soit envoyée à la succursale.**

（4）**Il est nécessaire que nous nous préparions à un grand tremblement de terre.**

（5）**Dans la déclaration de Potsdam, les puissances alliées ont demandé que le Japon se rende sans condition.**

（6）**Il est naturel que les candidats deviennent nerveux avant l'entretien.**

（7）**J'ai peur que mon fils soit en retard à l'école.**

（8）**Le dernier souhait de l'homme était que son âme vive pour toujours dans l'ordinateur.**

（9）**Vive la France !**

(9) は接続詞 que を要しない慣用表現（別例：Dieu soit loué !「ああよかった」）。

2.11-B 仮定法現在

前ページに続いて、例を列挙していきます。

(6) **It's only natural that applicants (should) get nervous before the interview.**
応募者が面接の前に神経質になるのは当たり前のことです。

(7) **I'm afraid that my son (should) be late for school.**
息子が学校に遅れるのではないかと心配しています。

なお、現在では order, ask, advise といった動詞はうしろに " [目的語] + to do (不定詞) " を用いる現代語法が中心で、"that + S + V [仮定法現在] " はほとんど用いられません。ただし、参考書類には今でもそうした用例の載っているものがあります。

また、下記のような名詞との同格表現でも仮定法現在が使われます。

(8) **The man's last wish was that his soul (should) live forever in the computer.**
その男の最後の望みは彼の魂がコンピュータ内で永遠に生き続けることでした。

* "wish (希望) = that 節 " という同格の関係です。

あるいは、慣用的に使われるこんな例 (祈願文) もあります。

(9) **Long live France!**
フランス万歳。

CR pp.182–183

2.11-B 接続法

以下、接続法の時制に関しての追記です。

接続法現在：主節の表す時点と同時（あるいはそこから見て未来）

Je ne crois pas qu'elle dise la vérité.

＊「彼女は本当のことを言っていないと思う」（←彼女は本当のことを言っているとは思いません）という意味。「話を聞きながら（同時進行で）彼女の話を嘘だと思う」ケース、つまり、主節に使われている croire と従属節 で使われている dire が同時進行という関係にあるわけです。

基準となる時間（主節）が現在でも過去でも未来でも、その基準時に先行し、完了した事態には「接続法過去」を使い、同時（あるいは後起性の未完了）の事態なら「接続法現在」を用いるということです。

接続法過去〈avoir, être［接続法現在］＋［過去分詞］〉：主節の表す時点から見て過去

Je ne crois pas qu'elle ait dit la vérité.

＊「彼女は本当のことを言っていなかったと思う」（←彼女は本当のことを言っていたとは思いません）の意味。つまり、「話を聞いたあと（今になって思えば）あれは嘘だと思う」という意味で、主節と従属節の時間にずれが生じています。

注 意

英仏比較対照という本書の趣旨に則り、2.11-A/B では仮定法現在と接続法を見比べましたが、**フランス語の接続法の守備範囲は英語の仮定法現在の範囲にとどまりません。**
次ページでフランス語を軸に、仏英併記する形で「接続法」の別例をいくつか確認、補足しておきます。なお、必要に応じて「直説法」との対比も加えてみます。

2.11.C 接続法（英語を添えながら）

名詞節 ：不確実・不可能を表すケース。

Je doute qu'elle vienne après une telle dispute.
I doubt she'll come after such an argument.
あんな口論のあとで彼女が来るとは思えません。

＊この文は形容詞を用いて Il est［C'est］douteux qu'elle vienne après une telle dispute. / It is doubtful that she'll come after such an argument. と書き換えられます。

Il semble qu'il soit très fâché.
He seems to be very angry.
彼はとても気を悪くしているようです。

＊ただし、sembler 以下が疑念を含まないケースや形容詞を添えて使われるケースでは「直説法」を使うのが通例（例：Il semble certain que le Japon va gagner. / It seems certain that Japan will win.「日本がきっと勝つと思われます」）。

形容詞節 ：関係代名詞の先行詞に主観的・感情的な判断が含まれる言い回しがプラスされたケース。

Il cherche un professeur qui sache enseigner le latin.
He is looking for a teacher who can teach Latin.
彼はラテン語を教えられる先生を探しています。

＊実際にそうした先生がいるか、いないかわかりません。あくまで話者の希望する「仮想の人物」です。こうしたケースでは形容詞節内で「接続法」が使われます。
ただし「実在する人物」を探すなら直説法が使われます（例：Il cherche la secrétaire qu'il a rencontrée à Akasaka hier soir.「彼は昨晩赤坂で会った秘書を探しています」）。

2.11.D 接続法（英語を添えながら）

Monique est la plus belle fille que je connaisse.
Monique is the most beautiful girl I know.

モニックは私の知るなかで1番きれいな娘さんです。

＊最上級が使われた美の基準は、あくまで話者の主観的な判断基準がベースなので que 以下で接続法が使われます。
ただし、以下のように狭い範囲内で「それが事実である」とわかる例なら、先行詞に最上級が使われていても直説法でかまいません。

C'est la personne la plus âgée qu'on connaît dans ce village.
「この方はその村で知られている一番齢を重ねた人物です」。

副詞節：avant que「〜する前に」、pour que「〜するために」、bien que「〜にもかかわらず」などが導く節で。

Il faut lui en parler avant qu'elle ne parte.
We need to talk to her about it before she leaves.

彼女が行ってしまう前にそのことについて彼女に話さなくてはなりません。

＊この ne は虚辞の ne と呼ばれるもので、実際には否定ではないが、心理的に否定が感じられるケースで、つまり「彼女が行ってしまう前に」→「行か " ない " うちに」の意味合いで使われるものです（☞ p.211）。英語の before が導く副詞節内で not を用いないという文法にも通底する対応です。

Tu dois étudier plus que ça pour [afin] que tu réussisses cet examen.

You have tu study harder [in order] to pass the exam.

試験で合格点を取るにはちゃんと勉強しなくてはなりません。

Bien qu'il pleuve fort, nous quitterons le chalet.
Although it is raining hard, we'll leave the chalet.

激しい雨ですが、私たちはシャレー（山小屋）を出ます。

3.1-A 形容詞：名詞（代名詞）に「どのような」という情報をつけ足す言葉

名詞に直接かかる**限定用法**と、第 2 文型や第 5 文型の補語として使われる**叙述用法**があります。
英語とフランス語では形容詞の基本的な考え方に相違点があるので、ここはこのページ内に仏語訳を書き添えて進めていきます。なお例文によってはフランス語では形容詞を必要としないケースがありますし、形容詞を置く位置にも違いがでます。

the spicy curry「辛いカレー」は（限定用法）、This curry is spicy.「このカレーは辛い」なら（叙述用法）になります。

形容詞 + 名詞（限定修飾用法）

We have a cute white dog.

Nous avons un adorable chien blanc.

うちにはかわいい白い犬がいます。

＊フランス語は形容詞が名詞を前後からはさむ形が少なくない。仏検 3 級・4 級でよく出題される文法事項です。

This is our everyday routine.

C'est notre routine quotidienne.

これが私たちの毎日の日課です。

every day は「毎日」という副詞、everyday は「毎日の」を意味する形容詞です。

She has a 10-year-old daughter.

Elle a une fille de 10 ans.

彼女には 10 歳の娘がいます。

名詞 + 形容詞（限定修飾用法）

We have tried everything possible.

On a essayé tout ce qui était possible.

できることはすべてやりました。

3.1-B 形容詞：名詞（代名詞）に「どのような」という情報をつけ足す言葉

The lake is several meters deep.

Le lac a plusieurs mètres de profondeur.

その湖は数メートルの深さがあります。

＊ He is 30 years old. のように年齢やサイズを表す形容詞は、英語では数字や数の単位を表す名詞のうしろに置かれます。

叙述用法

The room was very large but dirty.

La pièce était très grande mais sale.

その部屋はとても広かったが汚れていました。

They look alike.

Ils se ressemblent.

彼らは似ています。

alike は叙述用法のみ（「似ている兄弟」という限定用法は不可）。これは、叙述形容詞と呼ばれ、a- の文字で始まる単語が多い。

形容詞的に働く名詞（名詞的形容詞）

My wife bought a linen summer dress in Hawaii.

Ma femme a acheté une robe d'été en lin à Hawaï.

妻はハワイでリネンのサマードレスを買いました。

There are many English-speaking countries around the world.

Il y a de nombreux pays anglophones dans le monde.

世界中には英語を話す国がたくさんあります。

CR pp.187-191

3.1-C 形容詞：名詞(代名詞)に「どのような」という情報をつけ足す言葉

注意

この見開きページはフランス語の形容詞に特化して話を進めます。

基本

日本語や英語にないフランス語の形容詞の特徴は、修飾する名詞や代名詞の性と数に一致するという点です。人やモノの性質を表す通常の形容詞は「品質形容詞」とも呼ばれ、直に名詞を修飾するケース(例：「赤ワイン」le vin rouge)でも、第2文型や第6文型の属詞として用いられるケース(例：「彼女は背が高い」Elle est grande.)でも、このルールは変わりません。具体例を見てみましょう。

Clara est très gentille.
クララはとても親切です。

「親切な」という形容詞はgentil［男単］、gentille［女単］となります。主語が女性複数ellesなら、「彼女たちはとても親切です」Elles sont très gentilles.(ちなみにtrèsは形容詞を修飾する副詞ですから不変)となります。

Ne laissez pas la porte ouverte.
ドアを開けたままにしないでください。

これは第6文型、直接目的語と属詞の間にはLa porte est ouverte.「ドアは開いている」(la porte＝ouverte)という関係(第2文型の形)が成立するので、形容詞ouvertは女性形単数になっています。

Vous n'aimez pas la cuisine chinoise ?
中華料理は好きではないのですか。

＊この文でも女性名詞la cuisine「料理」を修飾する「中国の」はchinoiseと女性形単数になります。

CR pp.187–191

3.1-D 形容詞：名詞（代名詞）に「どのような」という情報をつけ足す言葉

フランス語では、名詞に直接かかる形容詞（付加詞とも呼ばれる）は、「名詞のうしろに置く」のが原則。たとえば「1枚の赤いシャツ」なら英語は日本語と同じく a red shirt となりますが、フランス語は une chemise rouge（「シャツ」+「赤い」の語順）です（前ページの la cuisine chinoise「中華料理」も同じ）。名詞の前に形容詞を置く日本語とは順番が逆。ただし、原則には例外がつきもので、使用頻度の高い比較的つづりの短い形容詞（単に客観的な識別だけでなく、主観的・印象的な評価が加味されると考えられる語など）は前に置きます。

例：un grand bâtiment「大きなビル」、une petite maison「小さな家」、un vieux château 古い城

形容詞の補語

意味の補足のために、形容詞のうしろに〈[前置詞] + [名詞]〉（前置詞句）を添えることがあります（これを形容詞の補語と呼びます）。

C'est facile à dire.
言うのは簡単です。

＊簡単なのは何なのか。facile の対象・範囲を à + inf. で示しています。

Mon grand frère a l'air content de sa voiture neuve.
兄は新車に満足そうです。

＊〈de + [名詞]〉をプラスして形容詞 content「満足な」の「どうして」（原因・理由）を追記した例になります。

Une consommation excessive d'alcool n'est pas bonne pour la santé.
過度の飲酒は健康によくありません。

＊この例は Une consommation excessive d'alcool est nuisible à [pour] la santé.「過度の飲酒は健康に害がある」などと書き換えられます。

CR pp.192－195

3.2-A

副詞：動詞・形容詞・他の副詞あるいは文全体を修飾する語、名詞の影響は受けないので形は変わらない。

基本的な副詞の用例には以下のようなものがあります。例文とともに確認していきましょう。

時・場所を表す

They had a barbecue on the river bed yesterday.

昨日、彼らは河川敷でバーベキューをしました。

Three people have been waiting at the bus stop for 10 minutes.

3 人の人が 10 分前からバス停で待っています。

日本語の「いつどこで」ではなく「どこでいつ」が英語・フランス語の通常の並び順です。

注 意

日本語では「昨日、彼女に会いました」という語順になるせいで、Yesterday I met her. と英作文する人が少なくないですが、yesterday は文末が通常。これですと「昨日」が強調された言い回し（スピーチなどでの意図的な「話のツカミ」）と解されかねません。

様態や程度・頻度を表す

英語の副詞語尾の代表である -ly、そもそもの意味はラテン語「体、様子」に由来するものです。たとえば、slowly なら「ゆっくりの体(てい)で」「ゆっくりした様子で」ということになります。

一方、フランス語の副詞語尾 -ment はラテン語「心、精神」に遡ることができ、lentement なら「ゆっくりとした心持ちで」といった意味から来ています。

Walk slowly down the hospital hallway.

病院の廊下はゆっくり歩いてください。

The bike was badly damaged.

自転車はひどく破損しました。

My mother politely declined the invitation.

母はその招待を丁重にことわりました。

CR pp.192–195

3.2-A

副詞：動詞・形容詞・他の副詞あるいは文全体を修飾する語、名詞の影響は受けないので形は変わらない。

基本的な副詞の用例には以下のようなものがあります。例文とともに確認していきましょう。

時・場所を表す

Ils ont fait un barbecue sur le lit de la rivière hier.

昨日、彼らは河川敷でバーベキューをしました。

Trois personnes attendent à l'arrêt de bus depuis 10 minutes.

3 人の人が 10 分前からバス停で待っています。

様態や程度・頻度を表す

様態を表す副詞は大半が -ment の語尾を取り、その多くは〈[形容詞]（女性単数形）+ment〉と綴られます。ただし、下記の例（poliment）のように、一部例外になる語もあります。なお、この -ment を用いた副詞は、〈avec + [抽象名詞]〉、〈de façon [manière] + [形容詞]〉「～な仕方で」に置き換えられるケースが大半です（例：décliner clairement = décliner avec clarté = décliner de façon [manière] claire「はっきりと断る」）。

Marchez lentement dans le couloir de l'hôpital.

病院の廊下はゆっくり歩いてください。

Le vélo a été gravement endommagé.

自転車はひどく破損しました。

Ma mère a poliment décliné cette invitation.

母はその招待を丁重にことわった。

〈[形容詞]（男性単数：-i,-u）+ ment〉となる例

CR pp.192–195

3.2-B

副詞：動詞・形容詞・他の副詞あるいは文全体を修飾する語、名詞の影響は受けないので形は変わらない。

前ページに続いてもうひとつ例示をいたします。

We frequently dine at the nearby restaurant.

私たちは頻繁に近くのレストランで食事をします。

＊ つまり、“［形容詞］＋ly” で副詞になるわけです。

“［名詞］＋ly” は「形容詞」になるので注意が必要（例：friend → friendly「親しみのこもった」、day → daily「毎日の」）。

話者の感情を込めて文頭に置かれる（文修飾）

次のように、文全体を修飾するケースがあります。

Fortunately, no one was injured.

幸いなことに、誰も負傷しませんでした。

Unfortunately, I was very busy last week.

あいにく、先週は多忙でした。

＊ ちなみに「幸か不幸か」という言い回しを直訳して fortunately or unfortunately / luckily or unluckily と記している辞書類がありますが、これは英語を母語とする人たちにスッとは通じない言い回しかと思います。for better or worse なら無理なく通じましょう。

Surprisingly, my daughter got the highest mark in her class.

驚いたことに、娘がクラスでトップの成績をとりました。

＊ 文修飾副詞 surprising を副詞句 to my (great) surprise や much to my surprise などにも置き換えられます。あるいは以下のように形容詞を用いた言い換えも可能です。

I was (very) surprised that my daughter got the highest mark in her class.

3.2-B

副詞：動詞・形容詞・他の副詞あるいは文全体を修飾する語、名詞の影響は受けないので形は変わらない。

前ページに続いてもうひとつ例示をいたします。

Nous dînons fréquemment au restaurant voisin.
私たちは頻繁に近くのレストランで食事をします。

“［形容詞］（-ant, -ent の nt を省いて）+mment” となる例

＊副詞「しばしば」の類義語
fréquement　しばしば、頻繁に（何度も繰り返し自発的に反復）
souvent　よく、しばしば（一定期間内で頻度が高いことを指す）
de temps en temps　ときどき（規則的な繰り返し）
parfois　ときには（やや改まった単語で、習慣的に起こることを言う）
quelquefois　ときおり（de temps en temps より頻度数は劣る。parfois に近い）

話者の感情を込めて文頭に置かれる（文修飾）
次のように、文全体を修飾するケースがあります。

Heureusement, personne n’a été blessé.
幸いなことに、誰も負傷しませんでした。

＊par bonheur に置き換えられます。

Malheureusement, j’étais très occupé(e) la semaine dernière.
あいにく、先週は多忙でした。

＊par malchance と置き換えられます。

Étonnamment, ma fille a obtenu la meilleure note de sa classe.
驚いたことに、娘がクラスでトップの成績をとりました。

＊à ma (grande) surprise「（とても）驚いたことに」といった副詞句に置き換えられます。なお、この例文は形容詞 surpris(e) を用いて、次のような書き換えが可能です。
J’ai été (très) surpris(e) que ma fille ait obtenu la meilleure note de sa classe.

CR pp.196－197

3.3-A 名詞句

「句」とは複数の単語が集まり１つの意味をなすかたまりのことです。

第1章で確認しましたが、英語の5文型という分類では下記の文は第2文型になります。

Getting up early is good for your health.
S V C M

早起きは健康によい。

この文の主語「早起きすること」getting up early が名詞句（動名詞、つまり名詞の役割をする動詞句とも言い換えられる）。文全体から見て、主語・目的語・補語となれるものが名詞句と呼ばれます。

目的語と補語になる名詞句の例も見ておきましょう。

The student admitted cheating on the test.
S V O

その学生はテストでカンニングしたことを認めました。

これは第3文型。この文の cheating on the test が「目的語」になる名詞句の例です（admit は他動詞の方が好まれる傾向にありますが、admit を自動詞として The student admitted to cheating on the test. と表現することもできます）。

The most troublesome thing is how to solve this difficult problem.
S V C

もっとも悩ましいのはどうやってこの難問を解くかです。

これは第2文型ですが、"疑問詞 + to do" の箇所が補語で、名詞句になっています。

CR pp.196－197

3.3-A 名詞句

フランス語の6文型の考え方に照らせば、下記の文は第2文型に分類されます。

Se lever tôt est bon pour la santé.
S V A M
早起きは健康によい。

この文の主語「早起きすること」se lever tôt（文法的には不定詞あるいは不定法と呼ばれる）が名詞句です。文全体から見て主語・目的語・属詞となれるものが名詞句と呼ばれます。

目的語と属詞になる名詞句の例も見ておきましょう。

L'étudiant a reconnu avoir triché au test.
S V OD
その学生はテストでカンニングしたことを認めました。

これは第3文型ですが、この文の OD の箇所が「直接目的語」（文法的には不定詞の複合形）になる名詞句の例です。
下記の文はどうでしょうか。

La chose la plus difficile est de savoir comment
S V A
résoudre ce problème difficile.

もっとも悩ましいのはどうやってこの難問を解くかです。

この文は第2文型になりますが、〈de savoir + ［疑問詞 + inf.］〉の箇所が属詞で、それ全体が名詞句になっています。

S + V はないが 2 語以上の単語が集まってまとまった意味を表すかたまりを「句」と呼びます。

3.3-B 名詞句・形容詞句・副詞句

では「私になにか飲み物をください」という例ならどうでしょうか。

Give me something to drink.
V　O_1　O_2

この文は第4文型で O_2 の箇所は名詞句です。ただし、この名詞句の部分は something + **to drink** と分けて考えることができ、to drink は **somethingをうしろから修飾する形容詞**（直訳は「飲むための」→ something）となっています。S + V をもたずに、名詞を修飾する単語の集まりは形容詞句と呼ばれます。

さらに、「この本はフランス語に訳すのが難しい」という文はどうでしょうか。

This book is difficult to translate into French.
S　V　C

この例は第2文型ですが、補語となる difficult to translate into French の箇所を difficult / to translate into French と分けて考えることができます。この後半部、つまり不定詞の箇所は **形容詞 difficult** を修飾する関係（直訳は「フランス語へ訳すのに」→ difficult というつながり）になっています。形容詞を修飾する単語の集まりは副詞で、to translate into French は副詞句（副詞的用法の不定詞）となります。
なお、この文は仮主語 it を用いて下記のように書き換えられます。

It is difficult to translate this book into French.
S V　C　S′

＊S（仮主語）= S′（真主語）

こうなると to 以下の不定詞の部分は真主語で、主語に相当するので名詞句（名詞的用法の不定詞）となります。

CR pp.196–197

3.3-B 名詞句・形容詞句・副詞句

では「私になにか飲み物をください」という次の文はどうでしょうか。

Donnez-moi quelque chose à boire.
V OI OD

この文は第5文型で OD の箇所は名詞句です。分析すれば、この名詞句の部分は quelque chose + **à boire** と分けて考えることができ、à boire は **quelque chose をうしろから修飾する形容詞**（直訳は「飲むための」→ quelque chose）となっています。S + V をもたずに、名詞を修飾する単語の集まりは形容詞句と呼ばれます。

続いて「この本はフランス語に訳すのが難しい」という以下の文はどうでしょうか。

Ce livre est difficile à traduire en français.
S V A

この例は第2文型ですが、属詞となる difficile à traduire en français の箇所を difficile / à traduire en français と分けて考えることができます。à + inf. の箇所は **形容詞 difficile** を修飾する関係（直訳は「フランス語の訳すのに」→ difficile）となっています。形容詞を修飾する単語の集まりは副詞で、à traduire en français は副詞句（副詞的用法の不定詞）となります。
なお、この文は仮主語 il を立てて以下のように書き換えられます。

Il est difficile de traduire ce livre en français.
S V A S′

＊S（仮主語）＝S′（真主語）

こうなると de 以下の不定詞の部分は真主語で（先の文では difficile **à** + inf. とされ、この文では真主語を導く **de** と前置詞が違う点にも注意）、主語に相当するので名詞句（名詞的用法の不定詞）になります。

CR p.198

3.4-A 動詞句（句動詞）

動詞句と句動詞（群動詞とも呼ばれる熟語・イディオムの類）は文法的には同じものではないですが、ここでは広く熟語的な言い回しも視野に、文の構造を理解するのに重要な「動詞を軸とした文構成の有り様」として、両者を区別せずに扱ってまいります。ただし、本書の性格上、多岐にわたる「動詞句」を右ページのフランス語に則して説明するという展開とさせていただきます。
というわけで、例文に番号を振りながら、まずは「近接未来」「近接過去」に相当する "be going to" と現在完了（完了）の例からスタートです。

（1）**My father is going to leave by car.**
父は車で出かけるところです。

＊ be going to は「〜する方向に進んでいる」がそもそもの意味。主語の「意図」が反映しているケースなら「〜するつもりだ、予定だ」の意味。現状の状況から判断して「（近い未来に）〜するだろう」の意味にもなります。

（2）**My mother has just left by car.**
母はちょうど車で出かけたところです。

＊この現在完了は「（さっき）〜したところだ」という近接過去の意味合い。

次は、フランス語では〈avoir + [無冠詞名詞]〉、英語では "be 動詞 + [形容詞]" となる代表的な言い回しと、avoir を用いたフランス語の動詞句に対応する英語の用例です。

（3）**I am not thirsty but I am hungry.**
喉はかわいていませんが、お腹はすいています。

＊ほかに to be hot「暑い」、to be cold「寒い」、to be sleepy「眠い」、to be right「正しい」、あるいは be 動詞ではありませんが to look bad「顔色が悪い」などがあります。

CR p.198

3.4-A 動詞句

近接未来〈aller + inf.〉や近接過去〈venir (juste) de + inf.〉、あるいは avoir が作る熟語や成句、あるいは〈faire + inf.〉、〈laisser + inf.〉、〈知覚動詞 + inf.〉といったような、2 つ以上の語から成り立ちながらも全体として動詞と同じ働きをする語群、それが動詞句と呼ばれるものです。
以下、英語と対比しつつ、その具体例を番号を振って順に見ていきます。

動詞を使って作る2 語以上のかたまりで動詞として機能しているものが「動詞句」です。

(1) **Mon père va partir en voiture.**
父は車で出かけるところです。

＊ aller + inf. で、近接未来（近い未来）を表現することができます。ただし「～しに行く」という意味でも aller + inf. は使われます。
Mon père va aller chercher le journal.
父は新聞を買いに行きます。

aller + inf. が近接未来なのか、「～しに行く」の意味なのか和訳する際に判断が微妙なケースがないではありません。

(2) **Ma mère vient juste de partir en voiture.**
母はちょうど車で出かけたところです。

＊ venir de + inf. で近接過去（近い過去）を表現します。ただし、前置詞 de を用いずに venir + inf. とすると「～しに来る」の意味になります（例：Je viens aider Jeanne.「ジャンヌを手伝いに来ています」）。

(3) **Je n'ai pas soif mais j'ai faim.**
喉はかわいていませんが、お腹はすいています。

＊〈avoir + ［無冠詞名詞］〉の形で、英語の "be + ［形容詞］" に相当する例。ほかに avoir chaud「暑い」、avoir froid「寒い」、avoir sommeil「眠い」、avoir raison「正しい、もっともである」、あるいは avoir mauvaise mine「顔色が悪い」などがあります。

CR p.198

3.4-B 動詞句（句動詞）

さらに例示を続けます。

（4）**I intend to go to Beijing tomorrow.**
私は明日北京へ出発するつもりです。

＊ intend to do で「～するつもりである」（= propose doing ［to do］）の意味。略式なら be going to で書き換えられます。

（5）**No matter how much I talk, my aunt never listens to me.**
いくら話しても無駄です、おばは私の話にけっして耳を貸しません。

＊ "no matter +［wh 節］" で副詞節「たとえ～でも」（譲歩）を表す構文。この文は However much I talk, my aunt never listens to me. と言い換えられますが、no matter how を用いる方が口語的です。

以下は、使役動詞と知覚動詞の例、どちらも英語の第5文型です。

（6）**She had this letter translated by her friend.**
彼女は手紙を友人に訳させた（友人に訳してもらった）。

＊ 使役=「させる」という単純な等式（学校英文法）に問題なしとしませんが、おおむね、立場上「（相手に）～してもらう」なら have を、相手が抵抗のある事柄を「させる」なら make を（ただし、「（事柄が自然に）生じる」という自発でも使われる）、また「（相手がやりたいこと、自然にそうなることを無干渉で）させる、させておく」の意味合いなら let が使われます。

（7）**Don't you hear the couple talking in the next room?**
カップルが隣の部屋で話しているのが聞こえませんか。

＊ "［知覚動詞］+［目的語］+ doing［現在分詞］" で「O が～しているのを見る、聞く、感じる」の意味になります。

たとえば、What makes you think so?（使役動詞 make を用いた第 5 文型）= Why do you think so? を理解するには「主語に人ではない名詞的な表現（無生物主語）をもってきても文が成り立つ」という英語の当たり前になじむ必要があります。

CR p.198

3.4-B 動詞句

さらに例示を続けます。

(4) **J'ai l'intention de partir à Pékin demain.**
私は明日北京へ出発するつもりです。

* avoir l'intention de + inf. は「～するつもりである」(= compter + inf. , se proposer de+ inf.) の意味。

(5) **J'ai beau parler, ma tante ne m' écoute jamais.**
いくら話しても無駄です、おばは私の話にけっして耳を貸しません。

* avoir beau + inf.「(いくら) ～しても無駄である」の意味。

avoir beau + inf. は単独では用いず、結論文 (「無駄の所以」を説明・補足する文) を従える必要があります。

(6) **Elle a fait traduire cette lettre par son ami.**
彼女は手紙を友人に訳させた (友人に訳してもらった)。

* 使役動詞 faire + inf. の展開で「～させる」の意味になります。

(7) **Est-ce que vous n'entendez pas parler le couple dans la chambre voisine ?**
カップルが隣の部屋で話しているのが聞こえませんか。

* 〈[知覚動詞 (voir, entendre など)] + inf.〉で「～するのを見る (聞く)」という意味。なお、上記の文は Est-ce que vous n'entendez pas le couple parler dans la chambre voisine ? と語順を変えることができます。

なお、知覚動詞構文の語順に関する付加説明をすれば、
たとえば「ルイが歌っているのが聞こえます」なら、次の 2 つの語順が可能です。

On entend chanter Louis.
On entend Louis chanter.
* chanter は自動詞

ただし、chanter une chanson「歌を歌う」と chanter が他動詞のケースでは On entend Louis chanter une chanson. の語順しか許容されません。

3.5-A 名詞節

「節」とは大きな文の中にある、S+V を有する小さな単語のかたまりのことです。

従属節（多くは that で導かれる）は、主節（文全体の軸になる文）に対して何らかの文法的な機能を有します。ここでは主語・属詞・目的語あるいは同格などで用いられる名詞節を見ていきます。
たとえば、This T-shirt is not sold at that store. なら「このTシャツはあの店では売られていない」という意味です。この主語 this T-shirt を what you want「あなたが欲しいもの」に置き換えますと次の文ができあがります。

What you want is not sold at that store.
あなたの欲しいものはあの店では売られていません。

下線部が主語として使われた「名詞節」です。

以下、目的語になる例。同格（=）になる例も確認いたしましょう。

Do you know Mr. Ishikawa?

→ Do you know that Mr. Ishikawa is a professional golfer?

「石川さん」（目的語）→ あなたは石川さんがプロのゴルファーだとご存知ですか。

I have the impression that she is bored with this movie.
私には彼女がこの映画に退屈しているように思えます。

＊"the impression「印象」= that 節「彼女が退屈していること」" という関係なので、この名詞節同格（文の構成上の要素が同じ）と扱われます。また、この文（第 3 文型）を My impression is that she is bored with this movie. と第 2 文型に置き換えれば、that に導かれた名詞節は主語と同格で、補語という関係になります。

CR p.199

3.5-A 名詞節

文の構成要素、主語・属詞・目的語あるいは同格などで用いられる名詞節を見ていきます。まずは、主語になる名詞節の例を見てみましょう。
たとえば、Ce T-shirt n'est pas vendu dans ce magasin. なら「この T シャツはあの店では売られていない」という意味です。この 主 語 ce T-shirt を Qu'est-ce que tu veux ? → ce que tu veux「あなたが欲しいもの」に置き換えてみます。

「節」とは大きな文の中にある、S + V を有する小さな単語のかたまりのことです。

Ce que tu veux n'est pas vendu dans ce magasin.
あなたの欲しいものはあの店では売られていません。

この下線部が主語として使われた「名詞節」です。

続けて、目的語になる例と、同格 (=) になる例を見ていきます。

Connaissez-vous M. Ishikawa ?

→ Savez-vous que M. Ishikawa est un golfeur professionnel ?

「石川さん」(目的語) → あなたは石川さんがプロのゴルファーだとご存知ですか。

動詞 connaître +「人」と動詞 savoir que S + V の違いにも注意を向けてください。

J'ai l'impression qu'elle s'ennuie avec ce film.
私には彼女がこの映画に退屈しているように思えます。

＊〈l'impression「印象」= que 以下「彼女が退屈していること」〉という関係なので、この名詞節は同格（文の構成上の要素が同じ）と扱われます。

CR p.199

3.5-B 名詞節

名詞節という観点は、文を名詞化して別な文に応用するという視点の広がりにも通じます。たとえば、以下のような流れで文を変形していくことが可能です。

① **Who will win the Akutagawa Prize?**

↓ 「誰が芥川賞をとるだろうか」という疑問文を

② **who will win the Akutagawa Prize**

↓ 「誰が芥川賞をとるか」と名詞節に置き換え

③ **It is not important.**

↓ 「それは重要ではない」の主語と入れ替えれば

④ **Who will win the Akutagawa Prize is not important.**

「誰が芥川賞をとるかは重要ではない」となります。

この操作を無理なくこなせるなら英語の表現力は一気に上がります。もうひとつ別の例もあげておきましょう。

① **Something happened to her yesterday.**

↓ 「何かが昨日彼女に起こりました」という文を

② **what happened to her yesterday.**

↓ 「昨日彼女に起こったこと」という名詞節に置き換え

③ **This is a pen.**

↓ 「これはペンです」の補語と入れ替えれば

④ **This is what happened to her yesterday.**

「これが昨日彼女に起こったことです」となります。

ちなみに、学校英語の元凶として槍玉にあがる This is a pen. ですが、こうした文の応用展開のベースになると思えば、あだや疎かにはできません。

パーティーなどで隣にいる同僚を友人に紹介する際にも This is a pen. の流れは有効で、「こちらは上野さん（男性）です」なら This is Mr. Ueno. と言いますね。

 CR p.199

3.5-B 名詞節

名詞節という観点は、文を名詞化して別な文に応用するという視点の広がりにも通じます。たとえば、以下のような流れで文を変形していくことが可能です。

① **Qui remportera le prix Akutagawa ?**
↓ 「誰が芥川賞をとるだろうか」という疑問文を

② **qui remportera le prix Akutagawa**
↓ 「誰が芥川賞をとるか」と名詞節に置き換え

③ **Ce n'est pas important.**
↓ 「それは重要ではない」の主語と入れ替えれば

④ **Qui remportera le prix Akutagawa n'est pas important.**
「誰が芥川賞をとるかは重要ではない」となります。

この操作を無理なくこなせれば、フランス語の表現力は一気に上がります。

なお、名詞節を見抜ければ、一見すると複雑そうに見える文に惑わされずにすみます。たとえば、「時は金なり」は Le temps, c'est de l'argent. ですが、これは Le temps est de l'argent. の主語 le temps を c'est で受けたフランス語特有のリズム。
では、下記の文はどういう形でどんな意味になるでしょうか。

このリズムは、たとえば「百聞は一見にしかず」Seeing is believing. を仏訳した、Voir, c'est croire. にも反映しています。

La vérité, c'est que votre fille n'est pas douée en musique.

これは la vérité を c'est で受け、que 以下の名詞節が属詞になっている第2文型です。直訳するなら「真実、それはあなたの娘は音楽の才能がない」となりますが、少し日本語らしく訳出するなら「本当のところ、お宅の娘さんには音楽の才能はありません」といった運びになります。

3.6-A 形容詞節（関係代名詞）

形容詞節の代表は関係代名詞（先行詞と関係詞節をつなぐ接続詞の役割と先行詞の代名詞として主語や目的語の役割も兼ねる）です。多くの場合、2 つの文をつなぐという観点を自明のこととして次のように学ばれます。

I have a little sister. She lives in Nagoya.

→ 関係代名詞 who（人を指して主語）

I have a little sister who lives in Nagoya .

先行詞　←　私には名古屋に住んでいる妹がいます。

ただ、前もって設定された 2 つの文をつなぎ、英語の語順を無視して漢文のレ点のように「うしろから前の名詞（先行詞）」にかけて訳すなど、考えてみるとこの説明はしっくりきません。そんな違和感から脱却する1つの方法が次の設問です。これが解ければ、関係代名詞を実際に活用できる力が養えます。本書を手にしている方なら関係詞の基本は頭に入っているはずでしょうからなおのことです。

問題 **下線部に自由に英語を書き添えて意味の通る文をつくりなさい。**

（1）**The man who ＿＿＿＿＿＿ is my best friend.**
（2）**I'm looking for the apartment which ＿＿＿＿＿＿ .**
（3）**That is the woman whose ＿＿＿＿＿＿ .**
（4）**What ＿＿＿＿＿＿ interests me a lot.**

この問題を解く鍵は、関係詞が文中でどんな役割をはたしているか理解できているかどうかです。

CR pp.200 - 202

3.6-A 形容詞節（関係詞 No.1）

形容詞節の代表は関係代名詞（先行詞と関係詞節をつなぐ接続詞の役割と先行詞の代名詞として主語や目的語の役割も兼ねる）です。最初、2 つの文をつなぐという観点からこんな風に学習します。

J'ai une petite sœur. Elle vit à Nagoya.

→ 関係代名詞 qui（主語を表す）

J'ai une petite sœur qui vit à Nagoya .

先行詞 ← 私には名古屋に住んでいる妹がいます。

ただ、前もって設定された 2 つの文をつなぎ、フランス語の語順を無視して漢文のレ点のように「うしろから前の名詞（先行詞）」にかけて訳すなど、考えてみるとこの学習法はしっくりきません。そんな違和感から脱却する 1 つの方法がこんな設問です。関係代名詞を実際に活用できる力が養われます。

問題 下線部に自由にフランス語を書き添えて意味の通る文をつくりなさい。

（1）**L'homme qui ＿＿＿＿＿＿ est mon meilleur ami.**

（2）**Je cherche le studio que ＿＿＿＿＿＿ .**

（3）**C'est la femme dont ＿＿＿＿＿＿ .**

（4）**Ce qui ＿＿＿＿＿＿ m'intéresse beaucoup.**

この問題を解く鍵は、関係詞が文中でどんな役割をはたしているか理解しているかどうかです。

CR pp.200－202

3.6-B 形容詞節（関係代名詞）

前ページ（1）なら who が主格を導く語なので、倒置などがない限りうしろには動詞が続き、（2）は which を主格とするなら動詞が続き、もし目的格なら S + V（他動詞）が続くという当然の理解です。そして、訳さないようにと注意されてきた（であろう）関係詞（かつては「～ところをの」と訳されていたことで知られますが）を訳出する感覚でとらえます。（1）なら「男性（あるいは人）、その人物は～ですが、私の親友です」と前からうしろに文を理解することです。もちろん、答えは無数にあるわけですが、具体例を示してみます。

「男性、その人（who）は妻の隣に座っていますが、私の一番の友です」と前からうしろへ文をイメージできると理想的です。

解答例

（1）**The man who is sitting next to my wife is my best friend.**

妻の隣に座っている男性は私の一番の親友です。

＊ the man sitting next to my wife と形容詞句に置き換えられます。

（2）

（主格）**I'm looking for the studio apartment which was advertised at a low price the other day.**

ワンルームマンションを探しています、先日、格安で広告が出ていた物件です。

（目的格）**I'm looking for the studio apartment which my friend bought last year.**

ワンルームマンションを探しています、友人が昨年購入したものです。

（3）**That is the woman whose daughter is a very famous skater.**

あの人は娘さんがスケーターとしてとても有名な女性です。

（4）**What the actor says interests me a lot.**

その俳優が口にすることに私はとても関心があります。

CR pp.200-202

3.6-B 形容詞節（関係詞 No.1）

前ページ(1)なら qui が主語を導く語なのでうしろには動詞が続き、(2)は目的語なので S + V（他動詞）が続くといった当然の理解です。そして、訳さないようにと注意されてきた関係詞(かつては「〜ところをの」と訳されていましたが)を訳出する感覚でとらえます。(1)なら「男性(あるいは人)、その人物は〜ですが、私の親友です」と前からうしろに文を理解することです。解答は無数にあるわけですが、英語と照らして具体例を示してみます。

解答例

(1) **L'homme qui est assis à côté de ma femme est mon meilleur ami.**
妻の隣に座っている男性は私の一番の親友です。

＊ l'homme assis à côté de ma femme と置き換えられます。

(2) **Je recherche le studio que mon ami a acheté l'année dernière.**
ワンルームマンションを探しています、友人が昨年購入したものです。

＊ 英語の主格に相当する例は qui を用いて、Je cherche le studio qui a été annoncé à bas prix l'autre jour. となります。

(3) **C'est la femme dont la fille est une patineuse très connue.**
あの人は娘さんがスケーターとしてとても有名な女性です。

C'est la femme dont tout le monde parlait hier.
あの人は昨日みんなが話題にしていた女性です。

＊ この例は parler de の形、英語 of whom に相当するケースです。

(4) **Ce que dit l'acteur m'intéresse beaucoup.**
その俳優が口にすることに私はとても関心があります。

＊ 下線部の主語と動詞は倒置されています（☞ p.101）。

できれば、「男性、その人（qui）は妻の隣に座っていますが、私の一番の友です」と前からうしろへ（可能なら日本語を介さないのが理想）と文をつなぎたい。

CR pp.200–202

3.7-A 形容詞節（関係副詞）

関係副詞は場所や時などを表す名詞を修飾する際に用いられて、副詞と接続詞の役割をもつ単語のこと。先行詞が「場所」「場合」なら where、「時」なら when、「理由」reason なら why、the way なら how となります。ただし、関係副詞の先行詞は明らかに場所、時、理由などを表しているケースでは通常省かれます。具体例をいくつか見ていきます。

（1）**This is the place where my grandfather was hit by a bicycle.**
ここは祖父が自転車にはねられた場所です。

＊ただし、この例は the place と where がどちらも「場所」の意味になるので、先行詞を省いて This is where my grandpa was hit by a bicycle. とするのが通例の形です。

（2）**This is the village where I lived for five years.**
ここは私が 5 年間住んでいた村です。

＊この文なら the village を残して where を省くこともできます。一方、先行詞 the villege を省くと「村」に住んでいたのか否かがわからなくなります。その点（1）とは「場所」の意味合いが違います。

（3）**There are many cases where our discussion ends in a disagreement.**
私たちの議論は平行線のまま終わることがよくあります。

＊「場合」が先行詞でも where が使われます。

（4）**The day when I first visited Paris was very rainy.**
私がパリをはじめて訪れた日は大雨でした。

＊この when の代わりに that を用いることもできます。また、関係副詞 when を省いてもかまいません。

CR pp.200-202

3.7-A 形容詞節（関係詞 No.2）

フランス語で関係副詞に相当するのは「場所」「時」「状況」などを先行詞とする où ですが、英語と違って、文法上は関係代名詞と呼ばれます。
以下、例文を見ていきましょう。

（1）**C'est l'endroit où mon grand-père a été renversé par un vélo.**
ここは祖父が自転車にはねられた場所です。

＊英語からの類推で、フランス語でも〈「場所」= la place〉と思い込んでいる人が少なくないですが、フランス語の place は「（人や物が占める）スペース」を指す単語です。「（土地のイメージと結びついた具体的な）場所」ならば、この例文のように endroit を用います。

（2）**C'est le village où j'ai vécu pendant cinq ans.**
ここは私が 5 年間住んでいた村です。

＊英語と違って（1）も（2）もフランス語では関係代名詞の où を省けません。

（3）**Il existe de nombreux cas où notre discussion se termine en désaccord.**
私たちの議論は平行線のまま終わることがよくあります。

＊「場合」が先行詞でも où が用いられます。

au cas où S+V［条件法］「〜の場合には」という言い回し（英語 in case / in the even that に相当）もあります。

（4）**Le jour où j'ai visité Paris pour la première fois était très pluvieux.**
私がパリをはじめて訪れた日は大雨でした。

＊英語では先行詞が「場所」か「時」かによって where, when の別がありますが、フランス語は先行詞が「場所」でも、「時」でも、où を用います。疑問詞の où「どこ」が英語の where に相当するため、これは初学者にとって盲点になりやすい。

3.7-B 形容詞節（関係副詞）

（5）**No one knows the reason ［why］ she isn't coming back from France.**
彼女がフランスから戻ってこない理由は誰にもわかりません。

＊先行詞 the reason か関係副詞 why そのどちらかかが省かれます。
~~the reason why~~ とは言いません。

（6）**Do you think the way ［how］ we carry our phones has changed our lives?**
電話を携帯するというあり方が私たちの暮らしを変えたと思いますか。

＊the way は how の先行詞ですが、この両者を重ねては使えません。
the way あるいは how を用いて「～する方法（やり方）」の意味にします。

なお、下記の関係代名詞と関係副詞を混同しないようご注意を。

A : This is the museum which my parents visited before I was born.

→ My parents visited the museum before I was born.

＊目的語「美術館を」（名詞）

B : This is the museum where (= in which) some paintings of my parents are exhibited.

→ Some paintings of my parents are exhibited in the museum.

＊修飾語「美術館に」（副詞）

A は「ここは私が生まれる前に両親が訪れた美術館です」、**B** は「ここは両親の絵が展示されている美術館です」（「前置詞 ＋ 関係代名詞=関係副詞」）の意味になります。

CR pp.200-202

3.7-B 形容詞節（関係詞 No.2）

左ページ（英語）と対照した以下の例も、フランス語では関係代名詞と分類されます。

（5）**Personne ne connaît la raison pour laquelle elle ne revient pas de France.**
彼女がフランスから戻ってこない理由は誰にもわかりません。

この例は、先行詞が「モノ」で〈[前置詞] + [lequel / laquelle/ lesquels/ lesquelles]〉（先行詞の性数に応じて形が変化する）のパターン。例示は、Elle ne revient pas de France pour la raison.（←彼女はそれが理由でフランスから戻らない）の下線部を前提に先行詞 la raison と結びつく形です。

先行詞が「人」なら一般的には〈前置詞 + qui〉を用います（例：C'est un collègue en qui mon père a confiance.「父が信頼している同僚です」）。

（6）**Pensez-vous que la façon dont nous portons nos téléphones a changé nos vies ?**
電話を携帯するというあり方が私たちの暮らしを変えたと思いますか。

＊先行詞 la façon と、たとえば Nous portons nos téléphones de cette façon.（こうしたあり方で）とを結び合わせる展開なので関係代名詞 dont が使われるわけです。

なお、関係代名詞 que と où を混同しないように。

A : C'est le musée que mes parents ont visité avant ma naissance.

→ **Mes parents ont visité le musée avant ma naissance.** ＊目的語「美術館を」（名詞）

B : C'est le musée où (= dans lequel) sont exposés quelques tableaux de mes parents.

→ **Quelques tableaux de mes parents sont exposés au musée.** ＊修飾語「美術館に」（副詞）

この文は où 以下の主語と動詞が倒置されています。文体上の理由による任意の対応ですが、倒置しないと文が動詞で終わり、フランス語ではあまり見慣れない形になるため。

A は「ここは私が生まれる前に両親が訪れた美術館です」、**B** は「ここは両親の絵が展示されている美術館です」の意味になります。

CR p.203

3.8-A 副詞節 (No.1)

時の表現、条件の表現、対立・譲歩の表現を表す副詞節を見ていきます。ポイントになるのは使われる法と時制の関係です。

時

(1) **Impressed, they started crying when they got married.**

感極まって、ふたりは結婚したときに泣きだした。 ☞ p.108

(2) **The phone rang just as the chief was going home.**

主任が自宅に帰ろうとしたときに電話が鳴った。

＊ (1) の例文と比較して2つの節の行為・出来事が「連続して、同時に」発生するケースでは (just) as「ちょうど～のときに」が用いられます。

(3) **As soon as he finished his homework, he started playing video games.**

彼は宿題を終えるとすぐにテレビゲームを始めました。

条件

(4) **If you don't eat properly, you will get sick.**

ほどよく食べないと、急に病気になりますよ。

(5) **Suppose you fail your exam, what will you do?**

仮に試験に落ちたらどうしますか。

＊ 仮定法過去を使って What would you do if you failed the exam? といった言い換えも可能です。

CR p.203

3.8-A 副詞節 (No.1)

時の表現、条件の表現、対立・譲歩の表現を表す副詞節を見ていきます。ポイントは使われる法と時制の問題です。

時

(1) Impressionnés, ils se sont mis à pleurer **quand ils se sont mariés.**

感極まって、ふたりは結婚したときに泣きだした。 ☞ p.109

(2) La téléphone a sonné **au moment où le chef allait rentrer chez lui.**

主任が自宅に帰ろうとしたときに電話が鳴った。

* (1) の例と比較して2つの節の行為・出来事が「連続して、同時に」発生するケースでは au moment où が用いられます。

(3) **Dès qu'il a eu fini ses devoirs,** il a commencé à jouer aux jeux vidéo.

彼は宿題を終えるとすぐに、テレビゲームを始めました。

* 下線部 avoir eu fini の箇所は過去分詞（eu・fini）が２つ重なる「複複合過去（あるいは重複合過去）」という形。直説法前過去 Dès qu'il eut fini ses devoirs,（現在はほとんど使われない時制）の代用となるものです（☞ p.208）。

条件

(4) **Si vous ne mangez pas convenablement,** vous tomberez malade.

ほどよく食べないと、急に病気になりますよ。

(5) **À supposer que vous échouiez à votre examen,** que ferez-vous ?

仮に試験に落ちたらどうしますか。

* 条件法現在を用いて Que feriez-vous si vous échouiez [ratiez] à votre examen ? といった言い換えも可能です。

3.8-B 副詞節 (No.1)

（6）**In case I am late,** leave without me.
私が遅れたら、私を待たずに（私なしで）出発してください。

＊ in case を if の類義として用いるのは主に米語の用法。なお、次の例は in case が「万一に備えて」となる副詞句。I'll take an umbrella (just) in case.「念のために傘を持っていきます」。

対立・譲歩

（7）**While I was working,** my wife was drinking with housewives of the neighborhood.
私が働いているのに（私が働いている間に）、その一方で妻は近所の主婦たちと飲んでいた。

＊ 接続詞 while は譲歩「〜がけれども、〜なのに」の意味と、時点「〜している間に、〜と同時に」の意味をもちます。

（8）**Although she is tired,** she keeps working.
彼女は疲れているのに、仕事をやめません。

＊ 口語なら She's tired, but she doesn't quit her job. といった言い方をします。

（9）**Whoever you are,** you have no reason to be proud.
たとえ誰であっても、傲慢でいていいはずはありません。

＊ No matter who you are, you have no reason to be proud. と言い換えられます。

倒置形を用いた下記のような「譲歩」を表す言い回しもあります。
例：「彼は金持ちですが、幸せではありません」
Rich as he is, he isn't happy.
= Though he is rich, he isn't happy.

CR p.203

3.8-B 副詞節 (No.1)

(6) **Au cas où je serais en retard, partez sans moi.**
私が遅れたら、私を待たずに（私なしで）出発してください。

＊〈dans le cas où + [条件法]〉も同義、「もし〜ならば、〜の場合には」の意味です。

対立・譲歩

(7) **Tandis que je travaillais, ma femme buvait avec des ménagères du quartier.**
私が働いているのに（私が働いている間に）、その一方で妻は近所の主婦たちと飲んでいた。

＊tandis que は alors que「一方〜、〜であるのに」（対立）と、pendant que「〜しているとき」（同時性）の意味をもちます。

(8) **Bien qu'elle soit fatiguée, elle ne cesse de travailler.**
彼女は疲れているのに、仕事をやめません。

＊口語なら Elle est fatiguée, mais elle ne quitte pas son travail. といった言い方をします。

(9) **Qui que l'on soit, on n'a pas de raison d'être orgueilleux.**
たとえ誰であっても、傲慢でいていいはずはありません。

＊Peu importe qui on est, on n'a pas de raison d'être orgueilleux. と書き換えられます。

倒置形を用いた下記のような「譲歩」を表す言い回しもあります。
例：「彼は金持ちですが、幸せではありません」
Riche comme il est, il n'est pas heureux.
= Bien qu'il soit riche, il n'est pas heureux.
＊〈[形容詞] + comme il est〉で形容詞を強調する文体。

CR pp.203–206

3.9-A 副詞節 (No.2)

引き続き、目的・結果の表現、原因・理由の表現となる副詞節の例を見ていきます。

目的・結果

(1) **Do you save money so that your girlfriend can travel?**
ガールフレンドが旅行できるようにするために、あなたがお金を貯めているのですか。

(2) **Wear your mask, lest you catch a cold.**
風邪をひくといけないので、マスクをしてください。

(3) **The workers at the nuclear power plant worked so hard that they got sick.**
原発の作業員たちは働きすぎで病気になった。

原因・理由

(4) **Since it's raining, we shouldn't go.**
雨が降っているので、行かない方がいいよ。

＊理由を表す since は文頭に用いられることが多く、聞き手も知っている理由を提示する際によく使われます。なお、類義の as は「理由」というより、「付帯状況」を表わす感覚、つまり、情報を補足するイメージで用いられる語です。

(5) **She has to stay home because she has this job.**
彼女はこの仕事があるので家にいなくてはなりません。

＊because の背後には why?「なぜ」という問いかけが見え隠れしています。これは聞き手が知らない理由を導く接続詞です。

CR pp.203–206

3.9-A 副詞節 (No.2)

引き続き、目的・結果の表現、原因・理由の表現となる副詞節の例を見ていきます。フランス語では、どんな法と時制が用いられるかがポイントになります。

目的・結果

(1) **Est-ce que tu économises pour que ton amie puisse voyager ?**
ガールフレンドが旅行できるようにするために、あなたがお金を貯めているのですか。

(2) **Portez votre masque, afin que vous ne preniez pas froid.**
風邪をひくといけないので、マスクをしてください。

(3) **Les travailleurs de la centrale nucléaire ont travaillé à tel point qu'ils sont tombés malades.**
原発の作業員たちは働きすぎで病気になった。

原因・理由

(4) **Puisqu'il pleut, nous ne devrions pas y aller.**
雨が降っているので、行かない方がいいよ。

* puisque は聞き手も知っている理由を提示、確認する際によく使われます。

(5) **Elle doit rester à la maison parce qu'elle a ce travail.**
彼女はこの仕事があるので家にいなくてはなりません。

* parce que は「原因・理由」を強く表わす接続詞。

parce que で導かれる理由の背後には pourquoi ?「なぜ」という問いかけが見え隠れしています。

CR pp.203 - 206

3.9-B 副詞節 (No.2)

なお、**副詞節から副詞句へと書き換える**のも表現力を広げるのに大事な練習になります。前ページにあげた（1）と（5）を例に書き換えてみましょう。

（1）′

Are you saving money so that your girlfriend can travel?

* so that S + V → for + [名詞]
→ **for your girlfriend's trip**

（5）′

She has to stay home because she has this job.

* because S + V → because of + [名詞]
→ **because of this work**

ここは、travel と trip を置き換えてみました。厳密には、前者は長期の「旅行」（海外旅行など）を指すのに対して、後者は2泊3日といった短期の「旅」に使われるという違いがあります。

あわせて、前課 3.8-A でいの一番に扱った Impressed, they started crying when they got married.「感極まって、ふたりは結婚したときに泣きだした」を例に書き換えれば以下のようになります。

Impressed, they started crying when they got married.

* when + S + V → at + [名詞]
→ **at their wedding**

* なお、文頭の部分を接続詞を用いた節に書き換えるなら、たとえば As they were impressed, と副詞節になります。

CR pp.203-206

3.9-B 副詞節 (No.2)

なお、**副詞節から副詞句へと書き換える**のも表現力を広げるのに大事な練習になります。前ページの（1）と（5）を例に書き換えてみましょう。

（1）′

Est-ce que tu économises pour que ton amie puisse voyager ?

* pour que +［接続法］ → pour + qqch
→ **pour le voyage de ton amie**

（5）′

Elle doit rester à la maison parce qu'elle a ce travail.

* parce que +［直説法］ → à cause de + qqch
→ **à cause de ce travail**

さらに、前課 3.8-A でいの一番に扱った Impressionnés, ils se sont mis à pleurer quand ils se sont mariés.「感極まって、ふたりは結婚したときに泣きだした」を例に書き換えれば以下のようになります。

Impressionnés, ils se sont mis à pleurer quand ils se sont mariés.

* quand +［直説法］ → lors de + qqch
→ **lors de leur mariage**

* なお、接続詞を用いて文頭の部分を書き換えるなら、たとえば Comme ils étaient impressionnés, と副詞節になります。

英語

CR pp.209-213

4.1-A 否定表現

ここでは、右ページのフランス語の例文と比較対照する形で英語の否定表現を確認していきます。

(1) **- Is she still in France?**
- No, she's not there anymore.
彼女は相変わらずフランスにいますか。
いいえ、もういません。

⋆ still は肯定文·疑問文で「まだ〜している」の意味。「もはや〜ない」は not ... anymore, not ... any longer と表現します。

(2) **- Have you finished your homework already?**
- No, not yet.
もう宿題は終わったの。 いいえ, まだです。

yet は疑問文で「もう〜(しましたか)」、否定文なら「まだ〜していない」の意味になります。

(3) **- Do you sometimes go to the movies?**
- No, I never go.
ときどき映画に行きますか。 いいえ, まったく。

(4) **For some time, my brother has not worked at all.**
しばらく前から、兄(弟)はもうまったく働きません。

⋆ 否定の強調「まったく〜ない」には、not ... at all といった形が使われる。

(5) **- Is there anyone in the warehouse?**
- No, there is no one.
倉庫内に誰かいますか。 いいえ、誰もいません。

⋆ somebody, someone「人」を打ち消して not ... anybody, nobody, not ... anyone, no one「誰も〜ない」、something「物」を打ち消して not ... anything, nothing「何も〜ない」という言い回し。

CR pp.209–213

4.1-A 否定表現

動詞を ne ... pas ではさめば打ち消しになるという基本ルールはご存じの通りですが（会話ではしばしば ne が省略されることもあります）、一口に否定といっても多様な言い回しがあります。あわせて、表現の多様性だけではなく、否定で答える際の疑問文との対応関係にも注意したいものです。

（1）**- Est-elle toujours en France ?**
- Non, elle n'y est plus.
彼女は相変わらずフランスにいますか。
いいえ, もういません。

＊応答文は「もはや〜ない」ne ... plus の例。

toujours =「いつも」という単純な等式化は不自然な和訳を生みかねません。

（2）**- Tu as déjà fini tes devoirs ?**
- Non, pas encore.
もう宿題は終わったの。　いいえ, まだです。

（3）**- Vous allez quelquefois au cinéma ?**
- Non, je n'y vais jamais.
ときどき映画に行きますか。　いいえ, まったく。

（4）**Depuis quelque temps, mon frère ne travaille plus du tout.**
しばらく前から、兄（弟）はもうまったく働きません。

＊否定の強調「まったく〜ない」には、ne ... pas du tout, ne ... pas le moins du monde といった形が使われます。この例は、ne ... plus を du tout で強調したもの。

（5）**- Y a-t-il quelqu'un dans l'entrepôt ?**
- Non, il n'y a personne.
倉庫内に誰かいますか。　いいえ、誰もいません。

＊quelqu'un「人」を打ち消して ne ... personne「誰も〜ない」、quelque chose「物」を打ち消して ne ... rien「何も〜ない」という言い回しになります。

CR pp.209-213

4.1-B 否定表現

either A or B を否定した形でも同様になります。

引き続き仏英対照して否定表現を見ていきます。

(6) **My father is neither a teacher nor a doctor.**
父は教師でも医者でもありません。

* neither A nor B「A も B も…ない」という言い回し。

(7) **I have not read any book by this famous writer.**
その有名作家の小説は 1 冊も読んだことがありません。

* "not ... any + [名詞]" で「1 つの〜も…ない、どんな〜も…ない」という意味になります。

なお、否定表現と比較の言い回しが重なると文は少々複雑になります。

(8) **Nothing is more difficult thing to know than the trauma of others.**
他人の心の傷ほど知るのに難しいものはありません。

* 最上級を用いて The trauma of others is the most difficult to know. と書き換えられます。

(9) **A whale is no more a fish than a horse is.**
クジラが魚でないのは馬が魚でないのと同じことです（馬が魚でないようにクジラも魚ではありません）。

* 英語ではよく知られた「クジラ構文（クジラの公式）」(19 世紀前半に初出)、A 〜 no more B than C 〜 (D)「A が B でないのは C が D でないのと同じ」という、いわば比を表す相関表現。A whale is not a fish just like a horse is not a fish. と同じ意味。なお「クジラの公式」に not ... any more than を用いる形は使用頻度が落ちますが、Demons do not exist **any more** than gods do.「悪魔なんていやしない、神が存在しないのと同じこと」はオーストリアの心理学者 Sigmund Freud の言葉として、同時にクジラ文の例として知られている。

CR pp.209 - 213

4.1-B 否定表現

引き続き仏英対照して否定表現を見ていきます。

(6) **Mon père n'est ni professeur ni médecin.**
父は教師でも医者でもありません。

* ne ... ni ～ ni ～「～も～も…ない」という言い回し。

(7) **Je n'ai lu aucun livre de ce célèbre écrivain.**
その有名作家の小説は 1 冊も読んだことがありません。

*〈ne ... aucun(e) + [名詞]〉で「1 つの～も…ない、どんな～も…ない」という意味になります。

なお、否定表現と比較の言い回しが重なると文は少々複雑になります。

(8) **Rien n'est la chose la plus difficile à connaître que le traumatisme des autres.**
他人の心の傷ほど知るのに難しいものはありません。

* 最上級を用いて Le traumatisme des autres est le plus difficile à connaître. と言い換えられます。

(9) **Une baleine n'est pas plus un poisson qu'un cheval.**
クジラが魚でないのは馬が魚でないのと同じことです（馬が魚でないようにクジラも魚ではありません）。

* 英語で知られた「クジラの公式」の仏語訳。「クジラは魚でない＝馬は魚でない」この両者の間に「差分」（☞ p.222）がない（Une baleine n'est pas un poisson tout comme un cheval n'est pas un poisson.）という意味の文です。

CR pp.214-218

4.2-A 受動態

第1章で確認した文型のうち、第3文型・第4文型・第5文型の目的語を主語として、受動変形（態の変形操作）をすることができます。ただし、受動態は必要なとき以外は避けられる傾向がありますので注意が必要です。

（1）**These buildings were built about 80 years ago.**
これらのビルはかれこれ 80 年前に建てられました。

＊下記の能動態を以下のような操作で受動態にした形です。

They **built** these buildings about 80 years ago.

These buildings **were built** about 80 years ago.

主語は複数で、時制は過去なので "were+［過去分詞］" の形になります。

they を主語とした文（そもそも誰がビルを建てたか主語の選択に迷う内容）なので客観性を担保する意味からも〈by +［動作主］〉は省略されます。なお、この文は年齢を表す言い回しを用いて These buildings are about 80 years old. とすることもできます。

"by +［動作主］" が添えられるのはそれが新情報で、文末に置くことで強調されるケースです。ただし、受動態全体の 85%ほどには "by ～" がありません。とりわけ、否定文に添えられることは稀です。

（2）**It is forbidden to take photos in this museum.**
この美術館内で写真撮影は禁じられています。

紙幅の都合で次ページ（p.116）に例示しますが、"be 動詞 +［過去分詞］" は
（3）「動作・変化」を表すケース
（4）「状態」を表すケース
があります。
なお、「動作」である点を強調したい場合には
（5）"get +［過去分詞］"
の形が選ばれることがあります。

CR pp.214-218

4.2-A 受動態

第1章で確認した文型のうち、第3文型・第5文型・第6文型の直接目的語を主語として、受動変形（態の変形操作）が可能です。ただし、これは機械的な対応ではなく、フランス語では必要なとき以外は受動態を避ける傾向があります。

（1）**Ces bâtiments ont été construits il y a environ 80 ans.**
これらのビルはかれこれ 80 年前に建てられました。

＊下記の能動態を以下のような操作で受動態にした形です。

On **a construit** ces bâtiments il y a environ 80 ans.

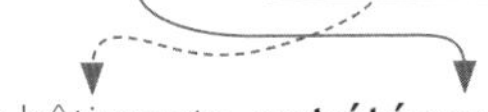

Ces bâtiments **ont été construits** il y a environ 80 ans.

なお、この例では能動態は on を主語とした文（そもそも、この文は誰がビルを建てたか主語の選択に迷う内容）ですので動作主補語は省略。なお、動作主補語を導くには、①通常 par が用いられますが、②感情に関連する動詞（aimer「愛する」、apprécier「評価する」、respecter「尊敬する」）や継続的な進行を含意する動詞の場合（connaître「知る」、ignorer「知らない」、couvrir「覆う」）には de が用いられます。

①例：Cet homme a été arrêté **par** la police.
その男は警察に逮捕された。

②例：Annie est tellement charmante qu'elle est aimée **de** tout le monde.
アニーはとても魅力的なので皆に愛されています。

ただし、①②の前置詞の別に頓着しないフランス人も少なくありません。

この文は「年齢」を表す言い回しを用いて Ces bâtiments ont environ 80 ans. といった言い方も可能です。

前置詞 par か de かの別にそれほど頓着しないのは、受け身の動作主は一般に par が原則、ときに前置詞 de を用いるケース“もある”と考えているからでしょうし、そもそも省かれるケースが大半ですから。

（2）**Il est défendu de prendre des photos dans ce musée.**
この美術館内で写真撮影は禁じられています。

4.2-B 受動態

(3) **A : The supermarket is closed at seven pm.**
そのスーパーは午後 7 時には閉められる。(動作)

B : The supermarket is closed every Tuesday.
そのスーパーは毎週火曜日は閉まっている。(状態)

＊形は同じですが、A に「時間の 1 点を指し示す語」が、B には「時間の幅のある単位」が添えられているので、2 つの文の違いがわかります。ただ、A を The supermarket closes at seven pm.「7 時に閉まる」とすればこの混乱は避けられます。

(4) **My grandson got (himself) burned by the iron.**
孫がアイロンでやけどしてしまった。

＊"get + [過去分詞]" は get married「結婚する」とか get hired「雇用される」などを除いて「望ましくない事態、予定外の出来事」に使われることが大半。また、再帰代名詞 oneself を添えると主語に過失・責任があるという意味合いをプラスすることができます。

「A と結婚する」には marry A も get married to A も使えますが、後者の方が「未婚から既婚へ」という「変化」のニュアンスを強く表します。なお、進行形で I'm getting married！なら「結婚が決まったわ」といった訳がつけられます。

なお、下記のようなケースでは**第4文型(2つの目的語)から2つの受動態を作ることができます。**

A man with a tattoo gave my wife a bouquet of roses.
(my wife = O_1, a bouquet of roses = O_2)
タトゥーをした男が妻にバラの花束をプレゼントした。

My wife was given a bouquet of roses by a man with a tattoo.
妻にはタトゥーをした男からバラの花束がプレゼントされました。

A bouquet of roses was given to my wife by a man with a tattoo.
タトゥーをした男から妻にバラの花束がプレゼントされました。

＊上記は第 3 文型 A man with a tatoo gave a bouquet of roses to my wife. を受け身にした形になります。(☞ p.152)。

CR pp.214-218

4.2-B 受動態

（3）**A : Le supermarché est fermé à 19h.**
そのスーパーは午後 7 時には閉められる。（動作）

B : Le supermarché est fermé tous les mardis.
そのスーパーは毎週火曜日は閉まっている。（状態）

＊ A は On ferme le supermarché à 19h. を受動態にした形。ただし、自動詞の fermer を使って、Le supermarché ferme à 19h.「7 時に閉まる」とする方がわかりやすい。B は fermé(e)「しまった、閉じた」を用いた〈être ＋［過去分詞派生の形容詞］〉（☞ p.216）となる形です。

あわせて、フランス語の場合には、**代名動詞による受動変形（受動的用法）**にも着目ください。

La consonne à la fin de ce mot se prononnce.
この単語の語末の子音は発音されます。

＊この文は On prononnce la consonne à la fin de ce mot. の受け身、つまり La consonne à la fin de ce mot est prononcée. と同じ意味になります。On を主語とした第 3 文型の直接目的語が事物の場合には、代名動詞による受動変形が可能となります。

なお、フランス語の受動態の考え方は英語と違います。フランス語は**直接目的語しか受け身の主語として用いることはできません。**たとえば、下記の第 5 文型の直接目的語（OD）は受け身の主語になりますが、間接目的語（OI）を受け身の主語にする文は作れません。

Un homme tatoué a offert un bouquet de roses à ma femme.
（un bouquet de roses = OD、à ma femme = OI）

タトゥーをした男が妻にバラの花束をプレゼントした。

Un bouquet de roses a été offert à ma femme par un homme tatoué.
タトゥーをした男から妻にバラの花束がプレゼントされました。

＊日本語や英語では成立しますが、間接目的語を主語とした × ~~Ma femme a été offerte un bouquet de roses par un homme tatoué.~~ という受け身の文は成立しません。

間接目的語を受動態の主語にできる pardonner, obéir などわずかな例外があります。（例：Vous êtes pardonné(e).「お気になさらずに」 ＊人を直接目的語にできる例外（受動態のみ許容）という解釈もできます）。

CR pp.219－222

4.3-A 比較級・最上級

シンプルに A と B を比較する基本の形は 3 章（☞ p.266）で扱っていますので、ここでは比較構文の応用形となる少々複雑な言い回しをチェックしていきます。

（1）**This researcher of Proust is much less learned than the other.**

このプルースト研究者はもう一方に比べてはるかに学識が劣っています。

＊劣等比較を much で強調した例文。この文は inferior「より劣った」というそもそも比較の意味を持っている形容詞を用いて、This researcher of Proust is far inferior to the other. といった書き換えが可能（ただし、人に対して inferior を使うのは無礼だという考えもあります）。なお、比較級・最上級を強調するには副詞 much, far などが使われます。あるいは、こんな強調表現もあります。

She is the most beautiful girl **in the world**.

彼女は世の中で一番きれいな娘さんです。

「自己と他者」の対立を明確にせず、両者の境界を曖昧にしがちな日本語は、英仏語に比べて比較表現が発達していないと言われます。日本語とは違う表現のあり様を知る、これも外国語学習の醍醐味のひとつです。

（2）**Tonight, my aunt is more beautiful than ever.**

今晩、おばは今までになくきれいです。

＊この副詞 ever は「（過去）かつて、これまでに」といった意味を表す。「おば」を他の誰かと比較するのではなく、彼女の「今晩の美しさ」を「過去の美しさ」と比べた文。

（3）**This actor is not as talented as you say.**

あの俳優にはあなたがおっしゃるほどの才能はありません。

＊not as ... as で「ほど～ない」の意味。ただし、「俳優 A」を他の「俳優 B」と対照した文ではなく、「あなたが言っているほどの才能」と比較した内容。この文は、less ... than を用いて This actor is less talented than you say. といった言い換えも可能。 なお、than 以下に次のような言い回しを置くこともできます（例：As she is tired, she has to sleep more than usual.「疲れているので、彼女はいつもよりたくさん寝る必要があります」）。

4.3-A 比較級・最上級

A と B をシンプルに比較する基本の形は 3 章（☞ p.266）で扱っていますので、ここでは比較構文の応用形となる少々複雑な言い回しをチェックしていきます。

(1) **Ce chercheur de Proust est beaucoup moins savant que l'autre.**
このプルースト研究者はもう一方に比べてはるかに学識が劣っています。

＊この文は inférieur「より劣った」というそもそも比較の意味を持っている形容詞を用いて、Ce chercheur de Proust est bien inférieur à l'autre. といった書き換えが可能。なお、比較級を強調するには副詞、bien, beaucoup などを用い、最上級なら副詞句 de beaucoup, du monde などが使われます。
C'est la plus belle fille **du monde**.
彼女は世の中で一番きれいな娘さんです。
なお、上記の強調箇所を「私が知っているなかで」と関係代名詞の文にすると接続法が使われる点にも注意したい。
C'est la plus belle fille **que je connaisse**.
彼女は私が知っているなかで一番きれいな娘さんです。

「美の基準」は絶対的なものではなく、主観的・感情的な判断なので接続法になります。

(2) **Ce soir, ma tante est plus belle que jamais.**
今晩、おばは今までになくきれいです。

＊この副詞 jamais は「（過去）かつて、これまでに」といった意味を表します。「おば」を他の誰かと比較するのではなく、彼女の「今晩の美しさ」を「過去の美しさ」と比べた文。

(3) **Cet acteur n'a pas autant de talent que vous le dites.**
あの俳優にはあなたがおっしゃるほどの才能はありません。

＊〈[数量副詞]＋de〉（☞ p.254）の形で表される数・量を優等、同等、劣等の順で plus de, autant de, moins de の形で比較級として扱うことができます。また，beaucoup, un peu などの副詞の比較級として、plus, autant, moins が単独で使われます（例：Comme elle est fatiguée, elle doit dormir plus que d'habitude.「疲れているので、彼女はいつもよりたくさん寝る必要があります」）。

4.3-B 比較級・最上級

(4) **The richer you get, the more worries you have.**
裕福になればなるほど心配事が増えてくる。

上記の "the + [比較級] S + V, the + [比較級] + S + V "「〜が多ければ多いほど〜が多い（少ない）」以外にも、比較表現と連動した成句・相関句がいくつもあります。たとえばこんな具合。

The situation is getting more and more complicated.
状況はますます複雑になっています。

The water of the river rose little by little.
川の水かさは徐々に増えていった。

They are more or less angry.
彼らは多かれ少なかれ（ちょっとは）怒っています。

3者以上はもちろん2者の選択がなされていて、優れている方（あるいは劣る方）に言及するときには最上級を用います。

なお、どちらを選ぶかという二者択一の選択に際しては、比較級ではなく最上級が使われます。

(5) **Of these two solutions, we have chosen the simplest.**
この 2 つの解決策のうち、私たちは単純な方を選択した。

＊ 語順を変えて We have chosen the simpler of these two solutions. とすれば、さらに文の形が見やすいかもしれません。

4.3-B 比較級・最上級

(4) **Plus on devient riche, plus on a de soucis.**
裕福になればなるほど心配事が増えてくる。

上記の〈plus S + V, plus (moins) S + V〉「～が多ければ多いほど～が多い (少ない)」の他にも、比較表現と連動した成句・相関句がいくつもあります。

La situation devient de plus en plus compliquée.
状況はますます複雑になっています。

L'eau de la rivière montait peu à peu.
川の水かさは徐々に増えていった。

Ils sont plus ou moins fâchés.
彼らは多かれ少なかれ(ちょとは)怒っています。

なお、どちらを選ぶかという二者択一の選択に際しては、比較級ではなく最上級が使われます。

(5) **De ces deux solutions, nous avons choisi la plus simple.**
この 2 つの解決策のうち、私たちは単純な方を選択した。

＊語順を変えて Nous avons choisi la plus simple de ces deux solutions. とすれば、もっと文の形が見やすいかもしれません。2 者の選択 (比較) で優れている方 (あるいは劣る方) に言及するときには、3 者以上の選択同様に最上級を用います。

4.4-A　不定詞（3つの用法）No.1

現代英語では " to +［動詞の原形］" を不定詞と呼びます（ただし、元来「不定詞」は to のない「動詞の原形」のことで、フランス語はそれに準じます）。動詞は主語の人称や単複、現在か過去かで形が「定まる」わけですが、そうした影響を受けないので「定まらない→不定」です。
ご存じのように用法は 3 つに分類されます。

1. 名詞的用法

（1）**I like to play the piano.**
私はピアノをひくのが好きです。

＊ I like baseball.「野球が好き」の名詞の位置に置かれて to play the piano は目的語となっているので、「不定詞の名詞的用法」と呼ばれます。例文は I like playing the piano. と「動名詞」に置き換えられます。

「踊る」「テレビを見る」といった一般的な行ないであれば like to do と like doing の使用頻度は大きく違いませんが、特定の行為に限定されると前者の使用頻度が高くなります（例：I like to read English grammar books after dinner.「夕食後に英文法の本を読むのが好きです」）。

（2）**It is easy for us to solve the problem.**
私たちにとってその問題を解決するのはたやすいことです。

＊ 形式主語の構文、it = to solve the problem という展開。この文は、The problem is easy for us to solve. と言い換えられますが、一部の参考書に掲載されている To solve the problem is easy for us. の書き換えは現在ではほとんど使われません。そもそも不定詞を主語とした文は使用頻度が高くありません。

CR pp.223-224

4.4-A 不定詞（3つの用法）No.1

英語では " to +［動詞の原形］" を不定詞と呼びますが、フランス語では「動詞の原形」（活用前の辞書に載っている形）を「不定詞、不定法、infinitif（略 inf.）」と呼びます。動詞の機能を保ちながらも、名詞的な役割を中心に形容詞的にも副詞的にも使われるので、言うなれば、英語の不定詞と動名詞を兼用した位置づけになります。本書では左ページの英語の流れに準じて英仏の不定詞の異同を分かっていただけたらと思っています。なお、フランス語の不定詞を英語の3つの用法に当てはめる方法は通常採用されませんが、本書の性格に鑑みこれをよしとしました。

1. 名詞的用法

（1）**J'aime jouer du piano.**

私はピアノをひくのが好きです。

＊たとえば J'aime le baseball.「野球が好き」の名詞の位置に jouer du piano が置かれた形で、目的語となっています。

「不定詞（不定法）」=「動詞の名詞形」と割り切る学者もおいでです。ただそうなると « Manger » est un verbe. といった説明文に齟齬が生じます。「manger（動詞の名詞形）は動詞です」という不可思議な文ができあがることになります。

（2）**Il est facile pour nous de résoudre le problème.**

私たちにとってその問題を解決するのはたやすいことです。

＊形式主語の構文、il = (de) résoudre le problème という展開。この文は、Le problème est facile à résoudre pour nous. と言い換えられます。例示の前置詞 de résoudre le problème と、書き換えた文中の前置詞 à（facile à + inf.「〜するのが易しい」）の差異にもご注意ください。

4.4-B 不定詞（3つの用法）No.1

2. 形容詞的用法

(3) **She has her English homework to do today.**
彼女には今日やらなくてはならない英語の宿題があります。

＊この文は関係代名詞（形容詞節）を用いて She has her English homework that she should do today. と書き換えることができます。

(4) **It's time for you to go to bed.**
もう寝る時間ですよ。

The time to go to bed is now.「ベッドに行くのは今です」の変形です。

＊名詞のうしろに to do が置かれて、「今、（あなたが）ベッドに行かなくてはならない（行くべき）時間」という意味（名詞を修飾する形容詞的な働き）になる用法。口語では It's time you go to bed now. とも言います。仮定法（現在との距離感を反映）を用いて It's time you went to bed. とも表現しますが、これですと「（まだ起きているの）いいかげん寝なさい」という「いらだち、非難」の意味合いが加わります。

3. 副詞的用法

(5) **She went to Kyoto to explore ancient Japan.**
彼女はいにしえの日本を探訪したくて京都に行きました。

＊目的「〜するために」の意味を添える用法。

この例は見方を変えれば、- Why did she go to Kyoto? - To explore ancient Japan.「どうして京都に行ったのですか」「いにしえの日本を探訪するため」と why の疑問文に応じた説明とも言えます。

(6) **I was very happy to hear the news.**
私はその知らせを聞いてとてもうれしかった。

＊感情の表す形容詞のあとに不定詞を置いて、「〜して（うれしい、悲しい、驚く）」といった感情の原因を表現します。

4.4-B 不定詞（3つの用法）No.1

2. 形容詞的用法

(3) **Elle a ses devoirs d'anglais à faire aujourd'hui.**
彼女には今日やらなくてはならない英語の宿題があります。

＊この文は関係代名詞（形容詞節）を用いて Elle a ses devoirs d'anglais qu'elle devrait faire aujourd'hui. と書き換えることができます。

(4) **Il est temps pour vous d'aller au lit.**
もう寝る時間ですよ。

＊名詞 temps のうしろに de + inf. が置かれて、「今、（あなたが）ベッドに行かなくてはならない（行くべき）時間」という意味（名詞を修飾する形容詞的な働き）になる用法。なお、接続法を用いて Il est temps que vous alliez au lit. と言い換えることもできます。

3. 副詞的用法

(5) **Elle est allée à Kyoto pour explorer le Japon ancien.**
彼女はいにしえの日本を探訪したくて京都に行きました。

＊目的「～するために」pour + inf. を添えた用法。

視点を変えこの例を見直すと、- Pourquoi est-elle allée à Kyoto ? - Pour explorer le Japon ancien.「どうして京都に行ったのですか」「いにしえの日本を探訪するため」と pourquoi の疑問文に応じた説明といった見方もできます。

(6) **J'étais très heureux(se) d'apprendre la nouvelle.**
私はその知らせを聞いてとてもうれしかった。

＊感情の表す形容詞 heureux(se) のあとに de + inf. を置いて、「～してうれしい、悲しい、驚く）」といった感情の原因を表します。

CR pp.223-224

4.5-A 不定詞と動名詞 No.2

すでに触れたように、前課の最初の例文、I like to play the piano. の下線部（名詞的用法の不定詞）は、doing の形で名詞と同じ働きをする「動名詞」を用いて、I like playing the piano. と置き換えられます。動名詞は、動詞のうしろで、あるいは主語や補語として、あるいはまた前置詞のうしろで使われます。

（1）**They enjoyed visiting temples in Nara.**
彼らは奈良で寺めぐりを楽しみました。

（2）**Drinking beer after the shower will relax you.**
シャワーのあとに飲むビール（ビールを飲むこと）は、あなたをくつろがせましょう。

（3）**My father's long-standing hobby is collecting old pottery.**
父の長年の趣味は古い陶器を集めることです。

（4）**Sonia kept on walking in the light rain without an umbrella.**
ソニアは小雨のなか傘をささずに歩き続けました。

ただし、不定詞と動名詞で意味が変わるケースも少なくありません。

（5）**My son tried to get up early.**
息子は早起きしようとしてみた。

My son tried getting up early.
息子は早起きしてみた。

＊ try to do「～しようと努力する」、try doing「試しに～してみる」。前者は実際にやったかどうかは不明だが、後者は実際にやってみたという意味。

CR pp.223-224

4.5-A 不定詞 No.2

フランス語の不定詞はいわば動名詞を兼用していますので、フランス語に関して、ここは前課の内容と大きな違いはありません。

注 意

フランス語で「動名詞」の訳語に相当するのはジェロンディフ（☞ p.131, p.133）なのですが、これは副詞的な働きをするため「動名詞」とは訳せません。そのため、フランス語 gérondif がそのまま文法用語として採用されています。日本語訳の文法名称が使われない珍しい例です。

（1）**Ils ont aimé visiter les temples de Nara.**
彼らは奈良で寺めぐりを楽しみました。

（2）**Boire de la bière après la douche vous détendra.**
シャワーのあとに飲むビール（ビールを飲むこと）は、あなたをくつろがせましょう。

（3）**Le passe-temps de longue date de mon père, c'est collectionner de vieilles poteries.**
父の長年の趣味は古い陶器を集めることです。

＊ la collection を用いて Le passe-temps de longue date de mon père est la collection de vieilles poteries. とすることもできます。

（4）**Sonia a continué à marcher sous une pluie fine sans parapluie.**
ソニアは小雨のなか傘をささずに歩き続けました。

＊ continuer à + inf. で「〜し続ける」の意味になります。

（5）**Mon fils a essayé de se lever tôt.**
息子は早起きしようとしてみた。

Mon fils s'est essayé à se lever tôt.
息子は早起きしてみた。

＊ essayer de + inf. は「〜しようと試みる」、代名動詞 s'essayer à + inf. は「思い切って〜してみる」の意味。

4.5-B 不定詞と動名詞 No.2

(6) **I forgot to feed my cat this morning.**
今朝、うちの猫に餌をあげるのを忘れてしまった。
I forgot feeding my cat this morning.
今朝、うちの猫に餌をあげたことを忘れてしまった。

＊ forget to do は「(これから)〜するを忘れる」、forget doing は「〜したのを忘れる」の意味。to do のベクトルが未来に向かうのに対して、doing は過去へ向かうとも言われます。

以下のように動名詞と不定詞の使い分けで意味が大きく変わる注意すべき例もあります。

一般に、「未来を指向する」(「これからすること」を指す) 不定詞、「過去から向かう」(「すでにしている」あるいは「具体的にはまだだが、想像上すでに実行されているとみなすケース」も含む) 動名詞と区別されます。

(7)
① be anxiuous about doing「〜を心配している、〜を不安に思っている」
I'm anxious about living alone in Paris.
私はパリでの一人暮らしが心配です。
② be anxious to do「〜することを切望している、ぜひ〜したい」
They were all anxious for her to return.
彼らは皆、彼女が戻ってくることを切望していました。

＊ この文は They were all anxious that she (should) return. と書き換えても同義になります。

また、like to do, like doing のように動詞によって不定詞と動名詞を置き換えられるものもありますが、下記のように、どちらか一方しかとれない単語も少なくありません。

(8) **I want to cry loudly.**
大声で泣きたい。

＊ I want crying loudly. とは言わない。

(9) **They categorically denied taking drugs.**
彼らはドラッグをやっていることをきっぱり否定した。

＊ They categorically denied to take drugs. は不可。

4.5-B 不定詞 No.2

(6) **J'ai oublié de nourrir mon chat ce matin.**
今朝、うちの猫にエサをあげるのを忘れてしまった。
J'ai oublié d'avoir nourri mon chat ce matin.
今朝、うちの猫にエサをあげたことを忘れてしまった。

＊フランス語は oublier de + inf. で「～するを忘れる」の意味です。

「忘れた時点より前の時点」を表すには不定詞の複合形（英語の to have done に相当）を用いて主節との時間差を表すことになります。

左ページの英文（7）（8）（9）はフランス語では次のようになります。

(7)
① **J'ai peur de vivre seul à Paris.**
私はパリでの一人暮らしが心配です。

② **Ils avaient tous hâte qu'elle revienne.**
彼らは皆、彼女が戻ってくることを切望していました。

(8) **J'ai envie de pleurer fort.**
大声で泣きたい。

(9) **Ils ont catégoriquement nié avoir pris de la drogue.**
彼らはドラッグをやっていることをきっぱり否定した。

CR pp.225-228

4.6-A 分詞変形

現在分詞も過去分詞も下記の 2 つの変形が可能です。

1. 形容詞に適用された変形

（1）中国語を学んでいる学生はたくさんいます。

There are many students learning Chinese.

＊この例は関係代名詞を用いて、There are many students who learn Chinese. と書き換えられます。

（2）この事故で負傷した友人が昨晩亡くなりました。

My friend, injured in this accident, died last night.

＊この例文も関係代名詞で書きかえられます。My friend, who was injured in this accident, died last night.

2. 副詞に適用された変形

（3）母はラジオを聴きながら台所でカレーを作っていました。

（副詞節）

My mother made curry in the kitchen while she listened to the radio.

（分詞構文）

My mother made curry in the kitchen (while) listening to the radio.

（4）熱があったので、店長は終業時間前に事務所を出ました。

（副詞節）

As he had a fever, the store manager left the office before closing time.

（分詞構文）

Having a fever, the store manager left the office before closing time.

CR pp.225-228

4.6-A 分詞変形

現在分詞も過去分詞も下記の 2 つの変形が可能です。

1. 形容詞に適用された変形

(1) 中国語を学んでいる学生はたくさんいます。

Il y a beaucoup d'étudiants apprenant le chinois.

⋆ Il y a beaucoup d'étudiant qui apprennent le chinois. と書き換えられます。ただ、フランス語では関係詞を用いるケースが大半。現在分詞を用いる形は文語的な印象で、かつ「動作・行動」に力点のかかった表現に現在分詞を用いるのは自然さを欠きます。なお、現在分詞が完全に形容詞化した「動詞的形容詞」(☞ pp.227–228) とは異なり性数変化はせず、主語の属詞にもなりません。

l'homme qui danse avec elle「彼女と踊っている男性」は OK ですが、l'homme dansant avec elle とするのは不自然です。

(2) この事故で負傷した友人が昨晩亡くなりました。

Mon ami, blessé dans cet accident, est mort hier soir.

⋆ この例文も次のように関係代名詞で書きかえられます。Mon ami, qui avait été blessé dans cet accident, est mort hier soir.

2. 副詞に適用された変形 〈en +現在分詞(-ant)〉(ジェロンディフ)を含む。

(3) 母はラジオを聴きながら台所でカレーを作っていました。

(副詞節)

Ma mère a fait du curry dans la cuisine pendant qu'elle écoutait la radio.

(分詞構文)

Ma mère faisait du curry dans la cuisine écoutant la radio.

(ジェロンディフ)

Ma mère faisait du curry dans la cuisine en écoutant la radio.

⋆ 主に書き言葉(物語や新聞記事など☞ p.273)で使われる分詞構文に対して、ジェロンディフは広く口語でも使われます。

4.6-B 分詞変形

(5) 平易なフランス語で書かれているのでこの本は読みやすい。

(副 詞 節) **Because it is written in simple French, this book is easy to read.**

(分詞構文) **Written in simple French, this book is easy to read**

ちなみに、この文を分詞構文にするプロセスを順を追って書けば、下記のようになります。

① it = this book を確認して、従属節の接続詞と主語を削除。

~~Because~~ it is written in simple French, this book is easy to read.

② is written を分詞に。

~~Being~~ written in simple French, this book is easy to read.

ただし、being「現在分詞」と written「過去分詞」という2つの分詞を文脈上必要としないので削除すると、上記 (5) の分詞構文になります。

(6) 娘は目を閉じたまま Zoom の講義を聞いていました。

(同時進行) **My daughter was listening to the lecture on Zoom and she had her eyes closed.**

(付帯状況) **My daughter was listening to the lecture on Zoom with her eyes closed.**

また、慣用的なこんな言い回しもあります。

(7) サッカーといえば、私の従兄弟がプロのサッカー選手だって知ってましたか。

Speaking of football, did you know my cousin is a professional footballer?

＊ my cousin **is** a professional footballer が時制の一致をしないのは「いとこが現在もサッカー選手」であるから。

4.6-B 分詞変形

ただし、「原因や理由」を表すケースではジェロンディフを用いないケースが大半です。

(4) 熱があったので、店長は終業時間前に事務所を出ました。

(副詞節) **Comme il avait de la fièvre, le gérant du magasin a quitté le bureau avant l'heure de fermeture.**

(分詞構文) **Ayant de la fièvre, le gérant du magasin a quitté le bureau avant l'heure de fermeture.**

もちろん、過去分詞でも分詞構文は作られますし、付帯状況「～しながら」も表します。

(5) 平易なフランス語で書かれているのでこの本は読みやすい。

(副詞節) **Parce qu'il est écrit dans un français simple, ce livre est facile à lire.**

(分詞構文) **Écrit dans un français simple, ce livre est facile à lire.**

＊受け身の動作・状態を表す〈Étant + [過去分詞]〉では étant (現在分詞)を省いて過去分詞から始まる分詞構文にします。

(6) 娘は目を閉じたまま Zoom の講義を聞いていました。

(同時進行) **Ma fille écoutait la conférence sur Zoom et elle avait les yeux fermés.**

(付帯状況) **Ma fille écoutait la conférence sur Zoom les yeux fermés.**

この付帯状況は Les yeux [étaient] fermés. から生まれた形です。

また、慣用的なこんな言い回しもあります。

(7) サッカーといえば、私の従兄弟がプロのサッカー選手だって知ってましたか。

En parlant de football, tu savais que mon cousin est footballeur professionnel ?

＊なお、que 以下が時制照応しない(☞ p.230)のは「いとこが現在もサッカー選手」なので。

CR pp.229-331

4.7-A 話法

話法には、相手の言葉を直接伝える方法（直接話法）のほかに、名詞節（句）を使って間接的に話を伝える間接話法があります。間接話法では、時制照応、ならびに主語や時・場所の副詞が状況に応じて変化します。
書き換えるパターン（流れ）を見ておきます。

（1）**He told me that his mother was sick.**
彼は私に彼の母親が病気だと言いました。

＊（直接話法）He said to me, "My mother is sick."

→平叙文をつなぐ：
① said to me を told me として、**接続詞 that** を用います。
He **told** me, "My mother is sick."
② 人称変化が起こります。
He told me **that his** mother is sick.
③ 時制の一致が起こります。
He told me that his mother **was** sick.

「彼」が言う my mother は間接話法では his mother となります。

直接話法の伝達動詞が say「情報を発する」、間接話法は tell, ask「情報を伝える」というのは基本パターンです。内容に応じて、直接話法に tell, ask が使われるケースもあります。advise「～と助言する」、answer「答える」、cry「叫ぶ」なども伝達動詞になります。

（2）**She asked me if I wanted to eat something.**
彼女は私に何か食べたいかとたずねました。

＊（直接話法）She said to me, "Do you want to eat something?"

→疑問文をつなぐ：
① said to me を asked me として、**接続詞 if** を用います。
She asked me, "Do you want to eat something?"
② 人称変化が起こります。
She asked me **if** do **I** want to eat something?
③ 時制の一致が起こります。
She asked me if I **wanted** to eat something.

接続詞 if 以下は平叙文、つまり S＋V の語順になります。

CR pp.229-331

4.7-A 話法

話法には、相手の言葉を直接伝える方法（直接話法）のほかに、名詞節（句）を使って間接的に話を伝える間接話法の別があります。間接話法では、時制照応、ならびに主語や時・場所の副詞が状況に応じて変化します。
書き換えるパターン（流れ）を見ておきます。

（1）**Il m'a dit que sa mère était malade.**
彼は私に彼の母親が病気だと言いました。

＊（直接話法）Il m'a dit : ≪ Ma mère est malade. ≫

→平叙文 をつなぐ：
① 接続詞として **que** を用います。
Il m'a dit：≪ Ma mère est malade. ≫
② 人称変化が起こります。
Il m'a dit **que sa** mère est malade.
③ 直説法現在が時制照応して、直説法半過去になります。
Il m'a dit que sa mère **était** malade.

（2）**Elle m'a demandé si j'avais envie de manger quelque chose.**
彼女は私に何か食べたいかとたずねました。

＊（直接話法）Elle m'a demandé : ≪ As-tu envie de manger quelque chose ? ≫

→疑問文 をつなぐ：
①接続詞として **si** を用います。
Elle m'a demandé：≪ As-tu envie de manger quelque chose ? ≫
②人称変化が起こります.
Elle m'a demandé **si** ai-**je** envie de manger quelque chose ?
③ 直説法現在が時制照応して、直説法半過去になります。
Elle m'a demandé si j'**avais** envie de manger quelque chose.

直接話法を導く伝達動詞は大半が dire ですが、crier「～と叫ぶ」、hurler「わめく」、déclarer「宣言する」、répondre「返事をする」、demander「尋ねる」など文意に応じていろいろな動詞が使われます。

接続詞 si 以下は平叙文、つまり S + V の語順になります。

CR pp.229-331

4.7-B 話法

疑問詞が用いられている疑問文の話法転換の例。
疑問詞のある文のケースは、疑問詞をそのまま従属節の先頭に置きます。

(3) **He asked me when I would finish this job.**
彼は私にこの仕事がいつ終わるかのかとたずねました。

* When will you finish this work? 「未来形」が「過去」で時制の一致。

(4) **He asked me what had happened.**
彼は私に何が起こったのかとたずねました。

* What happened? 「過去」が「過去完了」で時制の一致。

命令文の例。

伝達動詞 tell を advise や recommend, implore などに置き換えることも状況によって可能です。

(5) **My doctor told me not to smoke.**
医者は私に煙草を吸わないようにと言いました。

*(直接話法) **He told me, "Don't smoke."**

→**命令文をつなぐ**:to do の形で導く(時制の一致は原則なし)。

My doctor told me, "Don't smoke."
→ My doctor told me **not to** smoke.

* 不定詞を否定にする形。この例なら、prohibit「禁止する」といった動詞に to smoke とつなげることもできます。

CR pp.229-331

4.7-B 話法

疑問詞が用いられている疑問文の話法転換の例。
疑問詞のある文のケースは、疑問詞をそのまま従属節の先頭に置きます。ただし、疑問詞 que については同形の接続詞と区別するために ce qui, ce que とします。

(3) **Il m'a demandé quand j'aurais fini ce travail.**
彼は私にこの仕事がいつ終わるかのかとたずねました。

＊ Quand aurez-vous fini ce travail ?　「前未来」が「条件法過去」で時制照応。

(4) **Il m'a demandé ce qui s'était passé.**
彼は私に何が起こったのかとたずねました。

＊ Qu'est-ce qui s'est passé ?　「複合過去」が「大過去」で時制照応。

命令文の例。

(5) **Mon médecin m'a dit de ne pas fumer.**
医者は私に煙草を吸ないようにと言いました。

＊（直接話法）Mon médecin m'a dit : ≪ Ne fumez pas. ≫

→ 命令文 をつなぐ：de +不定法（inf.）の形で導く（時制照応は原則なし）。

Mon médecin m'a dit : ≪ Ne fumez pas. ≫
→ Mon médecin m'a dit **de** ne pas fumer.

＊ 不定法を否定する形に。
この例なら、défendre, interdire といった動詞に de fumer とつなげることもできます。なお1人称複数の命令文なら間接話法の伝達動詞を proposer「提案する」に置き換えるといった工夫をする次のような例もあります。

例：Je lui a dit : « Apprenons l'espagnol. »
→ Je lui a proposé d'apprendre l'espagnol.
私は彼（彼女）にスペイン語をいっしょに勉強しようと申し出た。

文脈次第で、伝達動詞には conseiller「勧める」, implorer「嘆願する」などを選択することもあり得ます。

練習問題と補遺
UPGRADE

この章では、見開きで英仏語を比較対照しながら進めた前章の文法事項を、練習問題を使い、別の着眼や別例文を加えて、さらに踏み込んだ説明をしていきます。フランス語検定試験・3 級～準 2 級レヴェル程度の方や、DELF A1、A2 レヴェルの方なら直接ここから読み出しても問題ないかと思います。なお、重要ポイントはすでに触れた内容であっても、重複をいとわず繰り返し言及しています。

この章は 1 章で触れた文法事項を練習問題と補足説明で順番に再確認するものです。

1.0 文型についての前振り

◇5 文型の源流

「5 文型」という考え方は C.T.Onions に遡るのが通説ですが、それより 15 年前、1889 年に E.A. Sonnenschein と A.J. Cooper が述部の 5 形式という考え方を示しています。源にはその源あり、源流を「ここ」と定めるのは難儀なことです。

一方で、5 文型はもう古いという指摘もなされています。ただ、英仏語を操る上で極めて重要な「語順」を理解するために、文型は今でも有効な着眼で、たとえば田地野彰氏が提唱する「意味順」という学習法も、大西泰斗氏がラジオ番組で繰り返す「目的語説明型」といった定義も、要するに 5 文型という着眼に逢着するもので、「温故知新」、改良を加えれば有効な学習法だと考えています。なお、『最新必須英文法』の中で、著者の浅見ベートーベン氏は「5 文型の知識を身につければ、英語の 70% くらいは、理解できたも同然」といったすこぶる前向きな発言をしています。

◇文型を考えるための別の視点

日本語の「私」は「自分の目で見えているまま」を言い表す存在です。鏡でもないかぎり、「自分で自分（厳密には首から上）は見えません」から、主語 =「私」は説明のフレーム内には登場しなくてかまいません。主語なしで自発的な感覚をそのまま言い表せます。しかし、英仏語では、「自分」I/je を含めて場面を切り取ります。自分自身が「おもて」に表れ、「行動」は、さながら自撮り（セルフィー selfie）感覚で成立していきます。

住所の表記がそうであるように、原則、日本語は「自分から遠いところから近くへ」の順で言葉が並ぶのに対して、英語やフランス語は「自分の近くから遠くへ」と並びます。このベクトルの向きの違いを切り替えて会話を進めなくてはならない。この作業もまた外国語学習の難しさにつながります。

たとえば、「**エッフェル塔が見える**」という一言。

この文で、エッフェル塔は主語ではありません。あくまで「(私には) エッフェル塔が見える」の意味で、音になって表面には出ない「私」が潜んでいます。実際の会話なら「あっ、見える」といった一言の方がもっと自然かもしれません。

ともあれ、日本語は「私」を表面に出さずに「私の見ている」エッフェル塔にフォーカスします。言い換えるなら、「私」を「おもて」に出さずに(「うち」に秘めたまま)、自ずと「私」が表出可能なのが日本語というわけです。たとえば感情を表す形容詞「嬉しい」をそのまま言い切りで使えば、自然に「私」が含意されてしまうのが日本語です。そのため、「嬉しい」を3人称に置き換えて She is happy. / Elle est heureuse. として何ら無理のない英語やフランス語と違って、「彼女は嬉しい」という言い回しは、普通、日本語としてしっくりきません。「(私が思うに) 彼女は嬉しそうだ」といった文なら受け入れられます。

ちなみに日本語の基本文型は3つ。名詞文・形容詞文・動詞文、その一例が形容詞「嬉しい」だけで文が構成できるという特徴。英語の5文型、フランス語の6文型はすべて述語が動詞ですから「動詞文」です。

では、**I see the Eiffel Tower. / Je vois la Tour Eiffel.** はどうでしょうか。

英仏語は「エッフェル塔を見ている自分」が視界に入っています。言ってみれば、自撮りの世界。英仏語には、「私」を他者と区別して「私」として自覚し、「主語 S + 動詞 V (+ 追加情報)」の形式によって対象を客観的、分析的に表現しようとする態度が前提にあります。これに対して、日本語の世界は「私」が外の世界と対立することなく漠とした形で存在するために、対象そのものより、私がそれをどう受け取ったかにという自発性に力点が置かれる、そうした違いとも言えそうです。

なお、英仏語話者には、文の「型」(決まった語順) が存在し、意識・無意識にかかわらず、その「型」に当てはめて言葉を選んでいきます。なかでも大事な「型」が、第2文型 (SVC/SVA) と第3文型 (SVO) です。記号を用いて言えば、第2文型〈S =対象〉と第3文型〈S →対象〉、この2つの型で全体の80%以上 (統計によっては95%近く) の文が組み立てられていると言われています。

1.1 第 1 文型

練習問題〔1〕

“S + V” (1 ~ 6) とそれに続く適切な修飾句 M (a ~ f) をつないでください。

1. Elle marchait	a. à la renverse.
2. Il sort	b. à l’heure.
3. La Lune tourne	c. au parking.
4. Le bus local est arrivé	d. autour de la Terre.
5. Ma voiture reste	e. de l’université de Kyoto.
6. Mon frère est tombé	f. sur les mains.

解答・解説

marcher「歩く」と aller à pied「徒歩で行く」は行動に違いはないですが、à pied は en taxi, en bus, à [en] vélo など他の手段と対比して使われる言い回しです。

1. - f　Elle marchait sur les mains.

*「彼女は逆立ちして歩いていました」の意味。 英語なら walk on one’s hands と表現します。別例、marcher droit「真っ直ぐ歩く」、marcher à grands pas「大股で歩く」、marcher dans la rue「通りを歩く」といった意味。

2. - e　Il sort de l’université de Kyoto.

*「彼は京都大学の出身です」(英語 He graduated from Kyoto University.) の意味。 sortir de qqch で「～の出身である、～を卒業する」の意味です。

◆大学名についての付記

「京都大学」l’université de Kyoto、「鹿児島大学」l’université de Kagoshima と表記しますが、「中央大学」なら l’université Chuo と前置詞 de を添えません。「中央」は地名ではないからです。

3. - d　La Lune tourne autour de la Terre.

*「月は地球の周りを回っています」(= The Moon revolves around the Earth.) の意味。 tourner autour de qqch/qqn「～の周りを回る」の意味。

4. - b　Le bus local est arrivé à l'heure.

＊「バスは時間通りに着きました」。à l'heure は「定刻に」(= à l'heure dite) の意味。英語なら arrive on time と言います。

5. - c　Ma voiture reste au parking.

＊「車は駐車場にあります」の意味。英語なら My car stays in the parking lot. となります。

6. - a　Mon frère est tombé à la renverse.

＊「兄は仰向けに倒れました」(= fall backwards)。 tomber sur le ventre なら「うつ伏せに倒れる」(= fall on one's stomach) の意味になります。

◇ 文型を会話フレームという観点から見る（第 1 文型）

第 1 文型では、話題にしたい会話のフレーム内には、最低限 1 名（1 つ）の登場人物・事物（主語）が存在し、主に「移動・存在」を表す行動が示されます。それに状況を説明する語句である副詞（句）、「時」「場所」「方向」「様子」などが付加されます。

フランス語・英語の目線

日本語の目線

Je nage dans la pisicine tous les jours.
I swim in the pool every day.

（私は）毎日プールで泳ぎます。

＊英語・フランス語では自分をフレーム内におさめつつ外側から眺めるカメラアイで話が展開していきますが、日本語では自分がカメラとなって知覚した風景や状況、行動を切り取っていきます。

1.2 第 2 文型

練習問題〔2〕

［　］に入る適当な語句を下記の語群から選び解答してください。ただし、同じ語句を 2 度選ばないように。

※第 2 文型を構成する動詞（句）を（ ）で示しておきます。

1. Mon père a l'air［　　　］.
（avoir l'air +［形容詞（句）］）
2. Ça devient［　　　］.（devenir）
3. Il est tombé［　　　］.（tomber）
4. L'église est［　　　］.（être）
5. Elle paraît［　　　］que moi.（paraître）

語群　amoureux de Naomi / de plus en plus difficile / en colère / en feu / plus âgée / moins sage

解答・解説

1. Mon père a l'air［en colère］.

＊「父は怒っているようです」（= look angry）という意味。Mon père a l'air fâché. / My dad looks angry. と言い換えられます。なお、本書では〈avoir l'air +［形容詞］〉を第 2 文型としていますが、avoir を動詞 l'air を目的語と解して第 3 文型と考えることもできます。事実、この言い回しは、例示のように主語がモノであれば形容詞はその主語と性数一致しますが（第 2 文型）、主語が人なら、たとえば「彼女は幸せそうだ」Elle a l'air heureuse. あるいは、第 3 文型の発想で l'air と性数一致（例 : Elle a l'air heureux.）と揺れがあるからです。

2. Ça devient［de plus en plus difficile］.

＊「それはだんだん難しくなります」（= get more and more difficult）の意味。

3. Il est tombé［amoureux de Naomi］.

＊〈tomber +［属詞］〉の形で用いて、「（ある状態に）なる」の意味。この文は「彼はナオミを恋するようになった（ナオミと恋に落ちた）」（= fall in love with Naomi）なります。tomber malade「病気になる」, tomber mort(e)「急死する」など不意の予期せぬ事態に使われます。

4. L'église est［en feu］.

＊「教会は火に包まれている」という意味。この en feu は 1 の解答 en colère と同じく形容詞句。したがって、S = A（属詞）という展開。ただ形状が似ている、「教会は公園の前です」L'église est en face du parc. の下線部なら場所を表す副詞句（これは省略できない「追加詞」☞ p.4）。文型という着眼に疑義を唱える人で、この差異を形状から判断する難しさを声高に口にする人が少なくありません。

5. Elle paraît ［plus âgée］ que moi.

＊「彼女は私より年上のように見えます」という意味（= She looks older than me.）。

◇ 文型を会話フレームという観点から見る（第 2 文型）

登場人物（主語）の特徴を説明する文が大半で、属詞・補語（主語の状態を説明する語句）は「名詞」か「形容詞」が置かれます。主にその人物の職業・地位・国籍など、言うなれば「名札のような外面的なラベリング」なら「名詞」を、性格や属性などの「内面に関わる」特徴づけなら「形容詞」を用いるケースが大半です（「背が高い」「美しい」など外面のこともありますが……）。この文型に使われる動詞は、圧倒的な頻度の être / be 動詞「〜である」を筆頭に、次のようなものがあります。S = A、S = C というつながりなので、連結動詞とも呼ばれます。

être / be はそもそも「存在する」の意味ですが、この文型ではほとんど意味が希薄となり、S = A/S = C の「=」という記号になっていて、現在か過去という「時制」を表す指標に近しい存在といえます。

● apparaître – appear

Votre grand-père paraît bien.
Your grandfather appears well.
あなたの祖父は元気そうです。

● devenir – become, grow

Le temps deviendra mauvais.
The weather will become bad.
天気は悪くなりそうです。

Le ciel devient couvert.
The sky grows cloudy.
空が曇ってきています。

● sembler - seem

Le T-shirt semble trop petit.
The T-shirt seems too small.
その T シャツは小さすぎるようです。

1.3 第3文型

練習問題〔3〕

日本語の意味に合うように適当に語句を並べかえてください。ただし、動詞は〈不定法〉で示してありますので直説法複合過去形に活用してください。

1. 娘はきのう電子辞典を買いました。
Ma fille 〈acheter〉 un dictionnaire, hier, électronique

2. 彼は駅に行く途中で旧友に会いました。
Il 〈rencontrer〉 la gare, vieil ami, le chemin, de, sur, son

3. 彼女は階段を駆け上がりました（走りながら階段を上がった）。
Elle 〈monter〉 en, l'escalier, elle, courant, monter

解答・解説

monter が「自動詞」なら複合時制で être を助動詞としますが、この問題の monter は他動詞です（☞ p.164）。

1. Ma fille **a acheté un dictionnaire électronique hier.**
2. Il **a rencontré son vieil ami sur le chemin de la gare.**
3. Elle **a monté l'escalier en courant.**

*この monter は l'escalier を目的語とする他動詞ですから、複合過去には助動詞に avoir を用います。ちなみに monter au premier étage を用いて「彼女は走って2階に上がった」なら Elle est montée au premier étage en courant. となります。

◇ 文型を会話フレームという観点から見る（第 3 文型）

第 3 文型では描写するフレーム内に主語と動作の対象が必要なので、2 人、人とモノ、あるいは 2 つのモノが必須になります。

たとえば、といったような写真の状況なら、

「私」〈主語〉	Je/I
→（買う）〈動作〉	acheter/ buy
→「高級時計」〈目的語〉	une montre de luxe / a luxury watch

という要素が必要です。

Pour me récompenser, j'ai acheté une montre à Ginza de luxe avant-hier.
To reward myself, I bought a luxury watch in Ginza the day before yesterday.
自分へのご褒美で、おととい銀座で高級時計を買いました。

この文型は第 2 文型と同じく修飾語を除けば、都合 3 つのパーツで成り立つわけですが、第 2 文型のような Je/I = une montre de luxe / a luxury watch という関係は成立しません。ここが（直接）目的語と、主語の状態を説明する第 2 文型の属詞・補語との決定的な違いです。

◇ 自動詞と他動詞

英語は大半の動詞が自動詞でも他動詞でも、どちらでもそのまま使えます。これは英語の大きな特徴です。たとえば、次のような例。

A : The coffee cup **broke**.（動詞 break）
B : My father **broke** the coffee cup.（動詞 break）

A は第 1 文型で「コーヒーカップが壊れた」、**B** は第 3 文型で「父がコーヒーカップを壊した」となります。「壊れる」「壊す」いずれも break で表現できます。

ところが、フランス語の場合、自動詞としても、他動詞としてもどちらも同じ動詞をそのまま使えるケースはそれほど多くありません。多くの動詞が「他動詞」を、再帰代名詞を用いた代名動詞にしてはじめて「自動詞」として使えるようになるからです。

A : La tasse à café **s'est cassée**.（代名動詞 se casser）
B : Mon père **a cassé** la tasse à café.（動詞 casser）

英語の oneself に相当する se を用いて、「（主語が）自らを壊す」→「壊れる」と少し面倒な操作を必要とするのです。さらに厄介なのは se casser は「自動詞」扱いですが、実はこれ se が直接目的語（OD）、casser が動詞（V）で、文法構造上は第 3 文型の形になるというややこしさ。あわせて、複合過去のような時制では過去分詞の性数一致を行なう必要もあります。自動詞・他動詞の別は単純な 2 分法に見えますが、一筋縄ではいきません。

1.4 第 4 文型 英語はこの文型をカウントしません（第 1 文型や第 3 文型になります）

練習問題〔4〕

日本語の訳を参照して（　）の動詞句を適当な法と時制に活用してください。

1. **Elles (　　　) l'occasion pour aller se promener dans les bois.（profiter de）**
   彼女たちは機会を見つけて森の中へ散歩にでました。
2. **(　　　) fermer la porte à clef avant de sortir.（penser à）**
   出かける前にドアに鍵をかけるのを忘れないで。
3. **Ce film japonais ne (　　　) pas du tout.（plaire à）**
   あの邦画は私にはまったく気に入りません。
4. **Est-ce que je peux (　　　) vos collègues ?（compter sur）**
   あなたの同僚たちをあてにしていいでしょうか。

解答・解説

1. Elles（ont profité de）l'occasion pour aller se promener dans les bois.

＊ profiter de qqch で「～を利用する」の意味。「彼女は散歩するために機会を利用した」という自然さを欠く訳ではなく、前からうしろへと訳す当たり前にも注意したいところ。

2.（Pense à / Pensez à）fermer la porte à clef avant de sortir.

＊ penser à + inf. の形。「～することを考える」あるいは「忘れずに～する」の意味。tu か vous、どちらかの命令法になります。

3. Ce film japonais ne（me plaît）pas du tout.

＊ 多く無生物主語が置かれ plaire à qqn で「～の気にいる」の意味。ne ... pas du tout で「まったく～ない」という否定。

4. Est-ce que je peux（compter sur）vos collègues ?

＊ compter sur qqn/qqch で「～をあてにする、期待する」の意味。たとえば、Je compte sur vous. なら「あなたを頼りにしていますよ」となります。

◇ フランス語（第 4 文型）補足

この文型の形をそのまま英語に置ける例なら大半が第 1 文型に分類されます。間接目的語の考え方が仏語と英語で違いがあるからです。フランス語ではこの文型に用いられる動詞を間接他動詞と呼んでいます。英語で「自動詞と勘違いしやすい他動詞」として注意喚起される語（日本語からの類推で目的語の前に余計な前置詞を置いてしまうもの）のいくつかが、フランス語では第 4 文型を構成する動詞です。たとえば、下記の「似ている」はその典型です。

英語では授与動詞を用いた第 4 文型の O_1 が間接目的語とされます。

Il ressemble à son père en caractère mais pas en apparence.　（第 4 文型）
He resembles his father in character but not in appearance.　（第 3 文型）
　彼は、性格は父親**に**似ていますが外見はそうではありません。

＊英文は He takes after her father in character but not in appearance. と書き換えられます。ただし、注意が必要です。いつも resemble = take after と置き換えられるわけではありません。Mon père ressemble à l'acteur connu comme un méchant. / My father resembles the actor known as a villain.「うちの父は悪役で知られる俳優に似ています」を（×）My father ~~takes after~~ the actor known as a villain. とは言えませせえん。take after は血縁関係のあるつながりを前提に用いる言い回しだからです。

英語 resemble は通常、進行形に用いない動詞とされますが、状態の変化に着目した He is resembling his father these days.「彼は近頃父親に似てきている」というケースなら be resembling の形は可能です（☞ p.44）。

Nous avons discuté du problème avec notre professeur.　（第 4 文型）
We discussed the problem with our teacher.（第 3 文型）
　私たちは担任の教師とその問題**について**議論しました。

＊「（〜について）議論する」と和訳するせいで、英語で discuss about the problem とする間違いが多いとされますが、フランス語 discuter は前置詞 de あるいは sur を必要とする間接他動詞です。

Mon ex-mari ne **répond** plus **à** mes mails.（第 4 文型）
My ex-husband no longer **responds to** my e-mails.
（第 1 文型）
　元の夫はもう私のメール**に**返事をくれません。

＊英語は前置詞 to を必要とするため to my e-mails の箇所が修飾語とされるので第 1 文型に分類されます。

1.5 第 5 文型

練習問題〔5〕

日本語訳を参照して、意味が通じるように（　）内の語句を並べかえてください。

1. 彼女はフレデリックからこの絵を買いました。
Elle（acheté, tableau, à, ce, a, Frédéric）.

2. おじはある企業に資金を貸しました。
Mon oncle（une, fonds, des, à, prêté, entreprise, a）.

3. カトリーヌは彼が嘘を言ったといって非難しました。
Catherine（menti, accusé, d'avoir, a, l'）.

4. 彼女のこのあやまちはけっして許しません。
Je（pardonnerai, jamais, lui, faute, ne, cette）.

解答・解説

1. Elle a acheté ce tableau à Frédéric.

＊この文は「フレデリックにこの絵を買った」とも訳せます。もしはっきりと「～に…を買う」としたいなら pour qqn を使います（☞ p.21）。個々の「（絵画）作品」は un tableau、なお la peinture は「（芸術としての）絵画」のこと。

2. Mon oncle a prêté des fonds à une entreprise.

＊prêter A à B の A と B に A =「資金」、B =「企業」を置いた例です。

3. Catherine l'a accusé d'avoir menti.

＊accuser qqn de + inf. で「～だと非難する」の意味。

4. Je ne lui pardonnerai jamais cette faute.

＊pardonner qqch à qqn で「人の～を許す」の意味。

◇ 第 5 文型：S + V + OD + OI
（英語　第 4 文型：S + V + IO + DO）補足

フランス語で qqch à qqn（二重目的語）をとる主な動詞は、acheter, devoir, donner, enseigner, envoyer, montrer, offrir, prendre, préter など、授与動詞（人にモノを授ける、与える動詞）と呼ばれるものです。
なお、1 章（☞ p.20）で説明したように英語の第 4 文型はフランス語の第 5 文型とは目的語の配列が違います。

フランス語の二重目的語は大半が〈「モノ」à「人」〉、英語は〈「人」に「モノ」を〉となることが多い。

（英語第 4 文型）**I gave Tom this dictionary.**
＊フランス語にこの（語順）はない。
（英語第 3 文型）**I gave this dictionary to Tom.**
→（第 5 文型）**J'ai donné ce dictionnaire à Tom.**
私はこの辞書をトムにあげました。

Ma tante nous a envoyé une carte de vœux de Pékin.
My aunt sent us a New Year's card from Beijing.
おばは北京から私たちに年賀状を送ってくれました。

＊英語は My aunt sent a New Year's card to us from Beijing. と書き換えられます。

Il m'a fallu trois heures pour préparer la présentation.
It took me three hours to prepare for the presentation.
私がプレゼンテーションの準備をするのに 3 時間かかりました。

＊il/ it で始まる非人称構文ですが、フランス語は第 5 文型、英語は第 4 文型。pour préparer ... / to prepare ... の箇所は「目的」を表す副詞（修飾句）になります。

Puis-je vous demander une faveur ?
Can I ask you a favor?
お願いがあるのですが。

＊英語は May I ask a favor of you? としても類義（ask は目的語の置き換えの際に、前置詞 of を用いる珍しい動詞）。ただし、例示 Can I ask you a favor? はカジュアルな個人的「お願い」が中心なので、ビジネスには不向きとされます。Could (Would) you do me a favor? といった言い回しが妥当でしょう。

◇ 英語の文型の書き換え（第 3 文型・第 4 文型）

授与動詞の多くは “「人」+「モノ」” の語順を “「モノ」 to 「人」” を用いて書き換えられます（例：give O_1 O_2 → give O_2 to O_1：下線部は修飾語）。なかに for を用いる動詞もあります（例：buy O_1 O_2 → buy O_2 for O_1：下線部は修飾語）。to「〈人〉に（対して、向かって）」を用いるのは、モノの授与が行なわれる動詞で「動作の対象、行き着く先」が to で示され、for「（わざわざ）〈人〉のために」は、サービス・好意・恩典などを受ける「受益者」に使います。英語の第 4 文型からは 2 つの受動態が作れますが、間接目的語が主語（受け身の動作主）なら第 4 文型から、直接目的語を主語（受け身の動作主）とするケースは第 3 文型の形から作ります。ただし、第 3 文型で前置詞 for を用いる動詞は間接目的語を主語（受け身の動作主）とする形は作れません。

2つの目的語の入れ替えで to か for の選択に迷った場合、例外はあるものの、おおむね to 型は「相手を必要」とし、for 型は「一人でも完結」できる動詞と考えてみてください。たとえば、左記の例なら「おばが私にこの赤いネクタイをくれた（与えた）」には「私」が必要ですが、「私にこの赤いドレスを作ってくれた（作った）」はおばが自分用に「縫製する」ことも可能というわけです。

（第 4 文型）**My aunt gave me this red tie.**

→（第 3 文型）**My aunt gave this red tie to me.**

（受動態）

I was given this red tie by my aunt.

This red tie was given to me by my aunt.

（第 4 文型）**My aunt made me this red dress.**

→（第 3 文型）**My aunt made this red dress for me.**

（受動態）

× **I was made this red dress by my aunt.**

This red dress was made for me by my aunt.

◇ 下記の jouer は自動詞か他動詞か間接他動詞か

A : Mes enfants jouent dans le jardin.

子供たちが庭で遊んでいます。

B : Ma mère a joué 50 euros sur un alezan.

母は栗毛の馬に 50 ユーロ賭けました。

C : Mon père joue mal au golf.

父はゴルフが下手です。

＊ **A** は自動詞で第 1 文型、**B** は 50 euros が直接目的語になる第 3 文型、**C** は間接他動詞で第 4 文型を構成しています。

1.6 第 6 文型

練習問題〔6〕

(　　) 内の語句を参照しながら仏作文をしてください。

1. 私は彼を最良の友だと思います。(considérer A comme B)
Je [　　　　] mon meilleur ami.

2. このフランス映画をどう思いますか。(trouver)
Comment [　　　　] ce film français ?

3. ルグランさんは奥さんを幸せにするでしょう。(rendre)
M. Legrand [　　　　].

4. 世間は私を弁護士だと思っている。(croire)
On [　　　　].

5. 妻は私を怠け者扱いしました。(traiter A de B)
Ma femme [　　　　] fainéant.

解答・解説

1. Je [le considère comme] mon meilleur ami.

2. Comment [trouvez-vous (trouves-tu)] ce film français ?

＊ trouverは「評価」で、主に五感での確認を背景に「〜と思う」の意味。

3. M. Legrand [rendra sa femme heureuse].

4. On [me croit avocat(e)].

＊ この on は「(一般的な) 人々」の意味。なお、croire は信念に基づいた推論が主ですが、「感覚的」で根拠の薄い判断にも使われます。

5. Ma femme [m'a traité de] fainéant.

＊〈traiter qqn de + [無冠詞名詞]〉「人を〜扱いする」の意味。

◇ **第 6 文型：S + V + OD + A**
（英語　第 5 文型：S + V + O + C）補足

この文型は第 3 文型 S + V + O の O の箇所に第 2 文型をはめ込んだ形になります。

（第 6 文型）**Il a laissé la porte ouverte.**
→（第 2 文型）**La porte est ouverte.**

（第 5 文型）**He left the door open.**
→（第 2 文型）**The door is open.**
彼はドアを開けっぱなしにしておいた。

この文型に用いられる動詞は大雑把に下記の 3 つに大別されます。

（1）S は O を A/C にする
rendre / make, laisser / leave, appeler / call, élire / elect など

Cette nouvelle a rendu ma femme triste.
This news made my wife sad.
このニュースを聞いて妻は悲しくなりました。

＊この文は「原因」を主語にした文で、使役や知覚を用いた第 6 文型（英語の第 5 文型）の特徴のひとつです。直訳では自然な日本語になりにくく、Ma femme était triste quand elle a appris cette nouvelle. / My wife was sad when she heard this news. と書き換えるような感覚で訳を考える必要がありそうです。

日本語の座りを考えて、主語を「副詞的」に訳し、目的語（人）を主語にした文を考えるということです。

（2）S は O を A/C と考える
think / penser, croire / believe, trouver / find など

J'ai trouvé mon collègue ennuyeux.
I found my colleague boring.
私は同僚が退屈な人だとわかりました。

＊que / that 節を用いた第 3 文型で書き換えられ、上記の例を言い換えるなら J'ai trouvé que mon collègue était ennuyeux. / I found that my colleague was boring. となります。

（3）S は O が A/C するのを見る

voir / see, entendre / hear, sentir / feel など

Nous avons vu un enfant pleurer dans le parc.
We saw a child crying in the park.

私たちは子供が公園を泣いているのを見ました。

* 英語は「子供が（始めから泣き終わるまで）泣いているのを見た」、つまりその一部始終を見届けたという文なら、We saw a child cry in the park. と原形不定詞（動詞の原形）を用います。例文のように、現在分詞なら「泣いている途中」を目にしたという意味になります。

1節　総合チェック問題

I　次のフランス語の文型を答えてください。

1. **Cette nouvelle l'a rendue très triste.**
2. **Mon chien court dans le jardin depuis plus de 30 minutes.**
3. **Votre mère a l'air très jeune quand elle sourit brillamment.**
4. **Ma fille m'a appris une recette de pilaf.**
5. **Pensez-vous que la nouvelle bibliothèque est géniale ?**
6. **J'ai pensé à mon avenir ces derniers temps.**

II　文意が通じるように下記の語句を適当な順番に並べてください。

1. **Mon père [pour, m'a, mon anniversaire, un VTT, acheté].** ＊VTT = mountain bike
2. **Aviez-vous [à, en, dire, quelque chose] classe ?**
3. **Daniel [et, il, le, est, aime, beaucoup, français] fromage.**
4. **Il est [que, vous, probable, raison, avez].**

「文型」を考えることはフランス語・英語の骨格をとらえ、和訳や仏作文などに展開できる知識の意識化（「見える化」）につながります。ただ、最初は文型を意識しながら、やがてそれを意識しないレベルに至ることが理想です。

解答・解説

I

1. **第6文型**。l' = la なので rendue と過去分詞が直接目的語に性数一致します。英訳すれば This news made her very sad. となります。「この知らせを聴いて彼女はとても悲しくなりました」という意味。

2. **第1文型**。dans le jardin も depuis plus de 30 minutes も文型に関係しない状況補語（副詞句）。英語なら現在完了進行形を使って My dog has been running in the garden for more than 30 minutes. と書けます。訳は「うちの犬が 30 分以上庭を駆け回っています」となります。

3. quand 以下、直訳「彼女が明るく微笑むとき」は副詞節なので**第2文型**になります。英語なら Your mother looks very young

when she smiles brightly. と書くことができます。

4. **第 5 文型**。英語なら My daughter taught me a pilaf recipe. となる文です。「娘が私にピラフのレシピを教えてくれました」の意味。

5. **第 3 文型**。「新しい図書館はすばらしいと思いますか」の意味。que 以下が直接目的語。英語も第 3 文型で Do you think the new library is great? となります。

6. **第 4 文型**。5 と同じ動詞 penser が使われていますが、6 では間接他動詞、à mon avenir が間接目的語になります。「近頃、自分の将来のことを考えています」の意味になります。英訳すれば I've been thinking about my future lately. といった文に相当します。

II

1. Mon père **m'a acheté un VTT pour mon anniversaire.** 「父は私の誕生日にマウンテンバイクを買ってくれました」となる第 5 文型です。英語なら第 4 文型 My father bought me a mountain bike for my birthday. となります。

2. Aviez-vous **quelque chose à dire en classe ?**「授業中に何か言いたいことがありましたか」の意味になる第 3 文型。英語 Did you have something to say in class? に相当します。

3. Daniel **est français et il aime beaucoup le** fromage. となります。これは第 2 文型と第 3 文型を接続詞 et でつないだ文。「ダニエルはフランス人でチーズが大好きです」の意味になります。Daniel is French and he really likes cheese. などと英訳できます。

4. Il est **probable que vous avez raison**. と並び、「あなたが正しいかもしれません」という意味。主語 il は非人称、que 以下の節を受けますから第 2 文型。英語なら You are probably right. となります。例文を類義の possible（50% 以上の可能性をいう probable よりやや可能性が低くなりますが）を使って書き換えると フランス語では、que S + V の箇所に接続法が使われる点に注意が必要です。 Il est possible que vous <u>ayez</u> raison. となります。

2.1 直説法現在

練習問題〔1〕

次の（　　）内に入る適当な動詞を語群から選び、直説法現在形に活用してください。

1. Je (　　　) terminer ce travail aussitôt que possible.
2. Mon frère (　　　) depuis ce matin.
3. Nous (　　　) de tout.
4. Où est-ce que ce magazine (　　　) ?
5. Avec cette neige, les avions ne (　　　) partir.
6. Le fleuve Amazone (　　　) dans l'océan Atlantique.
7. Ce magasin (　　　) à 7 heures du matin et ferme à 11 heures du soir.

語群　s'acheter / devoir / se jeter / lire / manger / ouvrir / pouvoir

解答・解説

1. devoir → dois「できるだけ早くこの仕事を終わらせなくてはなりません」。なお、finir「終える」と terminer はほとんど同義ですが、terminer は「（最後まできちんと）終える」という含意があります。

2. lire → lit「兄（弟）は今朝から読書しています」。他動詞なら lire un livre「本を読む」とか lire tout Proust「プルーストを読破する」など、目的語を要しますが、目的語を伴わず自動詞で「読む、読書する」の意味になります。Ma mère aime lire. なら「読書が好き」、Mon père lit beaucoup. なら「父は読者家です」といった意味になります。

3. manger → mangeons「私たちはなんでも食べます」の意味。-ger のスペリングで終わる動詞（nager, changer など）の直説法現在の nous の活用は -geons となる点に注意。なお、manger de tout は「なんでも食べる」の意味で「全部を食べる」（例：J'ai tout mangé.「私は全部食べた」）の意味ではありません。たとえば、On trouve de tout à Tokyo. なら「東京にはなんでもある」という意味。

4. s'acheter → s'achète「この雑誌はどこで買えますか」の意味。s'acheter は「（金で）買える」の意味（例：L'amour ne s'achète pas.「愛は金では買えません」）。なお、「（自分のために、ご褒美として）買う」の意味でもこの代名動詞は使われます（例：

Michelle s'est acheté des boucles d'oreilles en argent. / Michelle bought silver earrings for herself.「ミシェルはシルバーのピアスを自分のために買いました」)。

5. pouvoir → peuvent「この雪では飛行機は出発できません」。文頭の avec は「理由・原因」を表します。なお、pouvoir は書き言葉で、この例のように pas を省くことがあります。

6. se jeter → se jette「アマゾン川は大西洋に流れ込んでいます」。活用形のスペリングに注意。

7. ouvrir → ouvre「この店は午前 7 時に開店し夜 11 時に閉まります」。ouvrir は第 1 群規則動詞のように活用します。

新しく作られる動詞は第1群規則動詞としてフランス語に取り入れられます。これは見方を変えれば、第3群不規則動詞は古くからある人間の基本的、原始的「行動」を表すもの（aller, boire, voir, etc）が大半ということになり、おのずと使用頻度も高くなる理屈です。

◇ **英語の現在進行形と直説法現在形**（現在の客観的な事実を現在形で伝える話し手のあり方）

英語の現在進行形の守備範囲はフランス語では現在形が使われます。

1. 現在進行している動作

She is waiting for the bus while looking at her smartphone.
Elle attend le bus en regardant son smartphone.
彼女はスマホを見ながらバスを待っています。

2. 最近のトレンド・期間限定

Recently, some teachers are making video lessons.
Récemment, certains enseignants font des cours vidéo.
最近はビデオで授業する先生たちもいます。

3. 同じアクションが反復される

My wife is often complaining.
Ma femme se plaint souvent.
妻はいつも文句ばかり口にします。

4. 確実な未来

He is getting married next week.
Il se marie la semaine prochaine.
彼は来週結婚します。

*すでに予定され、手配、段取りなどがなされている未来に用います。

たとえば、「あなたの乗る大阪行きの急行は 2 時にここを出ます」を Your express to Osaka is leaving here at two o'clock. と英訳するのは不自然です。時刻表や時間割のようにあらかじめ決められている事柄（タイムスケジュール）については、現在時制を用いるのが通例。よって、Your express to Osaka leaves here at two o'clock. となります。

人間の言葉にとって「時制」は普遍的なものでも、絶対に必要なものでもありません。これが誤解を生むことがあります。
「わたしたちの話す日本語には時制はありません」ときっぱり言い切っている書籍もあります（南條竹則『英語とは何か』）。

◇ 日本語から考える英語・フランス語の時制のとらえ方

「〜している、〜しています」という日本語を単純に英語の現在進行形にすると間違いを生むことがあります。日々繰り返される、日常の様子、習慣的な動作であれば、たとえ「〜している、〜しています」という日本語であっても現在進行形とは限らないからです。
たとえば「娘はピアノを弾いています」の和訳を含む文を英語では 5 つの時制で書き分けられます。

1. My daughter **plays** the piano every morning.
   毎朝、ピアノを弾いています。

2. My daughter **is playing** the piano now.
   今、ピアノを弾いています。

3. My daughter **will be playing** the piano tomorrow morning.
   明日の朝はピアノを弾いています。

4. My daughter **has played** the piano since she was 5 years old.
   5 歳からピアノを弾いています。

5. My daughter **has been playing** the piano for 30 minutes.
   30 分、ピアノを弾いています。

当該の時間に合わせて、「今」なのか「以前」からなのかに応じて、「現在形・現在進行形・未来進行形・現在完了形・現在完了進行形」が使い分けられます。

これをフランス語に置くと、使われる時制は 2 つになります。

1. Ma fille **joue** du piano tous les matins.
2. Ma fille **joue** du piano maintenant.
3. Ma fille jouera du piano demain matin.
4. Ma fille **joue** du piano depuis l'âge de 5 ans.
5. Ma fille **joue** du piano depuis 30 minutes.

3 の直説法単純未来形以外は直説法現在形の守備範囲です。英語のように進行形を別枠として切り取らないためです。こうした英仏の時制の差異を一覧で比較対照することがないと、なかなか理解するのが私たちには難しい事項です。なお、日本語は 1 つの訳文で全時制に対応できる点も再確認してください。p.166 も参照ください。

◇ 英語「動作動詞」か「状態動詞」か

たとえば、「父は眼鏡をかけています」は現在形を使ってこうなります。

My father wears glasses.

＊ もし、My father is wearing glasses. なら「（普段はそうではないが）父は今、たまたま眼鏡をかけている」という意味になります。

これを文法書では、「動作動詞」drink, swim, run 等と「状態動詞」see, know, like 等にわけて、後者は進行形にできないと教えます（☞ p.44）。たとえば、上記の例に即せば「（自分の意志で可能な行為）メガネをかける」は「動作」（進行形可）、「メガネをかけている」という「状態の継続」（進行形不可：そもそも進行形に近い意味合いを表している）という判別です。

「妹はバスで通学しています」ならこうなります。

My sister goes to school by bus.

＊ これを My sister is going to school by bus today. とすると「バス通学が習慣」なのではなく、「今日は（たとえば自転車が修理中で）バスで学校に行っている」といった意味合いとなります。

この点もまた、現在形が現在進行形を包含するフランス語は判断ミスをすることはないはずです。上記の 2 つの英文をフランス語訳すれば、現在形を用いて次のようになるからです。

Mon père porte des lunettes.
Ma sœur va à l'école en bus.

◇ 過去の代用としての現在形

フランス語の現在は「行為が行なわれたばかり」であることを表す近接過去（= venir de + inf.）の代用としても使われるケースがあります。

Mon patron sort à l'instant.
My boss has just left.

上司はたった今出ていったところです。

＊ フランス語は近接過去を用いて Mon patron vient de partir. とも言い換えられます。英語では現在完了（完了・結果）を用いる内容です。

pouvoir / can を状態動詞に添えて「今～している」という意味で使う例があります。例：「今、東京タワーが見えています」On peut voir la tour de Tokyo maintenant. / We can see Tokyo Tower now.

また次の例でも、暗黙のうちに現在が過去を内包しています。

Taro me dit que Takako va acheter une nouvelle voiture.
Taro tells me Takako is getting a new car.

この発話行為そのものは過去に行なわれているはずのものです。しかし、この情報を伝える話者は、その実、今も伝えたい情報の中身は生きていると伝えようとしています。つまり、上記の文の含意を読み解けば、次のように解釈できるわけです。フランス語を書き換えてみます。

Taro m'a dit (à telle ou telle heure), et donc je comprends, que Takako va acheter une nouvelle voiture.

（しかじかの時に）太郎は私に言いました、だから、タカコ（貴子）が新しい車を買おうとしているのだと私は理解しています。

なお、英語でもフランス語でも日本語でも、小説や伝記などで、過去に起こったことでもあたかもそれが眼前に展開するかのようなイキイキした印象を与えるために使われる「歴史的現在」という「現在」があります。たとえば芥川龍之介『羅生門』の有名な出だし、「ある日の暮方の事である。一人の下人が、羅生門の下で雨やみを待っていた」とか、あるいは英語やフランス語の次のような例が相当します。

Columbus discovers America in 1492.

1492 年、コロンブス、アメリカ大陸発見。

Le 8 décembre 1941, la guerre du Pacifique éclate.

1941 年 12 月 8 日、太平洋戦争勃発す。

2.2 | 2.3 直説法複合過去

練習問題〔2〕

次の文に（　）内の語句をそえて、直説法複合過去の文に書きかえてください。

1. Elle vient me voir.（de bonne heure）
2. Elles se rencontrent.（il y a deux semaines）
3. Ils vivent à Karuizawa.（pendant deux ans）
4. Jeanne sort son chien.（sous le soleil brûlant）
5. Ma mère va à Paris.（trois fois jusqu'à présent）

解答・解説

1. Elle **est venue** me voir de bonne heure.「彼女は朝早く私に会いにきました」。de bonne heure は「早い時期から（幼少の頃から）」の意味でも使われます（例：Ma fille s'est intéressée au golf de bonne heure.「娘は早くからゴルフに興味を持ちました」）。

2. Elles **se sont rencontrés** il y a deux semaines.「彼女たちは 2 週間前に出会いました」。se が直接目的語なので、過去分詞が主語と性数一致する点に注意してください。

3. Ils **ont vécu** à Karuizawa pendant deux ans.「彼らは 2 年間軽井沢のセカンドハウスに住んでいました」。なお、この文を直説法半過去（未完了）にすることはできません。pendant deux ans は完了した期間を表す言い回しで、彼らは今「軽井沢で暮らしていません」から（☞ p.45）。

4. Jeanne **a sorti** son chien sous le soleil brûlant.「炎天下、ジャンヌは犬を散歩に連れて行きました」。動詞 sortir なので機械的に助動詞 être を使うという安易な発想では解答に行きつきません。この sortir は他動詞ですから用いる助動詞は avoir です（☞ p.146）。

5. Ma mère **est allée** à Paris trois fois jusqu'à présent.「母はこれまで 3 回パリに行ったことがあります」。英語なら現在完了（経験用法）を用いて My mother has been to Paris three times so far. といった文になります。

◇ 複合過去の形状

「私は新聞を読んだ」なら J'ai lu le journal. と直説法複合過去なりますが、そもそもは「私は読んだ新聞を持っている」J'ai + le journal lu. という形から派生したと言われています(☞ p.34)。「過去に行なった行為の結果」(lu →読んだ) を「現在」(ai →持っている)というわけです。また、ここから「読んだことがある」という「経験」のニュアンスも浮かび上がってきます。

◇ 複合過去に使う助動詞は être か avoir か

フランス語の複合過去に通例 être を用いる自動詞 (第 1 文型) でも、それが他動詞 (第 3 文型) で使われるケースは助動詞 avoir を用いるという約束、これが意外に盲点になりやすいものです。

Elle est montée au premier étage en courant.

彼女は 2 階に駆けあがった。

→ monter は自動詞。 au premier étage は修飾語 (副詞句)。

Elle a monté l'escalier en courant.

彼女は階段を駆けあがった。

→ monter は他動詞。 l'escalier が直接目的語。

◇ 現在完了の今昔

言うまでもなく、現在、英語の現在完了形は "have + [過去分詞] " の形ですが、古く (15 世紀半ばまで) は助動詞 have を用いるのは他動詞のとき、自動詞は "be 動詞 + [過去分詞] " の形で言い表されていました。これは、フランス語の複合過去が〈avoir + [過去分詞]〉と「往来発着昇降生死 (つまり、移動)」を意味する自動詞では〈être + [過去分詞]〉が使われるルールに重なります。たとえば、その名残が、次のような言い回しに認められます。

Before we realize it, summer is gone.

知らぬ間に夏は去ってしまった。

*現在では "be + gone [形容詞] " と考えます。なお、フランス語なら Avant qu'on s'en rende compte, l'été est parti. といった言い方になります。

Spring is come.
　春が来た。

＊ただし、この例文は「完了した状態」に力点があり、Spring has come. は「完了そのもの」にポイントがあるという差異があるため現在でも両方の形が残っています（☞ p.34）。

なお、追記すれば、フランス語の複合過去は英語の過去と現在完了を兼ねているので、たとえば Avez-vous vu l'exposition Picasso ? という疑問文なら、Have you seen the Picasso Exhibition? あるいは Did you see the Picasso Exhibition? と英語では訳し分けることができます。「ピカソ展を見ましたか」という意味ですが、英語の現在完了ならピカソ展は今も開催中、過去ならすでにピカソ展は終わっているという含意。フランス語・日本語では動詞の時制だけでその含意を表すのが難しいことになります。

助動詞 avoir と être の２つのパターンがあるのは "have + O +［過去分詞］" と "be +［過去分詞］" で英語が自他を分けていたことに通底する分別です。

◇ 複合過去の形状と単純未来の形状
語彙変遷の歴史的な流れからすると、日本語に近づけてのいささか力技かもしれませんが、複合過去と単純未来の形状に関して以下のような説明が可能なように思えます。

複合過去
〈S + avoir［現在形］+ **［過去分詞］**〉→ J'ai **fait ça**.
私は **それをしたこと（過去）** を（今）もっている。
→ それをしました。

単純未来
〈S +［動詞］+ avoir の **［現在形の活用］**〉→ Je **ferai ça**.
私は **それをすること（未来）** を（今）もっている。
→ それをやります。

こう考えると、過去にも未来にも現在が言語の構成に関連していることが見てとれます。

◇ 仏作文に注意
仏作文の際に間違えやすいのは、現在の状態を説明する複合過去です。たとえば「息子は弁護士です」なら Mon fils est avocat. で問題ありません。
では、「今、息子は弁護士になっています」のフランス語訳はどうでしょうか。 Mon fils devient avocat. と devenir を現在形にす

日本人は、英仏語の特徴である「主体的に事柄を変化させる」=「～する」ではなく、「情況が自然に変化して」=「～なる」という表現の方を好みます。会話の際に「息子は弁護士です」より、「息子は弁護士になりました」といった言い回しを優先するのが日本語の思考の有り様です。

るのは不適当です。「弁護士になった」という過去の出来事が今も続いている状態なのですから、「息子は弁護士になりました（今も）」と考え Mon fils est devenu avocat. と複合過去にしなくてはなりません。日本語「なっています」につられるとミスが生じます。
また、現在完了の否定を日本語では「まだ〜していない」と訳すせいで、この文を現在形で書いてしまうケースも時折見かけます。たとえば「まだハンバーガーを食べていない」という文を英語と照らして考えてみましょう。

Je n'ai pas encore **mangé** de hamburger.
I haven't eaten a hamburger **yet.**

この文は (×) Je ne mange pas encore de hamburger. とはなりません。「まだ〜していない」という言い回しは J'ai déjà mangé un hamburger.「すでにハンバーガーを食べた」という「完了」の否定であることからも複合過去である点は明らかでしょう。

注 意

Il est sorti depuis une heure.「彼は 1 時間前から外出している（外出して 1 時間になる）」とか Elle est morte depuis un an.「亡くなって 1 年です（1 年前から死んでいる）」などを複合 " 過去 "（「〜した」→つまり「過去」とする短絡的発想）にとらわれると日本語訳が乱れかねません。「〜した」は「過去」（テンス）だけでなく、「完了・進行」（アスペクト：動作や状態の有り様）という機能を有していることをここで確認しておきたいものです。
たとえば「〜している」という「相」でとらえる日本語とフランス語の「時制」のズレも同根です。次の例で考えてみてください。

(1) 今、買い物に行くのに自転車に乗っている。
Maintenant, je fais du vélo pour aller faire les courses.（直説法現在）

(2) 明日の昼は、軽井沢できっと自転車に乗っていることでしょう。
Demain midi, je suis sûr que je vais faire du vélo à Karuizawa.
（直説法近接未来）

(3) 昨日、自転車に乗っていると不意に黒猫が飛び出してきた。
Alors que je faisais du vélo hier, un chat noir a soudainement sauté.
（直説法半過去）

2.4 | 2.5 直説法半過去

練習問題〔3〕

次の（　）内の動詞を直説法複合過去か直説法半過去に活用してください。

1. Quand il（être）petit, il（aller）souvent à la pêche avec son père.
2. Je（lire）quand elle（entrer）dans ma chambre.
3. Pendant un mois, on（séjourner）à Paris pour apprendre le français.
4. George（travailler）une semaine dans la boulangerie de mon oncle.
5. Si je（savoir）conduire !

解答・解説

1. était / allait「小さかった頃、彼は父とよく釣りに行ったものです」。過去の状態と過去の習慣を組み合わせた半過去になる例です。

2. lisais / est entrée「読書をしていたら彼女が部屋に入ってきました（彼女が部屋に入ってきたとき私は読書していました）」。線の過去（半過去）と点の過去（複合過去）の組み合わせです。

3. a séjourné「1ヶ月間、フランス語を学ぶためにパリに滞在しました」。これを半過去 visitait とする間違いが実に多い。パスポートを見れば何日から何日までフランスにいたか記帳されており、この1ヶ月はすでに過ぎ去った過去のはずです。〈 pendant +［期間］〉と直説法半過去は相容れません。

4. a travaillé「ジョルジュは1週間おじのパン屋で働きました」。この une semaine も **3** と同じで、完了した過去です。未完了を意味する半過去 travaillait とはなじみません。

5. savais「車の運転ができたらなあ」。願望を表現する典型パターンです（☞ p.180）。

◇ 複合過去か半過去か

フランス語で複合過去を使うか半過去を用いるか、たとえば、次ページの2つの文を口にする「話し手と天候との距離感、差異」がお分かりいただけるでしょうか。

（1）複合過去　**Il a plu hier soir.**
（2）半過去　**Il pleuvait hier soir.**

英語では It rained last night. / It was raining last night. と訳しわけますが、この 2 つの文の違いは過去と過去進行形という形状の差異だけではありません。たしかに、どちらの文も「昨夜」は「雨」という事柄を伝える文ですが、（1）複合過去が「客観的な事実」を背景に、「（たとえば、濡れた路面から判断して）昨日の夜は雨が降った」（今はやんでいる）と話者が現在から見た完了事項を説明しているのに対して、（2）半過去の文は「話し手が具体的に体験した事柄」として、つまり「（外を歩いていたので知っているのですが）昨日の夜は雨が降っていました」（今の天候は不明）と過去の継続事項として雨降りを伝えている中身となります。

また、教室で質問を受けるのですが、「〜していたときに…していた」という文を作る際に、複合過去を使うか半過去にするか迷うケースがあるようです。たとえば、下記の **A** と **B** の差異がお分かりいただけますか。

「〜していたときに…していた」という文を作る際に、quand［lorsque］+ S + V を文頭に置くケースでは、過去の習慣を表すケースを別として、従属節は「複合過去」、主節は「半過去」というパターンが大半、すなわち従属節の「進行中に」、主節の出来事が起こったという例が多いからです（例：Quand je suis rentré(e), ma mère préparait le dîner dans la cuisine.「私が帰宅すると、母は台所で夕食の支度をしていました」）。

A：彼がニューヨークにいたとき、ほぼ毎日マクドナルドで昼食を食べていた。
Quand il **était** à New York, il **déjeunait** presque tous les jours chez McDonald's.

過去のある「時期・期間」を示すために半過去が使われた例で、主節の「昼食を食べていた」は過去の習慣を表す半過去が使われています。

B: 散歩をしていたら、鹿に出会った。
Pendant que je **me promenais,** j'ai rencontré un cerf.

この文を Quand je me promenais, j'ai rencontré un cerf. と書くのは不自然です。**A** の〈 quand S + V（半過去）〉の形が過去のある「時期・期間」を切り取っているのに対して、**B** の半過去はある特定の「時点」を切りとっている例だからです。ただし、「散歩していたら→鹿に出くわした」の順に並べて、Je me promenais quand j'ai rencontré un cerf. とすることはできます。
なお、英仏語の場合、副詞節を置く位置は文の前後どちらも可能ですが、時間的・位置的な外枠から中心（自分）に向かって事柄を言語化していく日本語では（住所表記がそうであるように ☞ p.140）、「散歩をしていたら」を文のうしろに置く発想は浮かびにくいものです。

◇ **複合過去と半過去と副詞(句)について**

複合過去は「いつからいつまで」と明記された継続や、「何回」とわかっている反復を意味する副詞(句)とともに使われるのに対して、半過去は継続や反復が判然としない副詞(句)とともに使われます。

(複合過去)

Mes parents ont habité à Osaka de 1990 à 2010.

1990 年から 2010 年まで両親は大阪に住んでいました。

(半過去)

Avant, mes parents habitaient à Osaka.

以前、両親は大阪に住んでいました。

(複合過去)

Je suis allé(e) à Taïwan deux fois.

私は 2 度台湾に行ったことがあります。

「回数」を明示した文はその行為が「完了した」とみなす言い回しなので複合過去を用いなくてはなりません。

(半過去)

J'allais parfois à Taïwan.

私はときどき台湾に行きました。

◇ **半過去=未完了の所以**

Mon mari était déprimé et il n'avait pas du tout envie de faire le travail devant lui.

My husband was depressed and he didn't feel like doing the work in front of him at all.

夫は落ち込んでいて、目の前の仕事をする気がまったく起きませんでした。

上記の例でわかるように、フランス語の直説法半過去は「行為・状況」の「はじまり」と「終わり」を問題にしません。つまり、いつから落ち込んでいて、今も落ち込んでいるのか否かは不明です。特定の時点が明示されていなくとも、「過去のある時点で、継続していたこと、つまりこの文なら夫の状態がいかなるものであったか」を淡々と描写するわけです。

imparfait「未完了」と称される所以です。

2.6 直説法大過去

練習問題〔4〕

1～4が日本語の訳と対応するように（　）内の動詞を直説法複合過去、直説法半過去、直説法大過去のいずれかに活用してください。

1. Avant, cet enfant（bouger）tout le temps.
以前，その子はたえず動き回っていました.

2. J'ai perdu le dictionnaire que vous me（prêter）.
あなたに貸していただいた辞書をなくしてしまった.

3. Quand nous（arriver）à la gare, le TGV（déjà partir）.
駅に着いたとき，TGVはすでに出発してしまっていた.

4. Elle était de bonne humeur quand elle（bien dîner）.
おいしい夕食を食べたあとは、彼女はきまって機嫌がよかった。

解答・解説

1. bougeait 過去の習慣を導く半過去。

2. m'aviez prêté 「なくす」よりも前の時点で辞書を「借りた」わけなので、大過去になります。

3. sommes arrivé(e)s / était déjà parti 複合過去と大過去の典型的な組み合わせ。

4. avait bien dîné 半過去で表わされた過去の習慣に先立つ別の習慣的行為を表す例。なお、quand, lorsqueなどの時を表す従属節中で直説法大過去が用いられる際に、主節に複合過去が来るケースはありません。

◆ 直説法複合過去、直説法半過去、直説法大過去の例文比較

「父が起床したとき」Quand mon père s'est levé,

（1）**ma mère a préparé le petit déjeuner.**（複合過去）
（それから après）母は朝食を準備した。

（2）**ma mère préparait le petit déjeuner.**（半過去）
（その間に pendant）母は朝食を準備していた。

（3）**ma mère avait préparé le petit déjeuner.**（大過去）
（その前に avant）母は朝食を準備しておいた。

◇ 直説法大過去の意味

大過去は「過去のある時点から見て、さらに過去に遡った時を表す」時制とされますが、いわゆる過去完了として「過去のある時点よりも前に始まった行為や出来事が、その時点と何らかのつながりをもっていることを示す」もので「完了・結果」だけでなく「経験」「継続」の意味ももちます。初級用の大半の教科書ではこの点が扱われていません。

（完了・結果）

J'avais vendu tous mes vieux livres avant de déménager.
I **had sold** all my old books before I moved.
引越し前に古本をすべて売り払ってしまった。

（経験）

J'ai rencontré M. Ishihara pour la première fois hier. Jusque-là, j'**avais** souvent **entendu** parler de lui.
I met Mr. Ishihara for the first time yesterday. Until then, I **had** often **heard** of him.
昨日初めて石原さんに会いました。それまで、何度もうわさは耳にしていました。

（継続）

Elle **avait parlé** pendant 5 minutes avant que je réalise ce qu'elle voulait dire.
She **had been talking** for 5 minutes before I realized what she was driving at.
彼女が 5 分間話し続けて、やっと彼女の言いたいことがわかりました。

＊ フランス語の従属節は〈avant que +［接続法］〉の形。英語は過去完了進行形で「動作の継続」であることを明示している例。

ただし、仏英が常に同じ時制で揃うわけではありません。

Elle **venait** juste **de sortir** quand je suis allé chez elle.
She **had** just **gone out** when I called at her house.
私が彼女の家を訪ねると彼女はちょうど出かけたところでした。

＊ この例ではフランス語は大過去を用いません。近接過去 venir de + inf. は直説法現在か直説法半過去でしか使えません。

◇ **時制の差、話者の意識の差**

下記 **A** と **B**、2 つの文の時制の差が生じる理由がわかりますか。

A : J'ai perdu la montre en argent que j'avais reçue de l'université lors de la cérémonie de remise des diplômes.

卒業式の際に大学からもらった銀時計をなくしました。

B : J'ai perdu la montre en or que ma mère m'a donné il y a une semaine.

母が 1 週間前にくれた金時計をなくしました。

A の文は「卒業式でもらった」→「なくした」の順で、「授与された」のは「紛失」に先行する事柄なので、2 つの行為の「時間差」を表すために、関係代名詞節では過去の過去を意味する「大過去」が選択されています。**B** の文も、時間の流れに注目すれば **A** の文と同じ、「母がくれた」→「なくした」の順になります。しかし、この文では現在とのかかわりで事柄がひとくくりとして、すなわち「時計をなくした」落胆として把握されています。「なくすよりも前の時点で母がくれた」と時間差を明示する必要のない文です。

Quand j'ai ouvert la fenêtre, une cigale est entrée.「窓を開けたらセミが飛びこんできた」のように、時の連続性が感じとれるケース（2 つの行為がほぼ同時に起こっている場合）であれば、わざわざ「直説法大過去」にしなくてかまいません。

言い換えれば、大過去が「過去」のある時点と密接に結びつくように、複合過去は「現在」と結びついています。それが〈助動詞 avoir/être ［現在形］＋［過去分詞］〉の形で複合過去が形作られる所以でもあります。

なお、願望や予定を表す動詞が大過去（過去完了）で用いられると非現実が含意されます。

J'avais souhaité épouser mon premier coup de cœur.

私は初恋の人（初めての片思いの相手）と結ばれることを願っていたのですが。

＊この文を英語にすれば、I had wished to marry my first crush. となります。

2.7 | 2.8 直説法単純未来・前未来

練習問題〔5〕

1 ~ 4 が日本語の訳と対応するように (　　) 内の動詞を直説法単純未来か直説法前未来に活用してください。

1. Vous (être →　　　) libre demain soir ?
明晩はお暇ですか。

2. Ma mère (faire →　　　) les courses quand elle (faire →　　) le ménage.
母は掃除を済ませたら買い物に行きます.

3. Vers 20 heures, je (terminer →　　　) ce livre.
午後 8 時ごろには, この本を読み終えます.

4. Vous (faire →　　　) vos devoirs avec application.
一生懸命, 自分の宿題をしてください.

解答・解説

1. serez

時の表現 demain soir なので単純未来になります。

2. fera / aura fait

前未来は行為の完了を表すので〈après + [不定法 (複合形)]〉を用いて、この例は Ma mère fera les courses après avoir fait le ménage. と言い換えることができます。

3. j'aurai terminé

vers 20 heures で示された未来までには終えている事項を表していますので前未来です。

4. ferez

この単純未来は 2 人称主語で使われています。「あなたは一生懸命にあなたの宿題をするでしょう」などといった直訳は不自然です。軽い命令・指示のニュアンスで使われています。

◇ **単純未来と意志未来**

フランス語の「単純未来」は形態からの定義で「1 語で表された未来形」を指します。フランス語では、英語の内容的な定義である「単純未来」（話者の意志とは無関係に未来に起こると予想される事柄を示す）と「意志未来」（話者の意志を表す・相手の意志を尋ねる）の別を意識して使い分けません。両者の区別は文脈次第となります。

Ma petite sœur aura quinze ans en mai.
My little sister will be fifteen in May.
妹は 5 月で 15 歳になります。　→ 単純未来

À moins qu'il ne s'excuse, je ne lui parlerai plus jamais.
Unless he apologizes, I will never talk to him again.
彼が謝らないかぎり、私は彼とは 2 度と話をしないつもりです。
→ 意志未来

◇ **近接未来と単純未来**

「近接未来」〈 aller + inf. 〉と「単純未来」の差異は微妙なケースもありますが、主に話し言葉では「近接未来」が使われます。特に、現時点でその事柄がすでに予定されているケース、実現の可能性が高いケース、あるいは話し手の意向を表すケースなら「近接未来」（☞ p.247）が使われます。その意味で、近接未来は「現在指向」です。

Ma femme va avoir un autre bébé.
My wife is going to have another baby.
妻はもうひとり子供を産むつもりです。

また、差し迫った事態（その場で飛び出すとっさの一言）に単純未来はなじみません。

Attention, tu vas tomber !
Watch out, you'll fall!
危ない、転ぶぞ。

* Attention, tu ~~tomberas~~ ! とするのは不自然。

一方、単純未来は時間がたてば実現するはずの予定・予測や、何らかの条件を前提に未来への予測を行なうという文脈で用いられることが多いので、「未来指向」の言い回しと言えそうです。

Votre mari se sentira mieux après avoir pris ce médicament.
Your husband will feel better after taking this medicine.
この薬を飲めば旦那さんは気分がよくなりますよ。

では、「本が棚から落ちそうです」とフランス語で表現したなら下記のどちらが適当でしょうか。

① **Ces livres vont tomber de l'étagère.**
② **Ces livres tomberont de l'étagère.**

今現在の事柄ですから、①「近接未来」が適当です。②の「単純未来」を用いるのであれば「地震が来たら」とか「棚を揺らしたら」といった何らかの条件（未来を示す前提）を付帯しないと自然な言い回しとは感じられません。

＊ 近接未来が過去について使われる際には直説法半過去で用います（例：J'allais partir quand elle est arrivée. / I was about to leave when she arrived.「彼女が来たとき私はちょうど出かけようとしていた」）。

英語の助動詞 do, be, have（それ自体は話者の意見を反映しない語）と区別して、can, may などは出来事に対する話者の気持ち（心的態度：可能や許可など）を示す語で「法助動詞」と称されます。未来を表すとされる will も同じで、元来「（発話の時点で決めた）意志」（ゲルマン祖語 wilijo「意図」に由来）を表現するものです。それが、たとえば3人称主語にも使われると「推し量る」→「未来」と広がりました。3人称の「意志」は、話者（1人称）の範疇を超えますから。

◇ **単純未来での命令や指示**

フランス語の単純未来は主に主語が 2 人称のケースでは「軽い命令、指示、アドバイス」になります（2 人称複数、あるいは 3 人称でも単純未来が「命令」や「禁止」を表すケースがあります）。

Vous ferez ce que je vous dis.
You will do as I tell you.
私の言う通りにしてください。

なお、近接未来でも「～しなさい、してください」という婉曲的な命令・アドバイスになるケースがあります。

Vous allez prendre la première rue à gauche pour aller au musée Rodin.
You will take the first street on the left to go to the Rodin museum.
ロダン美術館に行かれるなら最初の通りを左に行ってください。

◇ **直説法前未来の守備範囲**

英語の未来完了に相当するもので、1 章で確認したように現在完了と同じく「完了・結果」「経験」「継続」を表します。

（完了・結果）

Dans un an, vous aurez oublié toute la misère de ces catastrophes.
A year from now, you will have forgotten all the misery of these disasters.
1 年もすれば、こうした災害の悲惨さをことごとく忘れてしまっているでしょう。

（経験）

Si elle escalade le mont Fuji ce week-end, elle y sera montée 10 fois.
If she climbs Mt. Fuji this weekend, she will have climbed it 10 times.
今週末富士山に登頂すれば、彼女は都合 10 回登ったことになります。

（継続）

J'aurai vécu ici de puis deux ans en mai de l'année prochaine.
I will have lived here for two years in May next year.
来年の 3 月でここに住んで 2 年になります。

ただし、前未来（未来完了）は口語では避けられる傾向にあり、下記の例なら **A** の文ではなく、直説法単純未来を用いて **B** のようにするのが一般的です。

例：あなたが戻ってくる前に、バルコニーの模様替えを終えているでしょう。

A : J'aurai fini de redécorer le balcon avant votre retour.
I'll have finished redecorating the balcony before you return.

B : Je finirai de redécorer le balcon avant ton retour.
I'll finish redecorating the balcony before you return.

◇ 英語の未来完了進行形

英語で「継続：（未来のある時点で）〜していることになります」をさらに明確にする形、つまり「行為や出来事が未来のある時点まで継続していることを示す時制」が未来完了進行形です。

〈will have been +［過去分詞］〉「（ずっと）〜し続けているだろう」

My parents will have been married for 50 years in April.
4 月で両親が結婚して 50 年になります。

ただし、未来を表すのに合計 4 語を有するという重々しさのために、会話ではまず使われることはありません。なお、フランス語なら Mes parents seront mariés depuis 50 ans en avril. と前未来を用いる文になります。

2.10 条件法

練習問題〔6〕

1 ~ 5 の訳文にあうように語群から適語を選び、適当な法と時制に活用して（ ）内に入れてください。

1. もし私の立場ならどうしますか。
Qu'est-ce que vous (　　　　) à ma place ?

2. フランス語がもっと上手に話せたら、苦労しなくてすむのに。
Si je (　　　　) mieux français, j'(　　　　) moins de problèmes.

3. 彼が私を助けてくれていたら、今はもっと金持ちになっているだろうに。
S'il m' (　　　　), je (　　　　) maintenant plus riche.

4. こんなところを見つかったら、あなたは評判を落とすでしょう。
Surpris dans une telle situation, vous (　　　　) votre réputation.

5. 映画に行きませんか。
Si on (　　　　) au cinéma ?

語 群　aider / aller / avoir / être / faire / parler / perdre

解答・解説

1. **feriez** 副詞句 à ma place は si vous étiez à ma place「もしあなたが私の立場なら」と言い換えられますので、空所には条件法現在が入ります。

2. **parlais / aurais** 〈Si + S + V（直説法半過去形），S' + V（条件法現在）〉の展開。

3. **avait aidé(e) / serais** 主節と従属節で時間差のある例。「（過去の時点で）彼が私を助けてくれていたなら、（今の時点で）金持ちになっているのに」という中身。よって、〈Si + S + V（直説法大過形），S' + V（条件法現在）〉と交差する展開です。

4. **perdriez** 従属節は Si vous étiez surpris dans une telle situation, と書き換えられます。

5. **allait** 〈Si + S + V［直説法半過去］?〉で「提案・誘い」。この文なら Je propose d'aller au cinéma. という意味を表す文になります。

◇ 仮定法というネーミングについて

英語で「仮定法」と呼ばれる用語は subjunctive の訳ですが、本来は直説法 indicative「客観的な事実を表す」に対する叙法です。subjunctive は語源を遡れば「従属」を意味する語で、ギリシア語で subjunctive mood が通常、「従属節」で使われたことに由来します。

フランス語ではこれを「条件法」conditionnel と呼び、名称に違いがあります。実は、フランス語の「接続法」が subjonctif で、これネーミングの違いというより、とらえ方に混乱があります。そんななか「叙想法」といった用語を提言する学者もいますが（この名称は 5 文型を日本に普及させた人物として知られる英語学者・細江逸記が用いたもの）、そろそろ、こうしたネーミングを学習者の利便性も考えて、英仏で近づけるように見直す時期に来てはいないでしょうか。「改憲」は賛否両論あれこれ喧（かまびす）しいですが、文法用語「改正」は積極的に訴えられないままになっています。

英仏語の異同の「異」に着目しても、「同」には目を向けたがらない学者が多いことが原因のひとつにあげられそうです。

現行の海外の文法書では、「仮定法」と「直説法の条件文」をあわせて conditional sentences と呼ぶことが多くなってきています。

◇「もし～ならば」の基本パターンの変形

（1）Si + S + V（直説法現在形）, S' + V（直説法単純未来形）
（2）Si + S + V（直説法半過去形）, S' + V（条件法現在）
（3）Si + S + V（直説法大過形）, S' + V（条件法過去：[avoir, être の条件法現在]+[過去分詞]）

これは 1 章の p.63 に載せたパターン表の再掲ですが、（1）は命令文が続くパターンもあります。

Si tu as des problèmes dans le département, n'hésite pas à m'appeler !

部署内で問題が生じたら、遠慮なく電話して。

＊ si 以下は未来の話ですが、英語の if 節と同様じく si の節内では未来形は使いません。

また、練習問題〔6〕(☞ p.177）でも扱っていますが、上記の（3）と（2）の主節と従属節とが交差する、以下のような例もあります。

Si j'avais lu ce livre plus tôt, ma vie serait totalement différente maintenant.
If I had read this book earlier, my life would be totally different now.

もっと早くこの本を読んでいたら、今頃自分の人生はまるで違ったのものになっていることでしょう。

つまり、前半は「過去の事実に反する仮定：Si + S + V（直説法大過形）」、後半は「現在の事実に反する仮定：S' + V（条件法現在）」という流れです。

あわせて、主節に挿入的な語句が加筆される次のような展開もあり得ます。

Si vous veniez, à quelle heure pensez-vous que ce serait ?

もしおいでになるとしたら、何時ごろになりますか。

これは上記、（2）〈Si + S + V（直説法半過去形）, S' + V（条件法現在）〉の流れなのですが、「あなたは～と思いますか」の「～の箇所」には直説法半過去形、主節「思いますか」の箇所は直説法現在（que 以下は条件法現在）になります。英語なら If you were to come, what time do you think it would be? といった具合。パターン化は理解しやすいですが、例外がこぼれ落ちるのが常です。

左記はあくまで Si を用いた基本的なパターン。たとえば、主節に含みを持たせずに、直説法現在形を置きストレートに話者の感情（怒気など）を表すケースもあります。Si ça continue comme ça, je retourne chez mes parents !「こんなことを続けるなら、親元に帰るわよ」

si のニュアンスを別な語句で言い換えた次のような表現もあります。
Avec un peu de chance (= Si tu as un peu de chance), tu réussiras.
運が良ければ、成功しますよ。
Elle partira pourvu qu'il fasse beau (= s'il fait beau).
晴れさえすれば、彼女は出発します。

注意

たとえば、Si on mange trop, on grossit. という文は前述したパターンには当てはまりません。si = quand で「食べすぎると太ります」の意味になります。また、「現実にあること、実際に起きたこと」を理由として示す〈Si + S + V ..., c'est parce que ～〉という相関句は「…なのは～だからだ」という意味です。例をあげれば、**S'**il n'est pas venu, **c'est qu'**il avait autre chose à faire.「彼が来なかったのは（事実）、ほかにやるべきことがあったからです（原因）」とか、**S'il** ne travaille plus, **ce n'est pas qu'**il soit paresseux.「彼がもう働かないないのは（事実）、怠け者だからではありません（原因）」といった具合。

◇ Si + S + V（半過去・大過去）? / Si + S + V（半過去・大過去）!

Si on avait pris un taxi, on serait déjà chez nous.「タクシーに乗っていたら、今頃もう家に着いていたのに」という文の、前半部だけを切り取って、Si on avait pris un taxi ! とすると「タクシーに乗っていたらな」と嘆息を表す言い回しができます。あるいは、Si on allait prendre un pot ?「一杯飲みに行きませんか（←もし一杯飲みに行けば……）」、〈Si on allait + inf. ?〉の形で「（一緒に～するのは）いかがですか」と相手を誘う言い回しが作れます。

◇ 条件法が使われるケース

副詞節中で条件法を用いるケースとして下記のような例もあります。

「～の場合には」au cas où［dans le cas où］+［条件法］

Au cas où［Dans le cas où］tu arriverais en retard, prends un taxi.

遅れそうなら、タクシーに乗って。

＊「ひょっとして～することがあれば」〈des fois que +［条件法］〉という表現も類義。

「たとえ～でも」quand (bien) même +［条件法］

Quand (bien) même vous m'auriez donné beaucoup d'argent, je n'aurais pas consenti.

たとえあなたが多額の金を積んだとしても、私は承知しなかったでしょう。

＊〈même si +［条件法］〉も類義。

◇ **時制照応（条件法）**

直説法が「出来事を現実世界の事実」ととらえるのに対して、条件法は「出来事を仮想世界の状況」として切りとるものです。その具体例に触れ、あわせて語気を緩和する用法も 1 章で確認いたしました。しかし、条件法にはもうひとつ別の使い方があります。それは「過去における未来」を表す、時制照応（時制の一致）のために使われる時制としての条件法です。

Je pense qu'elle viendra.

彼女が来ると思います。

この文の主節 je pense の箇所を je pensais と半過去にすると、従属節内の単純未来 viendra が条件法現在に変わります。

Je pensais qu'elle viendrait.

彼女が来ると思っていました。

＊ 話法という観点から言えば、Je pensais : « Elle viendra.» という直接話法を間接話法に書き換えた文ということになります。なお、英語なら未来形が仮定法過去になるケースに相当し、上記の例は I think she will come. → I thought she would come. となります。

なお、以下に示す文は上記の例〈S + V + que S + V（条件法）〉に似て見えますが、意味合いが違います。

Je pense que cette montre lui ferait très plaisir.

penser が現在である点に注目してください。

この条件法は仮定・推測の意味合いです。もしも、「彼（彼女）が喜んでこの時計を気に入ってくれる」と確信があれば fera と直説法単純未来を用います。しかしながら、この例は「（ひょっとすると）相手が時計を気にいらない」かもしれないという話者の気持ちが反映しているため条件法になっています。

◇ **自由間接話法**

直接話法と間接話法の中間的な位置にある「自由間接話法」（英語では「描出話法」・「中間話法」と呼ぶ）があります。主に文学作品で用いられるもので、従属節の時制照応を行ないながらも伝達動詞からは自由になった話法、書き手=作者が述べるという形ではなく、登場人の思いが反映された表現法のことです。

例：- Elle lui a demandé : « Tu m'aimes ? »

- Il l'a regardé dans les yeux. Il l'aimait.

彼女は「私のこと愛してる?」と彼に聞いた。

彼は相手の目を見つめた。愛してるさ。

＊ 下線部は Il lui a dit : « Je t'aimes. » の伝達動詞を省いた間接話法になっています。

2.11 接続法

練習問題〔7〕

(　　　　)内の動詞を適当な法と時制に活用してください。

1. **Je veux qu'il (venir → 　　　).**
2. **Il faut que vous (faire → 　　　) vos devoirs après le repas.**
3. **Je ne crois pas qu'elle (dire → 　　　) la vérité.**
4. **Mon père travaille encore, bien qu'il (être → 　　　) très âgé.**
5. **Je suis triste qu'elle (retourner → 　　　) au Japon hier.**
6. **Il cherche un professeur qui (savoir → 　　　) enseigner le latin.**
7. **Il cherche la secrétaire qu'il (rencontrer → 　　　) hier soir.**

解答・解説

1. vienne「彼女が来る」ことを客観的な事実として示すなら直説法を用います(例：Je sais qu'elle vient.「彼女が来ると知っています」)。しかし、この文は話者の頭の中で考えられた願望 (動詞 vouloir が使われています) なので接続法になります。

2. fassiez 〈il faut que S + V [接続法]〉の形。「あなたは食後に宿題をやらなくてはなりません」の意味です。

3. dise あるいは **ait dit**　接続法現在か接続法過去が入る。前者なら「彼女は本当のことを言っていないと思う」(彼女は話し中)の意味、後者なら「彼女は本当のことを言っていなかったと思う」(彼女の話は既に完了している)の意味になります。

4. soit 〈bien que + S + V [接続法]〉で文意は「父はとても年をとっていますがまだ働いています」となります。

5. soit retournée　接続法過去が入ります。「彼女が昨日日本に帰ったのは悲しいことです」の意味。ただ、「悲しい」か否かはあくまで心理的・主観的な問題なので接続法が求められます。

6. sache「彼はラテン語を教えられる教員を探しています」の意味ですが、この人物は実際にいるかいないかわかりません。話者の頭の中で考えられた教師=願望に過ぎません。あくまで話者の主観です。この意識を反映するのが接続法です。

7. a rencontrée「彼は昨晩出会った秘書を探しています」の意味。上記 **6** の例と違って、この「秘書」は実在しています。話者の頭の中で考えられている人物ではありません。直説法が使われる所以です。なお、過去分詞が前に置かれた直接目的語 la secrétaire（先行詞）に合わせて性数一致するのもお忘れなく。

◇ 直説法と接続法

1 章では英語の仮定法現在と対照する形で、例文をいくつか並べましたが、あらためてフランス語の「接続法」のなんたるかを「直説法」と照らして、確認してみましょう。

A : Il ne pense pas qu'elle a tort.
B : Il ne pense pas qu'elle ait tort.

A は〈 que S + V［直説法］〉、**B** は〈 que S + V［接続法］〉です。よって、**A** は「客観的な事実」の提示、**B** は「話者の主観が反映」しています。日本語で訳せばどちらも「彼女は間違ってはいないと思います（間違っているとは思えない）」の意味なのですが、法の違いを意識して訳すなら **A** は「彼はそう思っていないのですが、実は彼女は間違っています」という感じになりましょう。

もうひとつ、下記の **A** と **B** の違いがわかりますか。

A : Savez-vous que Paul est courageux ?
B : Savez-vous que Paul soit courageux ?

A は直説法なので、話者は「ポールが勇敢だ」と事実を知っているが、接続法を用いた **B** は「ポールが勇敢な人なのかどうか」わからないわけです。ということで、**A** は「ポールは勇敢な人ですが、そのことをご存知ですか」と訳せるのに対して、**B** は「ポールが勇敢な人かどうかご存知ですか」（= Savez-vous si oui ou non Paul est courageux ?）と直説法と接続法の違いを意識して訳し分けられそうです。

2 節　総合チェック問題

I　▼で示された動詞を1～4の（　　）内に適当な法と時制にして書きいれてください。

▼ aller

1. Si nous avons le temps, nous (　　) à la pêche.
2. - Si nous (　　) au café ?　- Bonne idée !
3. Est-il possible que nous y (　　) un autre jour ?
4. Si tu y (　　), tu aurais vu mon oncle.

▼ faire

1. Ne (　　) pas de bruit, ton petit frère dort !
2. Ça (　　) combien de temps qu'elle est partie en France ?
3. Si vous étiez à sa place, que (　　)-vous ?
4. Est-il nécessaire qu'elle (　　) ce voyage d'affaires ?

▼ avoir

1. Hier, mon petit frère (　　) huit ans.
2. Si j' (　　) le temps, je me rendrai à mon travail.
3. Si j' (　　) le temps, je pourrais vous suivre.
4. J'ai peur qu'il y (　　) un malentendu avec Maurice

II　日本語を参照して［　　］内の単語を適当な順に並べかえてください（ただし動詞は不定法で示してありますから，適切な法と時制に活用して解答してください）。

1. あなたがそう易々と彼女を説き伏せられるとは思えません。
Je doute que [la, si facilement, vous, convaincre, pouvoir].

2. いくらあなたが譲歩しても、あの男はけっして譲らないでしょう。
Même si [des, vous, lui, concessions, faire], cet homme ne céderait jamais.

3. 彼女が居間に入っていくと、黒猫が暖炉の前で座っていました。
Quand elle [le, dans, salon, entrer] , son chat noir [la, devant, assis, cheminée, être].

4. 彼はこの小説を読み終えたら、すぐに古書店に売るつもりです。
Dès qu'il ［ ce, de, roman, lire, finir ］, il le vendra à une librairie d'occasion.

解答・解説

I

▼ aller

1. 直説法単純未来　2. 直説法半過去　3. 接続法現在
4. 直説法大過去

1. irons　時間があれば釣りに行きましょう。
2. allions　「カフェに行きませんか」「いいですね」
3. allions　あなたは別の日にそこに行くことはできますか。
4. étais allé(e)　もしあなたがそこに行っていたら、私のおじに会えたでしょうに。

▼ faire

1. 命令法　2. 直説法現在　3. 条件法現在　4. 接続法現在

1. fais　騒がないで、あなたの弟が寝てるんだから。
2. fait　彼女がフランスに出発してどのぐらい経ちますか。
3. feriez　もしあなたが彼（彼女）の立場なら、どうしますか。
4. fasse　彼女がこの出張をする必要はあるのですか。

▼ avoir

1. 直説法複合過去　2. 直説法現在　3. 条件法半過去
4. 接続法現在（あるいは接続法過去）

1. a eu　昨日弟は8歳になりました。
2. ai　時間があれば、仕事に行きます。
3. avais　時間があれば、あなたについて行くのですが。
4. ait / ait eu　モーリスが誤解しているのではないか（誤解したのではないか）と心配しています。

II

1. Je doute que [vous puissiez la convaincre si facilement].

＊douter は que 以下に接続法を要する典型的な動詞です。

2. Même si [vous lui faisiez des concessions], cet homme ne céderait jamais.

＊〈même si + S + V［直説法半過去］〉で「たとえいくら〜しても」の意味、また faire une concession à qqn で「人に譲歩する」の意味です。
なお、〈même si +［直説法］〉と同義で「たとえ〜であろうと」の意味になる〈quand même +［条件法］〉という少々古めかしい言い回しもあります。
例：Quand même je serais plus jeune, je ne t'épouserais pas.
たとえ自分がもっと若くても、あなたとは結婚しないでしょうね。

3. Quand elle [est entrée dans le salon], son chat noir [était assis devant la cheminée].

＊直説法複合過去と直説法半過去の組み合わせ。点の過去と線の過去。

4. Dès qu'il [aura fini de lire ce roman], il le vendra à une librairie d'occasion.

＊「古書店に売る」未来よりも前の時点で「読了する」ので、未来のある時点よりも前に完了する事柄を表す直説法前未来（未来完了）が使われます。

3.1 形容詞

練習問題〔1〕-1

日本語訳を参照して、[　] 内の語句を正しい順に並べ替えてください。

1. 彼（彼女）にとって研究に打ち込むことは重要です。
Il est [de, lui, pour, se concentrer, important] sur ses études.

2. どしゃ降りの雨で道路がとても見にくかった。
Il était [route, difficile, de, la, sous, voir, très] la pluie battante.

3. 彼は状態の良い中古車を探しています。
Il recherche [en, une, bon, d'occasion, voiture] état.

4. 人間は言葉を話せる唯一の生き物でしょうか。
L'homme est-il [de, la, parler, capable, créature, seule] ?

5. こちらは日本を代表する偉人です。
C'est [représente, homme, un, qui, grand] le Japon.

解答・解説

1. 非人称で Il est [important pour lui de se concentrer] sur ses études. と並びます。この文は、英語の形容詞を用いた基本文型パターン "It is [形容詞] for A to do" It is important for him to concentrate on study. に相当。この文型は "It is [形容詞] that S + V" を用いて It is important that he (should) concentrate on study. と書き換えられます。フランス語も同様に〈 Il est [形容詞] que S + V [接続法]〉の形を用いて Il est important qu'il se concentre sur ses études. と置き換えることができます。

2. 上記 **1** と同じく非人称構文で、Il était [très difficile de voir la route sous] la pluie battante. となります。この文は **1** のような節での書き換えはできませんが、les routes を主語にして、La route était très difficile à voir sous la pluie battante. と言い換えられます。difficile à + inf. で「～するのが難しい」の意味になります。

3. 「中古車」une voiture d'occasion と en bon état「良い状態の(に)」を順に並べて、Il recherche [une voiture d'occasion en bon] état. とします。ちなみに〈en état de + [無冠詞名詞]〉は「〜の状態に」の意味(例：conduire en état d'ivresse「酔っぱらい運転をする」)。なお、英語の used car「中古車」の used は限定用法でのみ使われる形容詞です。

4. L'homme est-il [la seule créature capable de parler] ? と並びます。形容詞句 capable de parler「話すことのできる」を「唯一の存在」la seule créature につなぐ形となります。

5. C'est [un grand homme qui représente] le Japon. です。これを un homme grand と並べると「背の高い人」の意味になります。

◆ 名詞を前から修飾するか、うしろから修飾するかで意味が変わる形容詞の例

ancien	un ancien hôtel	「旧ホテル(現在はホテルではない)」
	un meuble ancien	「古くて価値のある家具」
brave	un brave homme	「親切で優しい人」
	un homme brave	「勇敢な人」
cher	mon cher ami	「親愛なる友」
	un dictionnaire cher	「値段の高い辞書」
pauvre	une pauvre femme	「気の毒な女性」
	une femme pauvre	「貧乏な女性」
jeune	un jeune professeur	「新米教師」
	un professeur jeune	「若い教師」など。

前置する形容詞は「主観的・強調的」、後置は「客観的・論理的」な意味を帯びる例が大半です。なお、基本的には〈音節の短い語+音節の長い語〉と並ぶ語順が自然なリズムです。

◇ 形容詞から名詞への転換

形容詞は「様子」や「性質」を表す言葉ですが、日本語とは違ってそのまま「名詞」として使える語が仏語・英語にはたくさんあります。冠詞や所有形容詞などの名詞標識語を添えて「その様子や性質を有しているモノ・人・事柄」の意味になります。上記の形容詞を用いた名詞転換の具体例をいくつかあげておきます。

「古いことより新しいことを好む」
préférer le neuf à l'ancien / prefer the new to the old
「彼は勇者の中の勇者です」
C'est un brave parmi les braves. / He is a brave among the brave.
「貧しい人を助ける」　aider les pauvres / help the poor
「若者と老人」　les jeunes et les vieux / the young and the old

◇ 形容詞の性数一致について

前章で言及したように、フランス語の形容詞の特徴は修飾する名詞や代名詞の性と数に一致するという点。そのため、次のようないささか面倒だと感じられるケースがなきにしもあらず。

（1）1 つの形容詞が複数の名詞を修飾するケース

英語なら「日本製の自転車と自動車」を表現するのに a Japanese bike and car で問題ありません。では、フランス語ならどうなるか。これがなかなか厄介です。いにしえのフランス語では、別姓の名詞が混在する場合には男性複数形で一致させる（誤解なきように願いますが、言葉にはそもそも男性優位の性質が内在しています）とするルールから、男性形複数 un vélo et une voiture japonais と書かれていました。しかし「近接している性の原則」という着眼があり、現在では、最後に置かれた単語の性に合わせて、un vélo et une voiture japonaises とするケースが増えています。あるいは une voiture et un vélo japonais と名詞の順番を入れ替えて同じく「近接している性の原則」に合わせる操作をします。

（2）1 つの名詞に 2 つの形容詞がかかるケース

たとえば、「美しい白い城」un beau château blanc は問題ないはずです。「美しい」は名詞を前から修飾し、色を表す形容詞はうしろからと決まっているからです。では、次のようなケースはどうでしょうか。

① 名詞に前置される形容詞が 2 つ
美しい大きな家　　une belle et grande maison

② 名詞に後置される性質の似た形容詞が 2 つ
シンプルでスポーティーな鞄　　un sac simple et sportif

③ 名詞に後置される性質の異なった形容詞が 2 つ
ブルーのしゃれた車　　une voiture bleue élégante

＊ ③は une élégante voiture bleue とすることもできます。

複数形の名詞にうしろから 2 つの形容詞（単数）がかかる les littératures japonaise et française「日仏文学」といった例もあります。

◇ 疑問代名詞 + 形容詞

英語でも something wonderful「素敵な何か」と形容詞がうしろからかかる例がありますが、フランス語の quelqu'un, quelque chose, personne, rien といった不定代名詞、あるいは qu'est-ce que, quoi といった疑問代名詞に形容詞をプラスするときには〈de + [形容詞(男性名詞単数)]〉の形が使われます(例:quelque chose de merveilleux「素敵な何か」、Alors, quoi de neuf ?「で、何か変わったことはありますか」)。

◇ 3 つ以上の形容詞による修飾

3 つ以上の形容詞で名詞を限定修飾するケースはそう多くはありませんが、たとえば「有名なおいしいイタリアンピザ」なら une délicieuse pizza italienne bien connue (英語ならば a well-known delicious Italian pizza) となります。なお、「三色旗」はフランス語では un drapeau bleu, blanc, rouge と 3 つ形容詞がうしろに並びますが、英語では同じ種類の形容詞が複数並ぶと and が使われるのが通例で、a blue, white and red flag と表記されます。

◇ 注意を要する形容詞の周辺あれこれ

ここは少々歯応えのある誤文訂正問題形式にいたします。

練習問題〔1〕-2

次の 1 ~ 5 のなかに形容詞(一部は副詞や冠詞を含む)の使い方が間違っているものがあります。それを正してください。

1. Ces roses sentent bonnes.
2. Son malheureux enfant est mort il y a trois jours.
3. Il y a de nombreux bungalows oranges dans ce quartier.
4. La situation économique tourne très mal.
5. Ça devrait se vendre comme de petits pains.

解答・解説

1. 意外に盲点となりやすい例です。sentir bon の bon は「副詞（あるいは形容詞が副詞的に用いられた例とも考えられる）」ですので、主語との性数一致はしません（☞ p.6）。Ces roses sentent bon.「このバラはいい香りです」となります。

2. un enfant malheureux は「恵まれない（不幸な）子供」の意味ですが、名詞の前に malheureux, malheureuse を置いて un malheureux enfant なら「かわいそうな、哀れな」の意味。よって、例文は「彼（彼女）のかわいそうな子供は 3 日前に亡くなった」の意味で、間違いではありません。

3. 例文は「この界隈にはたくさんのオレンジ色のバンガローがあります」の意味。名詞 orange「オレンジ」から派生した形容詞 orange「オレンジ色の」は性数変化をせず不変（別例 : marron「栗」→ marron「栗色の」で、たとえば les yeux marron「栗色の瞳」となります）。したがって、この文は Il y a de nombreux bungalows orange dans ce quartier. と訂正しなくてはなりません。

知られた話かもしれませんが、have black eyes は「（たとえば殴られて）目の周りに隈（青あざ）がある」の意味。「黒い瞳」ではありません。なお、厳密には「黒い瞳」は存在せず、英語なら dark eyes、フランス語なら les yeux bruns が通例の言い方です。

4. 「経済状況がとても悪化しています」は mal が副詞ですからこれで問題ありません。なお、Cette jeune fille n'est pas mal. は「あの娘さんはなかなかの美人です」の意味。この mal は形容詞ですが不変です。

5. 「これは飛ぶように売れるはずです」（「まるでプチパンのように売れる」= se vendre très facilement ou très rapidement）の意味です。ただし、se vendre comme des petits pains と冠詞を正す必要があります。たしかに、基本文法で学ぶように〈[不定冠詞（複数形）des + [形容詞（複数形）] + [名詞（複数形）]〉なら、冠詞は des ではなく de になります（例：de grandes tables「大きなテーブル」ただし、日常会話では des のまま使われるケースもあります）。しかし「プチパン」は、〈小さな petit + パン pain〉と分けて解する単語ではなく、ひとまとまりで petit pain「プチパン」と理解しますので〈[不定冠詞（複数形）des + [名詞（複数形）]〉ととらえて、不定冠詞は des のままで変わりません。

3.2 副詞

練習問題〔2〕-1

(　)内に入れるのに適当な語句を下記の語群から選んでください。

1. Nao est (　　　) pour être ma femme.
2. Dans les années 2000, la population de la région a (　　　) diminué.
3. Il pleut (　　　) depuis hier soir.
4. Rajoute (　　　) dans la sauce.
5. Mon mari se comporte (　　　) en public.

語 群　à verse / brusquement / de manière brutale / trop jeune / un peu de sel

解答・解説

1. **trop jeune**「ナオは私の妻としては若すぎます」つまり「若すぎて妻にはできない」の意味。trop ... pour 〜で「〜にはあまりに…だ」の意味。trop ... pour + inf. とすれば、英語 too ... to do に相当（例：Cette barre est trop lourde à soulever. / This barbell is too heavy to lift.「このバーベルは重すぎて持ち上がりません」)。なお、これを置き換える問題で頻出の英語 so 〜 that S can't do の構文「とても〜なので…できない」は、フランス語なら si［tellement］〜 que S ne pas pouvoir + inf. に相当します。ただし日常の使用頻度は too 〜 to do の言い回しの方が大きく上回ります。

2. **brusquement**「2000 年代になって、この地域の人口は急激に減りました」の意味になります。置き換え可能な副詞に rapidement, fortement があります。

3. **à verse**　「昨夜からどしゃ降りです」の意味。verse は「(風雨などによる作物の)倒伏」という名詞。Il pleut des cordes.「ロープ状の太い雨が降る」→「どしゃ降り」という言い回しもあります。

4. **un peu de sel**「ソースに少し塩を加えて」という意味。

5. **de manière brutale**「夫は人前では乱暴にふるまいます」の意味。

＊〈de manière +［形容詞］〉「〜仕方で」あるいは〈de façon +［形容詞］〉「〜な仕方、方法で」は副詞になります。なお、〈avec +［抽象名詞］〉も副詞（例：avec soin = soigneusement「丁寧に」)。

練習問題〔2〕-2

和訳を参考にして(　　)内に適語を入れてください。単語の頭文字は書かれています。

1. 試験までもう1週間しかありません。
Il n'y a (p　　　) qu'une semaine avant l'examen.

2. そこにその商品がないなら、よそを探してください。
Si vous ne trouvez pas cet article là, allez chercher (a　　　).

3. 人はパンのみにて生くるにあらず。
L'homme ne vit pas (s　　　) de pain.

4. まさしく彼です。
C'est (b　　　) lui qui a volé mon portefeuille hier.

5. 娘は職業選択を誤ってしまいました。
Ma fille a (m　　　) choisi son métier.

解答・解説

1. 否定の ne ... plus と限定の ne ... que を重ねた言い回し、ne ... plus que で「もはや〜しかない」の意味。一見複雑な印象ですが、否定と限定の組み合わせは結局「限定に収束する」言い回しになります(別例:Cette dame ne sort jamais que le matin.「あのご婦人が外出するのは午前ばかりです(午前中にしかけっして外出しません)」)。例文は英語なら There is only [no more than] one week left until the exam. といった言い方ができます。なお、典型的な入試英文法の補足となりますが、比較を用いた no more than を not more than「せいぜい」と混同しないように。たとえば、She probably is not more than twenty, but she looks older.「たぶん彼女はせいぜい20歳ぐらいでしょうが、それより老けて見えます」、この例を仏語にすれば Elle n'a probablement pas plus de vingt ans, mais elle a l'air plus âgée. といった言い回しになります。

2. 英語の elsewhere に相当する ailleurs「他の場所に、よそに(で)」が入ります。〈ailleurs que + [場所]〉「〜以外の場所で」という言い回しもあります(例:J'aimerais vivre ailleurs qu'à Paris.「私はパリ以外の場所で暮らしたい」)。

3. 聖書の知られた言葉。ne ... pas seulement と入り「〜だけで

はない」の意味になります。ただ、19 世紀の思想家・宗教家である Joseph Ernest Renan は例文に続いてこう追記しています。... mais il vit aussi de pain.「ただ、人はパンでもまた生きている」と（p.209 に載せた例文がそれです）。

4. 「まさしく、確かに」を意味する強調の副詞 bien を入れます。もし、文字指定がないなら exactement でも文意はほぼ同じです。

5. 「悪く、不都合に」を意味する副詞 mal が入ります。文字指定がないなら「誤って、間違って」faussement を入れることもできます。

◇ **動詞にかかる副詞の位置（目安）**

（1）フランス語の単純時制なら英語と同じく、動詞の直後に置きます。

Mon gendre travaille sérieusement.
My son-in-law works seriously.
うちの婿はまじめに働きます。

（2）複合時制の場合、通常は助動詞と過去分詞の間に置かれますが、スペリングの長い副詞の場合には過去分詞のうしろに置かれるケースも少なくありません。つまり、語調などによってある程度自由がききます。

J'ai trop bu à la fête.
I drank too much at the party.
パーティーで飲みすぎました。

Quoique j'aie protesté énergiquement, cette décision a été prise.

Although I protested vigorously, this decision was made.
激しく抗議したにもかかわらずこの決定が下されました。

（3）ただし、複合時制でも場所を意味する副詞の場合には過去分詞のうしろ（あるいは文尾）に置かれます。

L'homme a montré sa formation scolaire partout ailleurs.

The man showed his educational background everywhere else.
その男はほかの至る所で学歴をひけらかした。

◇ 文修飾副詞の置き位置

前章でも見たように文修飾副詞と呼ばれるものがあります。名前の由来の通り、多くは文頭に置かれます（英語なら形容詞・副詞・文全体を修飾する副詞の場合には、その直前に置くのが原則的な位置です）。

Légalement, nous ne sommes pas autorisés à cultiver du chanvre.

Legally, we are not allowed to grow hemp.

法的に麻の栽培は許可されていません。

Malheureusement, je ne peux pas répondre à cette question.

Unfortunately, I can't answer that question.

残念ですが、その質問には回答できかねます。

＊ ただし、フランス語について言えば、上記の文を Je ne peux malheureusement pas répondre à cette question. とか Je ne peux pas répondre à cette question, malheureusement. といった位置に置くことも可能で、必ずしも文頭と決まっていません。

◇ 副詞がなくなると文意が変わるケース

副詞は文型に関係ない修飾語（枝葉）とされますが、ときとして文意にかかわる大きな要素になることもあります。

Mon oncle n'est pas mort paisiblement.
My uncle didn't die peacefully.

おじは安らかな死に方はしませんでした。

この文から、副詞（動詞句修飾副詞と呼ばれる）paisiblement を省くと「おじは死ななかった」とまるで文意が変わってしまいます。この文は、副詞を否定した内容が文意そのものですから。

3.3 名詞句・形容詞句・副詞句

練習問題〔3〕

1～8の（　）内に入れるのに適当な語句を下記の語群から選んでください。ただし、同じものは２度選べません。

1. **Je suis étonné (　　　　　　) dans cet endroit.**
2. **Cette humidité est (　　　　　　).**
3. **C'est une théorie (　　　　　　) à comprendre.**
4. **Avez-vous des livres (　　　　　　) ?**
5. **Qui est le garçon (　　　　　　) ?**
6. **Mon passe-temps est (　　　　　　).**
7. **Je veux habiter (　　　　　　).**
8. **Connaissez-vous (　　　　　　) ?**
9. **Elle est très contente (　　　　　　).**
10. **L'aspirine est bonne (　　　　　　).**

語群　assis sur le banc / contre les maux de tête / de collectionner des voitures miniatures anciennes / de ma réussite / de voir ma femme / le lieu de sa naissnce / le plus loin possible de la ville / nuisible à la santé / relativement facile / sur les films indiens

étonner / surprise「驚かせる」、この単語が英仏語で「～させる」となるのは、闇雲に「人が驚く」ことはできないからです。何かが「人を驚かせる」(SVO)、英仏語ではそう発想します。日本語（自発的に「人が驚く」）からするとこの点がわかりにくい。人が「驚く」étonné(e) / surprised、物事が「驚かせる」étonnant(e) / surprising の混同、混線につながるわけです。

解答・解説

1. de voir ma femme「私はこんな場所で妻を見かけて驚きました」の意味。喜怒哀楽といった感情（形容詞）が生じる理由を de + inf.（副詞句）が説明しているパターンです。英語なら I'm surprised to see my wife in this place. となります。

2. nuisible à la santé「この湿気は健康によくない」。第２文型を構成しています。「健康によい」bienfaisant(e) という反意語があります。

3. relativement facile「これは理解するのが比較的優しい理論です」の意味。relativement 以下が形容詞句で、une théorie「理論」を修飾しています。

4. sur les films indiens「インド映画に関する本はありますか」の意味。un livre を前置詞句が説明している形（別例：C'est un médicament pour maigrir ?「これは痩せるための薬ですか」）。

5. assis sur le banc 「ベンチに腰掛けている少年は誰ですか」の意味になる形容詞句。これを関係代名詞で書き換えて Qui est le garçon qui est assis sur le banc ? とすれば下線部は形容詞節になります。

6. de collectionner des voitures miniatures anciennes.「趣味は年代もののミニチュアカーを集めることです」となる名詞句。英語なら My hobby is collecting old model cars. となり、補語に相当する動名詞になります。

7. le plus loin possible de la ville「私はできるだけ都会から遠くで暮らしたい」の意味。副詞句の例です。

8. le lieu de sa naissance「彼の出生地をご存知ですか」の意味。Savez-vous où il est né ? と書き換えられます。

9. de ma réussite「彼女は私の成功にとても満足しています」。この文は Elle est très contente que j'aie réussi. と言い換えられます。

10. contre les maux de tête「アスピリンは頭痛に効きます」の意味。

◆〈être bon [bonne] + [前置詞]〉の別例を付記

1. être bon [bonne] + à + inf. ～するのがよい（ふさわしい）／～に適した
   Ce champignon rouge est-il bon **à** manger ?
   この赤いキノコは食べられますか。

2. être bon [bonne] pour qqn/qqch　～に適している、効果がある
   Ma sœur n'est pas bonne **pour** ce métier manuel.
   姉（妹）はこの手仕事には向いていません。

3. être bon [bonne] avec [pour] qqn　～にやさしい
   Ma femme est très bonne **avec** son perroquet.
   妻は飼っているオウムにとてもやさしい。

4. être bon [bonne] + en + [学問・分野]　～が得意である
   Mon fils n'est pas bon **en** chimie.
   息子は化学が苦手です。

5. être bon [bonne] + contre + [病気]　～に効く
   L'aspirine est bonne **contre** les maux de tête.
   アスピリンは頭痛に効きます。
   ＊上記 **10** の解答はこの例です。

「食べておいしくない」なら Ce champignon n'est pas bon. あるいは Ce champignon a mauvais goût. などとします。

「スポーツやゲーム」が得意の意味なら前置詞は à を使います。例）Mon père est bon aux échecs.「父はチェスが得意です」。

3.4 動詞句

練習問題〔4〕

次の 1 ～ 5 の文を意味が通るように［　　］内の語句を並べかえてください。

1. **On［chanter, entend, Louis］.**
2. **Tu as［tu, beau, vas courir, manquer］la train.**
3. **C'est vrai ? Vous avez［de, peur, cette, rencontrer, actrice］?**
4. **Vous avez déjà tellement d'argent,［de, de, besoin, quoi, avez-vous］plus ?**
5. **Cette［de, la, sur, donne, chambre, baie］Tokyo.**

解答・解説

1. 「ルイが歌っているのが聞こえる」の意味で、On **entend Louis chanter**. あるいは On **entend chanter Louis**. のいずれも可能。フランス語はうしろに自動詞が続くなら両方の語順が可能（英語なら We hear Louis singing. などとなる）。ただし、目的語がつけば許容されるのは前者のみ（例：On entend Louis chanter une chanson.「ルイが歌を歌っているのが聞こえます」）。p.89 で説明済みです。

2. Tu as **beau courir, tu vas manquer** la train. と並びます。avoir beau + inf. で「～しても無駄だ」の意味で、うしろにその理由が配されます。「走っても無駄です、電車には乗り遅れるでしょう」という意味（☞ p.89）。

3. Vous avez **peur de rencontrer cette actrice** ? で「あの女優さんに会うのが怖いのですか」の意味。avoir peur de + inf. は英語の be afraid of doing の相当する流言い回し。

4. avoir besoin de qqch「～する必要がある」を使った疑問文の下線部を問う疑問文で、**de quoi avez-vous besoin de plus ?** と並びます。意味は「これだけお金があって、さらに何が必要なのですか」ということ。

5. donner sur +［場所］で「～に面している」、よって「あの部屋は東京湾に面しています」の意味にします。Cette **chambre donne sur la baie de** Tokyo. と並びます。

3.5 名詞節

練習問題〔5〕

que に導かれた節の働きに注意して、下記の文を和訳してください。

1. Que notre vie ne soit pas facile, c'est indéniable.
2. Il faut admettre le fait que la jeunesse actuelle n'aime pas du tout cette façon de vivre.
3. La vérité, c'est que votre fille n'est pas douée en musique.
4. Il y avait cinq jours qu'elle était dans le coma quand nous sommes allés la voir à l'hôpital.

解答・解説

1. 通常の語順なら Il est indéniable que notre vie n'est pas facile. と従属節（名詞節）は直説法が使われます。この文の下線部を強調して文頭に出したために話者の主観が色こく反映されて、接続法になっています。「**私たちの暮らしが容易でないのは明らかです**」といった意味。

2. 直訳は「現代の若者がそうした生き方をまったく愛していない事実を認めなくてはならない」となります。同格の意味をもった名詞節 = le fait です。ただ、「愛していない事実」という和訳はいかにも翻訳調。「**今どきの若者がそうした生き方をまったく好んでいないことは認めなくてはなりません**」といったくだいた言い回しにしたいところ。

3. 直訳すれば「真実、それはあなたの娘には音楽の才能がない」となりますが、ここは文頭を à la vérité と副詞的にとらえて、「**実のところ、あなたの娘さんには音楽の天分がありません**」といった意味になります。

4. 前から訳せば、「**彼女が昏睡状態になって 5 日経って私たちは彼女をみまいました**」となり、うしろから前になら、「私たちが彼女を病院にみまった際、彼女は昏睡状態になって 5 日たっていました」となります。ただし、語順の流れに即せば前者の訳の方が理にかなっています。

3.6 | 3.7 形容詞節（関係代名詞）

練習問題〔6〕

（　　　）内に適当な関係代名詞を入れてください。

1. Le jour (　　　) je t'ai rencontrée à Rome, il neigeait.
2. J'ai une connaissance (　　　) le père est condamné à mort.
3. Voilà un îlot au milieu (　　　) se trouve un grand pin où nichent les oiseaux.
4. Tu as retrouvé les clés (　　　) tu avais perdues ?
5. C'est à (　　　) je n'ai pas songé.

解答・解説

1. 「ローマで僕が君に出会った日は雪が降っていました」。先行詞が「場所」でも「時」でも **où** を使います。英語の関係副詞 where と when の区別はフランス語にはありません。

2. 「私には父親が死刑を宣告されている知り合いがいます」。が直訳。「私の知り合いに父親が死刑宣告を受けている人がいます」と訳す方が自然でしょう。le père de cette connaissance となるので **dont** が入ります。

3. 「ほらあそこに小さな島があるだろ、その中央には鳥が巣作りをしている大きな松の木があるんだ」の意味。au milieu de + qqch を前提に **duquel** と入ります。

4. 「なくした鍵を見つけましたか」。関係代名詞 **que** が入ります。過去分詞 perdues の性数一致にも注意したい。

5. 「それは思いもしなかったことです」という意味になります（英語 That's what I haven't thought of. に相当）。ce, chose, rien などを先行詞に用いる〈[前置詞] + quoi〉の形が入ります。ただし、c'est に導かれた文は例示のように先行詞は省かれるケースが大半。事実、例示の文は C'est (ce) à quoi je n'ai pas songé. という省略があります。なお、不定詞が続く形もあります（別例 : Tu n'as pas de quoi écrire ? / Don't you have anything to write?「書くものがないの」）。

下記の関係代名詞 dont は de qui あるいは duquel に置き換えられます。
例）L'ami dont（de qui / duquel）je tiens ce renseignement vit à Moscou.
私がその情報を入手した友人はモスクワ在住です。
＊tenir A de B「A を B から手に入れる」をベースにした言い回し。

◇ 名詞節と形容詞節は従属節という別の名称でも呼ばれる

名詞節

（補足節）補足節とは、従属節のうち、節全体が名詞となり（そのため補足節を名詞節と呼ぶ人もいる）、述語に対する補語（補足語）の役割を果たす節のことです。

私は思います＋（と）＋明日は晴れる

Je pense qu'il fera beau demain.

明日は晴れると思います。

（疑問従属節）疑問詞（疑問代名詞・疑問形容詞・疑問副詞）で導いたり、あるいは接続詞 si が間接疑問節「～かどうか」を導く節のこと。

彼は私に訊ねた＋（かどうか）＋元気です（調子はいいです）

Il m'a demandé si j'allais bien.

彼は私に調子はどうかと尋ねました。

＊話法という観点からとらえることもできる「節」です。

形容詞節

（関係詞節）1 章でも触れたように、**A** 制限用法と〈,〉を添える **B** 非制限用法に文法的には分けられます。

A : J'ai une petite sœur qui vit à Fukuoka.
I have a little sister who lives in Fukuoka.

B : J'ai une petite sœur , qui vit à Fukuoka.
I have a little sister , who lives in Fukuoka.

この差異を **A** は関係詞節（形容詞節）なのでうしろから先行詞にかけて訳し、**B** は順に前から関係詞節へと順行訳するという違いと考えている人は多いようです。しかし、それはネイティヴ感覚ではありません。そもそも、形容詞節をうしろから前の名詞に語順をひっくり返して訳すのは、形容詞が常に名詞の前に置かれる日本語からの発想でしかなく、英語やフランス語を母語とする人にそうした考えはないからです。関係詞の文を 2 つの別々の文に分けて、それをつなぐという感覚もありません。
では、例示の〈,〉の有無は何なのか。それは特定と非特定の違い、言い換えれば前提になる「妹」の制限です。**A** なら非特定的で、妹が何人かいてそのうちの 1 人が福岡に居住（言い換えれば、福岡に住んでいる方の妹）という意味を伝え、**B** は特定的で「妹は 1 人だけ（先行詞が指し示すものは確定しています）」という内容に、「その妹」は「福岡在住である」と情報を補足するのが〈,〉を加える意図です。

次の例はどうでしょうか（例示はフランス語だけにいたします）。

C : Les Français qui boivent du vin deviennent facilement alcooliques.
D : Les Français , qui boivent du vin, deviennent facilement alcooliques.

C は「ワインを飲むフランス人」に限定して、そうした人は「アルコール中毒になりやすい」という意味で、フランス人の部分集合を切り取ります。これに対して **D** は関係代名詞の箇所が「フランス人」への補足説明となっていて、「フランス人はワインを飲むのでアルコール中毒になりやすい」という内容を伝えます。たかが〈,〉、されど〈,〉です。

中学生用の参考書に次の英文が掲載されています。
I saw the man who stole my wallet.
さて、この文をどう訳すのが自然でしょうか。この参考書では「後ろから名詞を修飾する言葉には『関係代名詞』というものがあります」とする解説の後、「私は（S）財布を盗んだ男を（O）見ました（V）」という訳が添えられています。なるほど、文型に照らせば第3文型ですから、これでいいのかもしれません。ただ、see（フランス語 voir に相当）が知覚動詞ということを考え、和訳はできるだけ“前から後ろへ”という本書の主旨に則せば、疑問なしとしません。つまり、「私は（S）男が（O）財布を盗むのを（C）見た（V）」と第5文型に類した訳にする方がしっくりきませんか。中学生用の書籍に目くじらを立てるのは大人気ないかもしれませんが、当該の本はタイトルに「言語学者と考えた」と冠が添えられているだけに気になります。

3.8 | 3.9 副詞節

練習問題〔7〕-1

(　　) 内に入る適当な接続詞 (句) を下記の語群から選び、和訳してください。

1. (　　) **vous ne mangez pas convenablement, vous tomberez malade.**
2. (　　) **vous soyez refusé à votre examen, que ferez-vous ?**
3. (　　) **mon ami ne parte pour la France, je dois lui envoyer un programme détaillé par mail.**
4. (　　) **l'on soit, on n'a pas de raison d'être orgueilleux.**
5. (　　) **je travaillais, mon mari buvait avec ses camarades.**

語 群　1. à supposer que　2. avant que　3. qui que　4. si　5. tandis que

解答・解説

1. 4.「ほどよく食べないと病気になります」の意味。従属節に直説法が使われている点に目を向けたい。

2. 1. 文意は「試験に落ちたらどうしますか」となる。**1** と類似の構文ですが、従属節に接続法が使われています。

3. 2.「友人がフランスに出発する前に（出発しないうちに）メールで細かなスケジュールを送らなくてはなりません」という意味。従属節内の ne は「虚辞」(☞ p.211)。副詞句を用いて、Avant le départ de mon ami pour la France, je dois lui envoyer un programme détaillé par mail. と書き換えられます。

4. 3.「たとえ誰であっても傲慢であっていいわけはありません」となる譲歩構文。

5. 5. この文は 2 通りに訳せます。tandis que を pendant que の意味で訳せば「私が仕事をしている間、夫は同僚と酒を飲んでいました」となり、alors que と同義とみなせば「私は仕事をしていたのに、（一方）夫は同僚と酒を飲んでいました」となります。

練習問題〔7〕-2

例にならって、下線部（副詞句）を副詞節に書きかえてください。

例：Sans votre aide, nous aurions échoué.

→ Si vous ne nous aviez pas aidé(e)s

1. On doit rester à la maison à cause de ce travail.

2. Est-ce que tu économises pour le voyage de ton amie ?

3. Ils se sont mis à pleurer lors de leur mariage.

解答・解説

1.「この仕事のせいで」と理由を表す parce que を用いて、parce qu'on a ce travail とすると節になります。なお、接続詞 parce que は「新情報」を伝えるもので、聞き手には Pourquoi ?「なぜ、どうして」という疑問が背景にある事柄への説明となります。類義の puisque は聞き手がすでに知っている内容、つまり「旧情報」を言い表すための接続詞です（☞ p.109）。

2.「ガールフレンドが旅行をするために君が貯金をするの」という意味。二人での旅行とは書かれていません。たとえば、pour que ton amie puisse voyager［faire un voyage］といった書き換えが成立しましょう（☞ p.109）。

3.「結婚する」se marier を用いて、「結婚したときに」quand［lorsqu'］ils se sont mariés と置き換えられます。

◇ 句と節

「句」locution / phrase は 2 語以上からなる語のかたまりを指し、「節」proposition / clause は S + V の組がある語のかたまりのことです。どちらも 1 つの品詞の働きをする語群で、分類するとざっと以下のようになります。

名詞句

C'est amusant de faire du skateboard.
It's fun to skateboard.

スケートボードをするのは楽しい。

＊フランス語の不定詞、英語の不定詞（名詞的用法）や動名詞など。

名詞節

Je crois que ma fille est intelligente.
I believe that my daughter is smart.
うちの娘は頭がいいと思います。

＊ que 節 /that 節・疑問詞・関係詞などで導かれる。

形容詞句

S'il vous plaît, donnez-moi quelque chose de frais **à boire.**

Please give me something cold **to drink.**
何か冷たい飲み物をください。

＊ 分詞、不定詞（形容詞的用法）、"［前置詞］+［名詞］" など。

形容詞節

Le peintre **qui a vécu dans cette maison abandonnée** est mondialement connu.

The painter **who lived in this abandoned house** is world famous.
この廃屋に住んでいた画家は世界的に有名な人です。

＊ 関係詞節など。

副詞句

Des enfants jouaient **dans un parc voisin.**
Children were playing **in a nearby park.**
子供たちは近くの公園で遊んでいました。

＊ "［前置詞］+［名詞］" など。前置詞句とも呼ばれ、次のように形容詞句として名詞を修飾することもあります。

La terre est une planète avec une grande quantité d'oxygène.

The earth is a planet with a large amount of oxygen.
地球は大量の酸素を有する惑星です。

Interrogé dans une langue inconnue, je ne savais pas comment réagir.

Spoken to in an unfamiliar language, I didn't know how to react.

なじみのない言葉で話しかけられたのでどう反応していいのかわかりませんでした。

*分詞構文は文全体にかかる副詞句になります。

副詞節

Quand j'étais petite, j'allais à des festivals avec mon père.
When I was little, I used to go to festivals with my father.

幼い頃、父と祭りに行ったものです。

*時・理由・条件などを表す〈[接続詞] + S + V〉など。

◇ **英語の「時や条件」を表す副詞節内で未来形を用いない理由**
たとえば「夫が戻りましたら電話いたします」をフランス語で書けば、次のようになります。

Je vous appellerai quand mon mari **rentrera** à la maison.

ところが、これを英語に置き換えると副詞節内の未来形は消えます。

I will call you when my husband **comes back** home.

「夫の帰宅」は今後起こることなのですが、英語は現在形が使われます。英語では、when 以下の副詞節(夫が戻る)に支えられて「電話する」という未来の行為が成立すると考えるため、そもそもの話の前提(夫が戻る)に推量のニュアンスを含む will (この用法では now とともに使うケースが大半)を加えると、話の軸がぐらつくとみなすからです。つまり、「夫が戻ること」も「電話すること」も未来の出来事なのですが、「夫が戻る」ことではじめて「電話する」未来が成立するため、夫が戻るという前提は「すでに生じている事態」→「現在形」と英語では考えるためです。

3節　総合チェック問題

1～6のa（句）とb（節）の内容が同じになるよう［　　］に適当な語句を書きいれてください。

1. a. Après [   ], elle est sortie en voiture.
   b. Après qu'elle a eu fini son travail, elle est sortie en voiture.

2. a. Mon ami sera à Paris jusqu'au [   ].
   b. Mon ami sera à Paris jusqu'à ce que les vacances commencent.

3. a. J'attends [   ] avec impatience.
   b. J'attends avec impatience qu'elle revienne.

4. a. Il m'écrira avant mon départ pour l'Antarctique.
   b. Il m'écrira avant que [   ].

5. a. En dépit de notre protestation énergique, cette décision a été prise.
   b. Quoique [   ], cette décision a été prise.

6. a. En étudiant plus régulièrement, ma fille réussira certainement l'examen.
   b. Si [   ], ma fille réussira certainement l'examen.

解答・解説

1.「彼女が仕事を終えたあと」と複複合過去（☞ p.208）で書かれた節を不定詞の過去で置き換えます。Après [avoir fini son travail], elle est sortie en voiture. となります。

2.「バカンスが始まるまで」を名詞に置き換えます。Mon ami sera à Paris jusqu'au [commencement des vacances]. となります。あるいは jusqu'au [début des vacances] とも言い換えられます。

3.「彼女の帰りを首を長くして待っています」を名詞「彼女の帰り」に置き換えます。J'attends [son retour] avec impatience. となります。

すでになされた行為を表す après que 「～したあとで」はかつて直説法を用いるのが正しいとされていましたが、反意語 avnat que が接続法を用いることから、現在ではどちらの法でも使われるようになっています。

4. **a** の句「南極に出発する前に」だけなら avant de partir pour l'Antarctique とも言い換えられますが、これですと「出発するのが私」とわからなくなります。départ「出発」の動詞が partir で、〈avant que S + V［接続法］〉となるため、副詞節に置けば、Il m'écrira avant que ［ je (ne) parte pour l'Antarctique］. となります。もし正解に至らなかった場合には p.203（**練習問題**〔7〕-1・3）と同じ設問ですのでご確認ください。

5. 譲歩構文。句内の名詞を動詞に、形容詞を副詞にという典型的な節への言い換えとともに、〈 quoique S + V［接続法］〉を知りませんと解答には行きつきません。「私たちが激しく抵抗したにもかかわらず」の意味で Quoique ［ nous ayons protesté énergiquement ］, cette décision a été prise. となります。なお、énergiquement を置く位置を ［ nous ayons énergiquemt protesté ］としてもかまいません。

6. 条件を意味するジェロンディフ。「もっと規則的に勉強すれば」の意味なので、Si ［ elle étudie plus régulièrement ］, ma fille réussira certainement l'examen. となります。

◇ **複複合過去**

かつて前過去で表現されていたものを「過去分詞を2つ重ねる」言い回しにしたのが複複合過去（重複合過去とも呼ばれる）です。具体例を見てみましょう。

Dès qu'elle eut dîné, elle partit.

彼女は夕飯を食べてすぐに出かけた。

この文は現在では会話で用いない 前過去 と単純過去を組み合わせたもの（文章語）です。

これを下記のように 複複合過去〈avoir［助動詞］+ eu［過去分詞］+ dîné［過去分詞］〉と複合過去に置き換えれば、口語表現になります。

Dès qu'elle a eu dîné, elle est partie.

「時」を表す副詞節内（après que, aussitôt que など）で使われる時制です

4.1 否定表現

練習問題〔1〕

[ ] 内に入る語句を下記の語群から選択してください。

1. Je n'ai [ ] de spécial à te dire.
2. Pierre parle japonais sans [ ] accent.
3. Vraiment ? Votre femme ne ment [ ] ?
4. À mon avis, l'homme ne vit [ ] de pain, mais il vit aussi de pain.
5. Je ne peux [ ] vivre sans toi que sans le soleil.
6. Avec l'épais brouillard, l'autoroute n'est [ ] visible.
7. Il n'y a eu [ ] dans la salle d'attente pendant environ deux heures.

語群　aucun / jamais / pas plus / pas seulement / personne / presque pas / rien

解答・解説

1. rien　「あなたに特に言うべきことは何もありません」。否定の ne ... rien に〈de + [形容詞（男性単数形）]〉がプラスされると「〜なものは何もない」となります。

2. aucun　不定形容詞で ne, sans とともに用いて否定を強調します。「ピエールはまったく訛りのない日本語を話します」という意味。

3. jamais　ne ... jamais で「けっして〜ない」。よって、「本当ですか。あなたの奥さんはけっして嘘をつかないのですか」といった訳がつけられます。

4. pas seulement　「私が思うに、人はパンだけで生きてはいませんが、パンでもまた生きています」の意味。聖書の「人はパンのみにて生くるものにあらず」を背景にした言葉で、not ... pas seulement, mais ... aussi という相関句、英語の not only ... but also ... に相当します。

5. pas plus　「太陽がないと生きられないように君なしではもう生きられない」という意味。クジラ構文の一種。いにしえのラブレターの文言です。

6. presque pas 「濃霧で高速道路はほとんど見えません」という意味。主節は「ほとんど〜ない」を意味する語句と置き換えて l'autoroute est à peine visible. あるいは l'autoroute est peu visible. などとも言えます。

7. personne ne ... personne で「誰も〜ない」の意味、よって「かれこれ 2 時間ほど待合室には誰もいませでした」といった意味になります。なお、この文を「かれこれ 2 時間ほど待合室には誰もいません」と現在形にするなら Il n'y a personne dans la salle d'attente depuis environ deux heures. とします。

◇ 否定の副詞 ne ... pas, plus, jamais などを置く位置

教室で否定表現を簡単な一覧にして示した際に、これは「一種の脳トレのように感じる」とつぶやいた学生がおりました。言われてみれば、少々複雑。

単純時制では動詞をはさみ、複合時制であれば助動詞の前後をはさむのが基本ルールです。

Elle reviendra ici. → **Elle ne reviendra plus ici.**
彼女はここにもう戻りません。

Allez là-bas ! → **N'allez jamais là-bas !**
あそこにはけっして行かないように。

Ils se promènent. → **Ils ne se promènent pas.**
彼らは散歩はしません。

J'ai parlé avec elle. → **Je n'ai pas parlé avec elle.**
彼女と話しませんでした。

下記のような分詞構文でも同じです。

N'ayant pas bien révisé, tu as échoué à ton examen.
ちゃんと復習しなかったから、試験に落ちたんだよ。

＊ Comme tu n'avais pas bien révisé, tu as échoué à ton examen. と書き換えられる文。

ところが、人称代名詞（目的語）などがからむとややこしくなります。目的語と動詞を前後ではさむからです。

Dites-le-lui. → **Ne le lui dites pas.**
彼にそのことを言わないで。

また、不定詞を否定する場合には、ふつう否定の要素をまとめて不定詞の前に置きます。

Je suis heureux de vous voir.
→ Je suis triste de ne plus vous voir.
もうあなたに会えないのが寂しい。

ただし、ne … jamais や ne … guère であれば不定詞の前後をはさむのが通例ですから確かに面倒です。

Il prétend avoir dit ça.
→ Il prétend n'avoir jamais dit ça.
彼はそんなことはけっして言わなかったと主張している。

◇ 虚辞の ne

従属節中に用いられ、論理的な否定を示さず、それがあってもなくても文意に変化をもたらさない「虚辞の ne」と呼ばれるものがあります。改まった言い回しや書き言葉で用いられるものですが、言うなれば、従属節中に内在している否定とでも表現できるものです。たとえば、「不安や恐れを表す語句に導かれた従属節」内で用いられた下記の2つの否定を比べてみましょう。

「成立しない可能性を含む事項」で用いられ、大半は接続法とともに使います。

On craint qu'il ne pleuve pas.
雨が降らないのではないかと気をもんでいる。 ＊ne … pas の否定文。

On craint qu'il ne pleuve.
雨が降ることを心配する（→雨が**降るのではないか**と気をもんでいる）。 ＊虚辞の ne

虚辞の ne には副詞の pas は付きません。

また、avant que「～する前に」に導かれたこんな例はどうでしょうか。

Il faut lui en parler sans rien lui cacher avant qu'elle ne parte.
彼女が行ってしまう前に（→**行ってしまわない**うちに）、そのことを包み隠さずに話さなくてはいけません。

◇ 部分否定

「全体・全部」を意味する言い回しや強調表現に否定が重なりますと、部分否定になります。"［否定］＋［全体を意味する語句］"という語順で用います。英語と比較対照していくつか例をみてみましょう。

Je n'ai pas lu **tous** ces romans.
I have**n't** read **all** of these novels.
私はこれらの小説をすべて読んだわけではありません。

Il **n'est pas toujours** calme.
He is **not always** calm.
彼はいつでも冷静沈着というわけではありません。

Cette source chaude **n'est** pas **tout à fait** chaude.
This hot spring is **not quite** hot.
この温泉はそれほど熱いわけではありません。

ところで、下記のような文（" [全体を意味する語句] + [否定] " という語順のケース）は「全部否定」と解釈される、そう多くの参考書に書かれています。

Tous les colis **ne** sont **pas** arrivés à temps.
All of the packages **didn't** arrive on time.
すべての小包は時間通りに着かなかった。

しかし、この文を「小包のなかには時間通りに着かないものがあった」 Not all packages arrived on time. と部分否定として解釈するネイティブ・スピーカーが少なくないそうです（柏野健次編著『英語語法レファレンス』三省堂）。

◇ 二重否定

否定的な語句や否定的な意味合いをもつ文を打ち消すと、裏の裏で、理論的には表=肯定になります。

Il **n'y** a **pas** d'être humain qui **ne** comprenne **pas** le langage.
There is **no** human being who **doesn't** understand language.
言語を理解しない人間はいません（すべての人が言語を解します）。

Pas un jour **ne** passe **sans que** je pense à toi.
Not a day passed **without** my thinking of you.
君のことを思わずに 1 日も過ぎることはありませんでした（日々、君のことを思っていました）。

また、Pas mal. は直訳すれば「悪くない」の意味ですが、これはマイナスの表現ではなく、「いいね」と同調していることになります。

- Que pensez-vous de ce ramen ? - **Pas mal.**
- How about this ramen? - **Not bad.**

このラーメンはいかがですか。 いいですね。

あわせて、次の例のように、二重否定はストレートすぎる言い回しの緩衝材の役割もはたします。

Lucas n'a pas beaucoup d'argent ; il n'en est pas moins heureux.
Lucas doesn't have much money; he is not less happy for it.

リュカ（ルーカス）は大してお金はないですが、それでも不幸というわけではありませんよ。

◇ 否定の繰り上げ

A から **B** へ、下記のような操作を「否定の繰り上げ」と称します。

A : Je pense qu'il ne viendra pas.
→ B : Je ne pense pas qu'il viendra.

A : I think he won't come.
→ B : I don't think he'll come.

和訳で考えてみればわかるように、「彼は来ないと思う」と「彼が来るとは思わない」は厳密には同義ではありません。前者の方が、否定を繰り上げた後者より自分の意見を強く押し出します。その意味で、どちらかに統一できるものではありません。実際、日本語では両者ともに、状況や文脈に応じて使い分けています。ただし、フランス語や英語では内容が否定であることを早く相手に伝える特徴があるので、否定の繰り上げをするのが通例です。
ただし、この繰上げが行なわれるのは主に「思う」「考える」という意味をもつ動詞に関してです。次のような文は従属節を否定するか、主節を否定するかで文意が変わってしまいますから、否定の繰り上げの対象外です。

A : Elle sait que son mari n'est pas un menteur.
→ B : Elle ne sait pas que son mari est un menteur.

A : She knows that her husband isn't a liar.
→ B : She doesn't know that her husband is a liar.

A は「彼女は夫が嘘つきではないと知っています」、**B** は「彼女は夫が嘘つきだとは知りません」では意味が逆になってしまいますから。

4.2 受動態

練習問題〔2〕

下記の１～５を（　　　）内の指示に従って書き換えてください。

1. **On n'emploie plus cette phrase active dans le français courant.（代名動詞で）**
2. **Au bout d'un mois, ce jardin sera couvert de roses.（代名動詞で）**
3. **La Manche sépare la France de la Grande-Bretagne.（受動態に）**
4. **On a recommandé ma femme à l'unanimité comme présidente.（受動態に）**
5. **La formule n'a été comprise par personne.（能動態に）**

解答・解説

1. 主語を cette phrase active にして、代名動詞 s'employer を用いた受動的用法（☞ p.215）で「この能動文はもう現代フランス語では使われません」の意味になります。Cette phrase active ne **s'emploie** plus dans le français courant. となるわけです。

2. se couvrir 代名動詞（受動的用法）を直説法単純未来で用いて「１ヶ月後にはこの庭園はバラで覆われることでしょう」とします。 Au bout d'un mois, ce jardin **se couvrira** de roses. となります。

3. séparer A de B の A を主語にして La France **est séparée** de la Grande-Bretagne par la Manche. となり、「フランスは英仏海峡で英国と分たれている」という意味になります。

4.「妻が満場一致で妻が委員長に推薦されました」Ma femme **a été recommandée** à l'unanimité comme présidente. とします。On が主語ですから受動態の文では動作主は省かれます。

5. 受け身の動作主 personne を主語にした **Personne n'a compris** la formule.「誰もその公式を理解しませんでした」が能動の文になります。

◇ **話者の視点と態**

下記 **A** と **B**、2 つの文(能動と受動)が伝える中身は同じでしょうか。

A : Cette université construira un nouveau campus à Tokyo.
That university will build a new campus in Tokyo.

B : Un nouveau campus sera construit à Tokyo par cette université.
A new campus will be built in Tokyo by that university.

なるほど、**A**「その大学は東京に新しいキャンパスを建設します」と **B**「新しいキャンパスがその大学によって東京に建設されます」は伝えている中身に違いはありません。しかし、話者の着眼は違います。

A を使うなら、聞き手は「その大学」を知っていて(旧情報)、「都内にキャンパスを作ること」(新情報)は知らないのに対して、**B** は「新しいキャンパス構想」は知っているが(旧情報)、「どの教育機関のものかは不明」(新情報)という流れに即した発話となるからです。態の変換は機械的操作ではありません。

フランス語の受動態の頻度が日本語や英語に比べて低いのは、フランス語は出来事を「主語(動作主)が〜する」という形でとらえようとする傾向が強いことにも起因します。「雨に降られた」とか「夫に先立たれた」など「間接受身」(直接対応する能動文がない受動態)が多い日本語との違いでもあります。

◇ **受動のニュアンスを持つ代名動詞**

主語が対象(目的語)に働きかけるのが「能動態」、逆に主語(能動態では直接目的語だったもの)が対象(能動態では主語だったもの)から働きかけられるのが「受動態」です。日本語では多用される受け身ですが(日本語は「雨に降られた」など自動詞も受け身になりますので)、英語・フランス語の基本は「行為の発信源」を主語にして文を始めるため受動態は使用される頻度がそれほど高くありません。受動態は主として「行為者が不明だったり、重要でなかったり、明示したくないとき」に使われます。英語に比べて、フランス語ではさらに「受動態」の使用頻度が落ちます。ひとつには、代名動詞(受動的用法：主語はモノに限られる)があるからです。

La bibliothèque se ferme à 21h00.
The library closes at 9 p.m.
図書館は 21 時に閉館です(閉まる)。

La bibliothèque est fermée le lundi.
The library is closed on Mondays.
図書館は月曜日が休館日です(閉められている=閉まっている)。

動詞 close が有する「中間態」(他動詞に用いた目的語を主語にして、受動態でなく、自動詞として活用できる)という特性(フランス語の代名動詞 se fermer にもつながる)から「態」を分析するアプローチもあります。

＊ただし、La bibliothèque est fermée le lundi. の文を第 2 文型として、つまり、受動態ではなく〈être + [属詞（過去分詞派生の形容詞）]〉と解することも可能です。なぜなら、この文には「受け身の動作主：～によって」を添えることができない形だからです。たとえば、例文が、La bibliothèque est fermée tous les soirs à 21h00 par son directeur.「図書館は毎晩 21 時に館長によって閉められる」なら受け身とみなすことができるわけですが……。

前ページの例でわかるように、代名動詞は「行為」や「出来事」を、受動態は「状態」を表すという点で違いがあります。また、次の例のように主語が表す一般的な性質を表現するために、代名動詞（受動的用法）が使われるケースもあります。

Ce tissu se fabrique en Asie du Sud-Est.
This fabric is made in Southeast Asia.
この生地は東南アジアで作られています。

Ce genre de roman se vend bien.
This kind of novel sells well.
この種の小説はよく売れます。

また、フランス語は On を主語とすることで、受動的な意味合いを表現できます。

On a transporté les blessés par hélicoptère médical.
負傷者はドクターヘリで搬送された。
= Les blessés ont été transportés par hélicoptère médical.

＊英語ならどちらの文も、The injured were transported by medical helicopter. と書けます。

人称代名詞を主語とする能動態は、原則として受動態にしないのがフランス語です。

英語の受動態のデータですが、〈by ～「～によって」〉と動作主を伴う受動態は受け身形全体の 15% 程度と言われています。

◇ **受動態の動作主が代名詞のケース**
S + V + OD から OD を主語にした受動態を作るという例示として、次のような " 能動態から受動態へ " の変形を載せている教科書があるようです。

J'aime Marie.　→ Marie est aimée de moi.

しかし、この受動態には違和感を覚えます。受動態の主語に新情報が置かれるのは不自然ですし、あわせて、旧情報を表す末尾の〈par(de) + [動作主]〉には、一般に聞き手の知らない新情報が置かれるものだからです。なのに、de moi「私によって」は不自然。それに、そもそも動作主を添えない受動態が大半なのですから。

◇能動態の前置詞、受動態の前置詞
受動態は習慣的な行為や一般論を表記するには不向きです。受動態が「完了した動作の結果」に焦点を置く表現であるためです。そのせいで、下記のように能動態と受動態とで前置詞が変わるケースがあります。これ意外な盲点です。

Yulia **a nettoyé** notre salle de bains pendant 30 minutes.

Yulia **cleaned** our bathroom for 30 minutes.

「ユリアは 30 分お風呂場を掃除してくれた」という意味ですが、これを「うちの風呂場」を主語にして受動態にすると次のようになります。

Notre salle de bains **a été nettoyée** par Yulia en 30 minutes.

Our barhroom **was cleaned** by Yulia in 30 minutes.

この際に能動態の文とは前置詞が変わっている点に注意してください。能動態が「動作の長さ」に力点を置くのに対して、受動態は「完了までに要した時間」に力点が移るため、pendant / for と en / in の差が自ずと生まれるのです。受動態の動作主を de で受けるか par なのかという初級文法で重要視される差異もさることながら(ただし、この違いをあまり気にしないフランス人は少なくありません ☞ p.116)、こうした違いにも目配りできれば上級レベルです。

◇「盗まれる」をどう表現するか
「空港で荷物を盗まれました」は以下のように英語で 2 つの形で書くことができます。

① **I had** my baggage **stolen** at the airport.
② My baggage **was stolen** at the airport.

①は〈have + O + [過去分詞]〉「O を…される」(使役)を用いた形、②は受動態です。さて、このどちらが日常会話での頻度が高いと思われますか。答えは②です。①は第 5 文型で、構造がやや複雑なので、会話で頻度が高いのは②です。これをフランス語に置けば、下記のようになります。

❶ Je **me suis fait voler** mes bagages à l'aéroport.
❷ Mes bagages **ont été volés** à l'aéroport.

*フランス語は bagage を複数で使うケースが大半です。

受動態の使用頻度の低いフランス語では❶の方が自然な文です。

＊ On a volé mes bagages à l'aéroport. とも表現できます。

なお、"have + O + [過去分詞] " は「O を～してもらう」の意味の方がよく使われます。英仏語を並べて例文を示せば、次のようになります。

We had our house **remodeled** last year.

Nous **avons fait rénover** notre maison l'année dernière.

昨年、わが家をリフォームしてもらいました。

この文を能動態にして、

We **remodeled** our house last year.
Nous **avons rénové** notre maison l'année dernière.

とするのは、自分で家をリフォームしたように聞こえるので避けるようにと書かれている参考書もありますが、口語ではこの文も問題なく受け入れられる形です。「自分で改築した」という意味でも、「人に改築をしてもらった」の意味でも、どちらにも解せる文ですから。

◇ **英語の自動詞で受動態が成立するケース**

通常、学校文法では目的語を主語とするのが「受動態」と習うので、自動詞の受け身があると説明すると戸惑う人が少なくありません。たとえば、下記の例では自動詞の受動態が使えます。

While walking down the street, I **was spoken to** by a stranger.

通りを歩いていたら、見知らぬ人に話しかけられました。

＊ "speak to + 人 "「人に話しかける」の「人」(前置詞 to の目的語という理解) が他動詞と同じように「動作の影響が及ぶ対象」だからです (こうした " [自動詞] + [前置詞] " をまとめて句動詞、群動詞と呼ぶことがあります)。

ただし、フランス語でこの形は許容されません。能動態で表現することになります。

Alors que je marchais dans la rue, un étranger **m'a parlé**.

＊ 英語に則して En marchant dans la rue, j'~~ai été parlé~~ par un étranger. とするのは非文。蛇足ながら、この非文を自動翻訳にかけますとアッパレ!「通りを歩いていると、見知らぬ人に話しかけられた」と訳出されました。

英仏日で形態論上「態」が揃っていない例
(1) I was born in Tokyo. / Je suis né(e) à Tokyo. / 東京で生まれた。
＊フランス語は能動態。
(2) The temple is made of wood. / Le temple est en bois. / その寺は木造です
＊英語は受動態。
(3) I was moved to tears. / J'ai été ému aux larmes. / 感動して泣いた。
＊日本語は能動態。
(4) He said no. / Il a dit non. / 彼に断られた。
＊日本語は受動態。

4.3 比較級・最上級

練習問題〔3〕

1～7の文の意味が通じるように［　　］内の語句を適当な順に並べかえてください。

1. Ce soir, ma femme est [jamais, plus, que, belle].
2. Plus on a de souffrances, [on, les, consoler, autres, sait, mieux].
3. Il a [de, courage, que, moins, vous].
4. Ce bâtiment est [que, haut, fois, plus, deux] celui-là.
5. Kobe est [célèbres, des, les, l'une, plus, villes] du Japon.
6. Aucun autre fleuve [Chine, que, long, aussi, en, n'est] le fleuve Yangtsé.
7. C'est un restaurant [les meilleurs, que, fameux, moins, de, non] Paris.

解答・解説

1. Ce soir, ma femme est [plus belle que jamais].
「今夜、妻は今までになく美しい」という意味。jamais は「(過去) かつて、これまでに」の意味。

2. Plus on a de souffrances, [mieux on sait consoler les autres].
「苦しみが多ければ多いほど、よりよく他の人を慰めることができるものです」の意味。

＊英語 The more suffering one has, the better one knows how to console others. の相関表現、"the + [比較級] S + V, the [比較級] S + V" に相当するものです。

3. Il a [moins de courage que vous].
「彼はあなたほど勇気がありません」の意味。

＊AとBの名詞の分量を比較する、〈A + V + plus [autant / moins] de + [名詞] + que B〉の形。

4. Ce bâtiment est [deux fois plus haut que] celui-là.
「このビルはあのビルの2倍の高さがあります」

＊英語なら原級に倍数を添える形 This building is twice as tall as that one. となります。

5. Kobe est［l'une des villes les plus célèbres］du Japon.

＊英語なら Kobe is one of the most famous cities in Japan. となります。「最も〜なうちのひとつ」は、最上級を用いた定番の言い回し。ただ、「神戸は日本で最も有名な都市のひとつです」は直訳すぎる気がしますので、「神戸は日本有数の都市のひとつ」としておきます。

6. Aucun autre fleuve［en Chine n'est aussi long que］le fleuve Yangtsé.

＊英語なら No other river in China is as long as the Yangtze River. となる形。「中国には揚子江（長江）ほど長い川は他にない」という最上級の意味合い。否定表現と比較がからむと言い回しが複雑になります。

7. C'est un restaurant［non moins fameux que les meilleurs de］Paris.

＊これはやや難。 non moins ... que で同等比較 aussi ... que と同じ意味になり、「ここはパリの最高のレストランに劣らぬくらい有名なレストランです」の意味。les meilleurs (restaurants) de Paris の省略が見抜けましたか。英語なら as ... as と同じ意味の no less ... than を用いた、It is a restaurant no less famous than the best in Paris. に相当する文です。

◇ 特殊な比較級・最上級

たとえば、bon (bonne) - meilleur(e) - (le/la) meilleur(e) あるいは bien - mieux - le mieux はフランス語学習者には知られた形です。

Il cherche une meilleure place pour stationner son vélo.
He is looking for a better spot to park his bike.

彼は自転車を駐車するためにもっとよい場所はないかと探しています。

C'est ma grand-mère qui danse le mieux de notre famille.

My grandmother is the best dancer in our family.

祖母は家族のなかのベスト・ダンサーです。

＊フランス語では最上級を表す際に、しばしば c'est ... qui (que) の強調構文と一緒に使われます。

ほかに、mauvais(e) - pire / petit(e) - moindre 、この 2 つは比喩的・抽象的な意味合いで使われます。また、beaucoup - plus / peu - moins といった例もあります。

C'est pire que tout.
It's worse than anything.
最悪です。

＊この例文は「抽象的」、Ce film est plus mauvais que l'autre.「この映画はもう一方よりよくない（駄作だ）」と具体的な欠陥を指すなら pire は用いません。

Votre esprit est moindre que votre force.
Your mind is less than your strength.
あなたの才気は体力ほどではありません。

＊ふつうに「より小さい」の意味なら plus petit の形を使います（例：Michelle est plus petite que Jean.「ミシェルはジャンより小さい」）。

英語と照らせばお分かりのように、beaucoup と peu の比較級を用いた例ならこうなります。

Il mange plus que Madeleine.
He eats more than Madeleine.
彼はマドレーヌよりもたくさん食べます。

Elle lit moins que Sylvie.
She reads less than Sylvie.
彼女はシルヴィほど本をたくさんは読みません。

動詞が複合形のときには plus, moins を置く位置は (1) も (2) もあります。
(1) Elle a moins mangé que Sylvie.
(2) Elle a mangé moins que Sylvie.
「彼女はシルヴィほど食べませんでした」。

◇ 英語 as far as と as long as
前者は「程度・範囲」を限定し、後者は「時間」を限定する言い回し。英語先導で例文をみておきましょう。

As far as I know, their newlywed life isn't going well.
Autant que je sache, leur vie de jeunes mariés ne va pas bien.
私の知る限り、彼らの新婚生活はうまくいっていないようです。

As long as I'm alive, I don't want to talk to her.
Tant que je suis en vie, je ne veux pas lui parler.
生きている限り（死ぬまで）、彼女とは口をききたくありません。

なお、次の言い回しは和訳する際に工夫したい例になります。

As far as I'm concerned, this kind of laughter doesn't make sense.

En ce qui me concerne, ce genre de rire n'a aucun sens.

私に言わせれば、この種の笑いは意味がありません。

＊as far as I'm concerned / en ce qui me concerne は「私に関する限り」という、少々のんびりした訳語が辞書類に載っていますが、これはかなり感情的な言い回し。例示のような訳が妥当なケースがよくあります。

◇ **倍数比較**

「A が B の〜倍である」を表現するとき、フランス語は plus ... que の前に倍数を表す語を置き、英語では as ... as の前に倍数表現を置くのが通例とされます。

La Russie est presque **deux fois plus** grande **que** les États-Unis.

Russia is almost **twice as** big **as** the USA.

ロシアはアメリカのほぼ 2 倍の大きさです。

ただし、〜 times を用いるケースであれば英語では原級ではなく、比較級が使われるケースが大半です。

Ce parc est **cinq fois plus** grand **que** le stade de baseball.

This park is **five times** larger **than** the baseball studium.

この公園は野球場の 5 倍の大きさがあります。

＊つまり、比較の前に置かれている語句は強調語であれ、倍数であれ、あるいは具体的な重さや長さであれ、すべて「差分」を表していることになります（例：Cette tour fait 10 mètres de plus que celle-là. / This tower is 10 meters taller than that one.「この塔はあれよりも 10 メートル高い」）。

4.4 | 4.5 不定詞

練習問題〔4〕

下記の語群 A, B から２つの（　　　）内に入る適当な動詞の組み合わせを選び、A の動詞を直説法現在形に活用してください。

1. Ce film (　　)(　　) sur les écrans marseillais.
2. Ma petite sœur (　　)(　　) la sieste.
3. Vous (　　)(　　) vos vacances au bord de la mer ?
4. Les enfants (　　)(　　) vers six ans.
5. Mon oncle (　　)(　　) un livre sur ses voyages.
6. Elle (　　)(　　) de travail.
7. Il (　　)(　　) à une question aussi indiscrète.
8. Ma fille (　　)(　　) une nouvelle voiture.

語群 **A**　adorer / apprendre à / compter / hêsiter à / refuser de / réver de / venir de / vouloir

語群 **B**　s'acheter / changer / écrire / faire / lire / passer / répondre / sortir

解答・解説

1.「その映画はマルセイユのスクリーンで封切られたばかりです」。近接過去で vient de sortir と入ります。この sortir は「(映画が) 封切られる」の意味。

2.「妹は昼寝が大好きです」。adorer + inf.「～するのが大好き」、adore faire となります。faire la sieste で「昼寝をする」の意味です。

3.「週末を海岸で休暇を過ごしたいですか」。voulez passer と入ります。

4.「子供は 6 歳前後で読むことを学びます」。apprennent à lire となります。

5.「私のおじは彼の旅行について本を書くことを計画しています」。compter + inf. で「～するつもりである」(= avoir l'intention de + inf.) の意味で、compte écrire と入ります。

6.「彼女は転職に消極的です」。 hésiter à + inf.「～するのをためらう」の意味。hésite à changer と入ります。changer de travail で「転職する」の意味。

7.「彼はそのような失礼な質問に答えることを拒否します」。refuse de répondre と入ります。

8.「娘は新しい車を買うことを夢見ています」。rêver de + inf.「～を夢見る」、rêve de s'acheter となります。

◇ 疑問詞 + inf.（不定詞）

英語にはこんな言い回しがあります。

Do you know what to do?
どうしたらいいのかわかりますか。

I don't know how to pronounce this word.
この単語の発音の仕方（どう発音したらいいのか）がわかりません。

上記の例をフランス語に置くと、〈[疑問詞] + inf.〉という形が使えます。

Tu sais **quoi faire ?**
Je ne sais pas **comment prononcer ce mot.**

この疑問詞のうしろに〈 il faut 〉や〈S + V (devoir)〉が省かれている形と考えればわかりやすいと思います。つまり、Tu sais + Que［faut-il］faire ? / Je ne sais pas + Comment［je dois］prononcer ce mot ? ということです。
Tu sais que faire ? とも言えますが、「どうしたらいいのか?」という戸惑いを強調する際には、Quoi faire ? を用いることが多く、間接疑問文の場合、否定なら que faire を用い、そうでない場合には quoi faire が通常の形となります。

◇ falloir + inf. と devoir + inf. の相違

どちらも「～しなければならない」という意味で使うケースでは大きな差異はないとされます。ただ、前者が「客観的」であるのに対して（非人称 il が主語）、後者は「主観的」という違いは見てとれます。たとえば、レストランで店の人に待ち時間を打診して、Combien de temps faut-il attendre ? なら通常の問いかけですが、Combien de temps devons-nous attendre ? とすると「いつまで待たせるつもり」というイライラが見え隠れします。英語の must と have to の違いにも通底します（☞ p.267）。

4.6 分詞変形

練習問題〔5〕-1

下線部を 1, 2 は現在分詞（分詞構文）で、3, 4 はジェロンディフで書きかえてください。

1. Comme tu n'avais pas bien travaillé, tu as échoué à ton examen.
2. Quand elle était enfant, Sophie jouait seule à la maison.
3. Mon frère écoute la radio pendant qu'il prépare sa leçon.
4. Assurez-vous de mettre des gants quand vous utilisez ce liquide dangereux.

解答・解説

1. N'ayant pas bien travaillé, tu as échoué à ton examen.
   「ちゃんと勉強しなかったから試験に落ちたんだよ」。原因・理由を表すには通常、分詞構文を用います。なお、ジェロンディフは否定文にはなじみません。
2. Étant enfant, Sophie jouait seule à la maison.
   「子供のころ、ソフィーは一人でお家で遊んでいました」の意味。分詞構文は書き言葉です。
3. Mon frère écoute la radio en préparant sa leçon.
   「兄（弟）は予習をしながらラジオを聴いています」の意味。
4. Assurez-vous de mettre des gants en utilisant ce liquide dangereux.
   「その危険な液体を使うときは、かならず手袋を着用してください」と訳せます。

練習問題〔5〕-2

下線部に注意して、下記の 2 つの文の違いを説明してください。

1. Il regardait sa femme essuyant la vaisselle.
2. Il regardait sa femme en essuyant la vaisselle.

解答・解説

1. 現在分詞。関係代名詞で書き換えれば Il regardait sa femme qui essuyait la vaisselle. となります。「彼は皿を洗っている妻を見ていた」という意味です。

2. ジェロンディフ。この文では皿を洗っているのは「彼」なので、書き換えれば Il regardait sa femme pendant qu'il essuyait la vaisselle. となり、「彼は皿を洗いながら妻を見ていた」という意味になります。

◇ 分詞構文とジェロンディフ

この 2 つは似ていますが次のような違いがあります。

1. 分詞構文は「原因・理由」(〜なので) の意味で用いますが、ジェロンディフはこのニュアンスでは用いにくいとされます。とりわけ、être, avoir を「原因・理由」を意味するジェロンディフではほとんど使いません。あわせて、「時」を表すジェロンディフで en étant の形は用いませんし (例：Étant [En étant] seule, elle s'est mise à rire.「ひとりになると、彼女は笑い出した」)、pouvoir はジェロンディフになじみません。

2. 「方法・手段」(〜して) の意味ではジェロンディフが使われます。

(ことわざ)

C'est en forgeant qu'on devient forgeron.

実践こそ最良の師である(←鉄を打ってこそ鍛冶屋になれます)。

* ラテン語 Fit fabricando faber. を仏訳したもの。

3. 一般に、主節と従属節の主語が違えばジェロンディフは用いません (その点、分詞構文とは相違します)。ただし、文脈から意味が明瞭であるなら例外はあります。

(ことわざ)

L'appétit vient en mangeant.

食欲は食べるほどに出てきます。

* ここはジェロンディフの主語が on「人」であることは自ずと分かりますので、主節の主語が l'appétit であることに不都合があるとは考えません。

◇ 分詞構文の訳

分詞構文を日本語の「枠」にはめて接続詞の訳語の違いから説明・分類する学校文法のあり方は、この構文を用いる意図に反していると思います。これは「時」、これは「条件」、これは「原因・理由」などと用法を分けられるのは、接続詞がかくかくしかじかだと定まっているケース（接続詞を用いた文を前提に分詞構文へと書き換えるようなケース）で、文意の曖昧さを避けたいのならわざわざこの構文は使わないからです。ファジーな部分があるのがこの構文の魅力であるとも言い換えられましょう。たとえば、下記の文はどんな和訳が正しいのでしょうか。

Montant sur cet escabeau, vous pouvez remplacer le plafonnier.

Standing on this stepladder, you can replace the ceiling light.

「この脚立に立てば／立つとき／立っているので／立ちながら／立っていても、シーリングライトを取り替えられます」。

どんな訳語を選ぶかは前後の文脈から読み手が「判断」すればいいはずです。

◇ 絶対分詞構文

主節と従属節で主語が違う分詞構文を絶対分詞構文（英語では独立分詞構文と呼ぶことが多い）と呼びます。通常、現在分詞の意味上の主語として、従属節の主語をそのまま分詞の前に置く形になります。

La pluie **commençant** à tomber, nous avons pris un bus jusqu'à la gare.

The rain **beginning** to fall, we took a bus to the station.

雨が降り出したので、私たちは駅までバスに乗りました。

「独立分詞構文」という概念を創出したのは、明治・大正期を代表する英語学者・斎藤秀三郎です。

◇ 現在分詞と動詞的形容詞（動詞から派生した形容詞で多くが現在分詞と同じスペリングになります）

次ページの **A1**、**A2** が現在分詞（不変）、**B1**、**B2** が動詞的形容詞（修飾する名詞・代名詞との性数一致あり）。動詞的形容詞は語尾が -ant(e)(s) または -ent(e)(s) と綴られる語で、事物や事物の状態や性質などを示すものです。

A1 : Les chiots **obéissant** à leur éleveur sont mignons.
Puppies obeying their breeder are cute.
ブリーダーの言うことに従う子犬がかわいらしい。

B1 : Ces chats ne sont pas très **obéissants** avec leur éleveur.
These cats are not very obedient with their breeder.
この猫たちはあまりブリーダーの言うことを聞きません。

A2 : Ces gardes **négligeant** leur travail, ils ont été renvoyés immédiatement.
Those guards neglecting their work, they were fired immediately.
あのガードマン連中は仕事がいい加減なので、即刻解雇されました。

B2 : Ces gardes étaient **négligents**, ils ont donc été renvoyés immédiatement.
Those guards were negligent, so they were fired immediately.
あのガードマン連中はいい加減だったので、即刻解雇されました。

＊ A1、A2 は関係代名詞を用いて、それぞれ Les chiots qui obéissent à leur propriétaire /ces gardes qui négligent leur travail と書き換えられます。

4.7 話法

練習問題〔6〕

下記の文を間接話法に書き換えてください。

1. Il m'a dit : ≪ J'aurai tout terminé avant votre arrivée. ≫
2. Elle m'a demandé : ≪ Qu'est-ce que tu vas faire aujourd'hui ? ≫

解答・解説

1. 人称の変化、時制照応などを考えて書き換えます。
   Il m'a dit qu'il aurait tout terminé avant mon arrivée.

2. 疑問文の語順は平叙文に直さなくてはなりません。
   Elle m'a demandé ce que j'allais faire ce jour-là.

＊もし、この話法転換が「今日」中に行なわれたケースであるのなら、aujourd'huiを ce jour-là「その日に」と書き換える必要はありません。

◆ 話法と場所・時間を表す表現の関係

直接話法で「ここ」ici は、場所が動けば間接話法では「あそこ」là, là-bas に変わり、直接話法の「今日」aujourd'hui は、時間が経過した間接話法では「あの日」ce jour-là と置き換えられます。ただし、このルールはあくまで場所や時間の一般的な「照応規則」に過ぎず、必ず守るべきものではありません。たとえば、以下に記す3つの文は時を表す副詞は違えども、実質的には同じ内容を表現しています。

直接話法

Hier Paul m'a dit : « Je viendrai **demain**. »
昨日、ポールは「**明日**行くよ」と私に言っていました。

間接話法

Hier Paul m'a dit qu'il viendrait **le lendemain**.
昨日、ポールは**翌日**行くと私に言っていました。
Hier Paul m'a dit qu'il viendrait **aujourd'hui**.
昨日、ポールは**今日**行くと私に言っていました。

ただし、日本語では「明日」は現在が基準、「翌日」は過去か未来が基準となる語です。

◆ 間接話法の日本語訳

間接話法は直接話法と違って、本来は「発言者が何をどのように話したか」という「語り（文体、口調や声の調子諸々も含めて）」が問題なのではなく、そもそもの発言を「伝える人の言葉に置き直して」、視点を変えるために用いられる操作で、その意味から伝える人の着眼次第でいろいろなバリエーションも生まれます。しかしながら、間接話法を日本語にすると、直接話法と同じ「声」が文の中から聞こえてきます。たとえば、前ページのの **1**、**2** を「彼は私に私の到着前にすべて終えておきます（終えておく、やっておく）と言った」とか「彼女はその日何をしますか（何をするのか、何する）と私に尋ねた」と訳しわけてみても、どうしても「発言している人の声」が消せません。直接話法の話者の肉声が残ってしまいます。日本語は英仏語のような純粋に客観的な間接話法（発話者の声が聞こえない話法）が作りにくい言語と言えそうです。
ただし、命令文なら直接話法の肉声をうまく消せるケースがあります。たとえば、Mon père m'a crié d'y aller. / My father shouted to me to go there.（« Viens ici. » / "Come here"「こっちに来い」を間接話法にしたもの）なら文脈次第で「父は私にそばに来るよう大声をあげた」といった訳が可能ですから。

◇ 注意すべき命令文の間接話法
命令文の間接話法と似た形状になる次のような例には注意が必要です。

（1）**Pierre a dit à sa femme de rester à la maison.**
（2）**Pierre a promis à sa femme de rester à la maison.**

一見すると、どちらも同じように訳せる気がします。しかし、（1）は sa femme = rester à la maison で「ピエールは妻に家にいるように言った」という命令文の間接話法（« Reste à la maison. »）、（2）は sa femme ≠ rester à la maison で「ピエールは妻に（自分が）家にいると約束した」の意味。« Je (= Pierre) restera à la maison. » を反映した内容になります（☞ p.21：promise）。

◇（話法）時制照応、時制の一致に関する注意
「メインの文が過去なら that のうしろも過去」とか「箱が過去なら中身も過去」（NHK のラジオ英語番組講師の常套句）といった文言で、時制照応（時制の一致）がいつも行なわれるかのような説明を見たり、聴いたりしますが、これは機械的に行なわれる「文法上の必然」ではありません。
次の例を見てください。

A : Le directeur a dit que sa secrétaire était complètement déprimée.
The director said his secretary was completely depressed.

数年前のことです。勤務先の英語の問題に重鎮が難癖をつけました。長文の中に、「時制の一致」が行なわれていない箇所があると試験中に入試本部で騒ぎ出したのです。そのとき大騒ぎしている声を聴きながら、思いました。ああ、いまだに時制の一致が機械的に行なわれる約束事だと信じている御仁がいるのだと。

B: Le directeur a dit que sa secrétaire est complètement déprimée.
The director said his secretary is completely depressed.
部長は秘書がすっかり落ちこんでいると言った。

話者の意識の違いによって、**A** と **B**、時制が変わることを示したものです。**A** は「秘書がすっかり落ち込むようなことがあった」という過去の事実に焦点を当てているため、主節（基準時）に合わせて時制照応（時制の一致）がなされます。言い換えれば、部長がかくかくの発言したという点にポイントが置かれています。
一方、**B** は話者が話をした時点でも「（相変わらず）秘書がすっかりしょげている」と話者が判断しているため que 以下、that 節内が現在形です。つまり、落ち込んでいるという情報にウエイトがかかったケース（言い換えれば、部長の発話時点を基準に時制を選択したケース）です。話し手の意識がどこにあるのか、どの時点を切り取るのか、その違いが時制に反映するわけです。
その意味から、ジャーナリストが手がける文に、時制照応しない文例が多いのもうなずけます。彼らは執筆の時点を基準に、発生した事件や事故を事実として切り取るので、多くのケースで、過去は過去、現在は現在、未来は未来として提示されることになり時制照応の対象から外れることになるからです。

ただし、penser, savoir / think, know など「思考」に関わる動詞の場合には、主節と従属節の時制照応、時制の一致が必要です。話者（主語）がある時点で思い巡らせていることがベースなので、現時点とは関係なく、発言の時点にだけ成立する内容を従えるからです。

Je ne savais pas qu'elle voyageait en Europe.
I didn't know she was traveling in Europe.
彼女がヨーロッパを旅行中とは知りませんでした。

⋆ これを qu'elle voyage en Europe / she is traveling in Europe と置き換えることはできません。

4節　総合チェック問題

下記の文を（ ）内の指示によって書き換えてください。

1. **On a interdit le stationnement sur les trottoirs.（受動態に）**
2. **Il m'a demandé : ≪ Vos amis sont-ils toujours en train de se disputer ? ≫（間接話法に）**
3. **Ma fille m'a dit qu'elle irait en excursion le lendemain.（直接話法に）**
4. **Vous apprendrez à mesure que vous vieillirez.（下線部をジェロンディフに）**
5. **On est absolument d'accord.（ne ... pas を使って " 部分否定 " の表現に）**
6. **On n'emploie plus ce mot dans l'anglais courant.（代名動詞 s'employer を用いて）**
7. **Elle poursuit obstinément cette étude sur la poésie de Baudelaire.（代名動詞 s'obstiner を用いて）**

解答・解説

解答、和訳、参考用の英文の順に並べます。

1. **Le stationnement a été interdit sur les trottoirs.**

   路上駐車は禁止されています。

   Parking has been prohibited on sidewalks.

＊ Le stationnement sur les trottoirs a été interdit. と書けなくもないのですが、主語の少々長い、頭でっかちの文になってしまいます。

2. **Il m'a demandé si mes amis étaient toujours en train se se disputer.**

   彼は友人たちは相変わらず言い争っているのかと私に尋ねました。

   He asked me if my friends were still arguing.

3. **Ma fille m'a dit : ≪ J'irai en excursion demain. ≫**

   娘は「明日、遠足に行く」と言った。

   My daughter said to me, "I will go on a field trip tomorrow."

4. Vous apprendrez en vieillissant.

齢を重ねるにつれて学んでいくものです。

You will learn as you get older.

＊〈à mesure que +［直説法］〉で「～につれて、～に応じて」の意味。

5. On n'est pas absolument d'accord.

絶対に同意しないわけではありません。

We do not absolutely agree.

＊pasの位置を変えてOn n'est absolument pas d'accord. とすると「絶対に同意しません」の意味になります。

6. Ce mot ne s'emploie plus dans l'anglais courant.

この単語は現代英語ではもう使われません。

This word is no longer used in ordinary English.

＊代名動詞の受動的用法。

7. Elle s'obstine à poursuivre cette étude sur la poésie de Baudelaire.

彼女はあくまでもボードレールの詩についての研究を続けようとしています。

She persists in pursuing this study of Baudelaire's poetry.

＊s'obstiner à + inf. で「あくまで～しようとする」の意味。

Grammaire de base + Dictées

＊ディクテだけでなく、練習問題の箇所も
仏語の例文は音源を収録。

（適時英語を参照しつつ）練習問題を解き、ディクテ形式で例文を埋めて完成する基礎フランス語文法確認の章。

〔00〕（前提・準備段階）冠詞
〔0〕（前提・準備段階）to be ≠ être の例
〔1〕冠詞（総称を表すケース）
〔2〕疑問形容詞
〔3〕疑問代名詞
〔4〕疑問副詞
〔5〕強調構文
〔6〕近接未来・近接過去
〔7〕指示形容詞
〔8〕指示代名詞
〔9〕準助動詞
〔10〕所有形容詞
〔11〕所有代名詞
〔12〕人称代名詞（目的格）と強勢形
〔13〕数量副詞
〔14〕前置詞（練習問題形式）
〔15〕代名動詞
〔16〕中性代名詞
〔17〕同格・倒置
〔18〕比較級・最上級
〔19〕非人称構文
〔20〕不定形容詞・不定代名詞〈tout〉
〔21〕命令法・命令文
〔22〕等位接続詞
〔23〕分詞（現在・過去）

〔00〕（前提・準備段階）冠詞　　🔊 01

フランス語の 3 つの冠詞（不定冠詞・定冠詞・部分冠詞）の
基本的な用法を問題形式で確認いたします。

問題 1　　🔊 01

1 ~ 5 のフランス語と英語が同じ意味になるように冠詞をともなった語句を（　　）内に入れてください。

1. (　　　) **sont des animaux dangereux.**
Snakes are dangerous animals.

2. Mon père va au gymnase trois fois par semaine.
My father goes to the gym three times (　　　).

3. Ma mère aime jouer (　　　) **.**
My mother likes to play the piano.

4. Il a touché ma sœur (　　　) **.**
He touched my sister by the hand.

5. Fermez (　　　) **, s'il vous plaît.**
Please close the curtain.

（はみ出し）英語は「総称」を無冠詞で表せる一方で「部分的表現」にもなります。この曖昧さゆえに 1967 年「安保理決議 242 号」の「六日戦争の戦後処理としてイスラエル軍の占領地からの撤退文」は territories という1語に定冠詞がなかったことで死文化。表記の玉虫色が生んだ災いとして今でも有名です。

解答・解説

1. 総称を表す言い方。英語は無冠詞が一般的ですが、フランス語は定冠詞を添えて **Les serpents** となります。「蛇は危険な動物です」の意味。冠詞の総称についての詳細は p.240 を参照ください。

2. 冠詞をともなわない per week とも入れられますが、ここは英語 "［不定冠詞］+［数量・期間を表す可算名詞］" という形で「～につき」の意味になるので **a week** と入ります。「父は週に 3 回ジムに通っている」という意味になります。なお、音源はフランス語を収録しています。

3. 英語は "play +［the + 楽器］" で「楽器を演奏する」の意味。この定冠詞は「そのピアノ」ではなく「ピアノというもの」（総称）を表しています。フランス語は jouer du piano となります。〈 jouer de +［定冠詞+楽器］〉という展開です。「母はピアノを弾くのが好きです」という意味になります。なお、英語は "play +［スポーツ］"（play tennis）ですが、フランス語では前置詞 à を用いて、jouer **au tennis** と言い表します。

◆ 冠詞の縮約

3 の du は〈[前置詞] de ＋[定冠詞] le〉が「縮約」された形。これはフランス文法のイロハ。ただ、教室で冠詞の「縮約」という言葉を使うと、文法の用語におじ気づく学生が少なからずいます。でも、英語にも、日本語にもこうした「縮約」(あるいは「短縮」とも言い換えられます) は存在しています。英語なら I am が I'm、will not が won't など。日本語はくだけた話し言葉で使われるもので、たとえば「噂を信じちゃいけないよ」の「ちゃ」、「あそこに置いといて」の「とい」は、それぞれ「信じては」「置いておいて」の「縮約」です。けっしてなじみのない現象ではありません。文法用語・専門用語は「効率的に学ぶ」手段として有効なもの。たまに既成の文法用語を我流に改めて振り回す教師がいないではないですが、それはそれ、ともかく用語で腰が引けるのはもったいない。

4. 「彼は私の姉 (妹) の手に触れました」の意味になりますが、英語は by the hand で ~~by her hand~~ とはしません。フランス語も同様で定冠詞を用いて、**par la main** と入ります。人物に焦点を合わせているからです。英仏ともに〈[動詞] (多くは接触に関係する語) + [目的語] (人) + [前置詞] + [定冠詞] +[身体部]〉という展開。ただし、英語で「手」に焦点を合わせる言い回しにするなら He touched my sister's hand. と表現します。

5. 「どうぞカーテンを閉めてください」。周囲の状況からして、どのカーテンを具体的に指し示しているかわかるはずですから、仏英とも定冠詞を添えた「カーテン」が入ります。つまり **le rideau** です。

問題 2 　　02

1 ～ 5 の (　) に入る適当な冠詞を [　] から選んでください。

1. On peut bien voir (　　) lune depuis le toit du bâtiment.
[une　la　de la]

2. Mon frère a montré (　　) courage.
[un　le　du]

3. C'était loin de l'arrêt de bus, alors j'ai pris (　　) taxi qui passait devant moi.
[un　le　du]

4. C'est (　　) voiture de mon oncle que j'ai achetée il y a un mois.
[une　la　de la]

5. Il y a souvent (　　) épais brouillard dans ce marais vert.
[un　le　du]

解答・解説

1.「ビルの屋上から月がよく見えます」の意味。天体である「月」は唯一、1 つしかないものなので定冠詞を添えて **la** lune（英語 the moon）となります。ただし、「月」は、時々にその姿を変えますので、次のような例なら不定冠詞を用いることが可能です（例：Une pleine lune orange est apparue à l'horizon.「オレンジ色の満月が水平線に顔を出した」)。なお、「ビルの屋上」は英語なら the roof of the building となり、~~the building's roof~~ とは言いません。例外はありますが、of は「無生物」に、'sは「生物（特に人間）」に用いるのが原則です。

2.「兄（弟）は勇気ある行動をとった」となります。montrer **du** courage「勇気を示す」(= faire preuve de courage）の意味で、実際に「（具体的な）勇気をふるう」わけですから部分冠詞 du を入れます。avoir du courage なら「勇気がある」の意味。ただ、「～する勇気がある」なら avoir le courage de + inf. と定冠詞を用います。

3.「バス停が遠かったので、私の前を通っていたタクシーに乗りました」。タクシーは **un** taxi のはず。le taxi なら最初から乗るタクシーが「それ」と決まっていることになってしまいます。電車やバスと違って、タクシーは U ターンもできますから、方向も自由です。もちろん、タクシーは不可算名詞ではないので、部分冠詞は用いません。

4. 英語なら This is my uncle's car that I bought a month ago. と下線部に冠詞は登場しませんが、A de B「B の A」(= A of B）の形を用いるフランス語では通常「私のおじの車」と限定されていますから **la** voiture de mon oncle です。ただし、冠詞は一筋縄ではいきません。もし「おじ」が複数の車 voitures を所有していて、その中の「1 台」une voiture を購入したという文意であるなら **une** voiture de mon oncle とすることも可能です。

5.「この湿原はよく濃い霧が立ち上ります」の意味で、**un** épais brouillard と入ります。形容詞を添えない Il y a souvent (　) brouillard dans ce marais vert. という問題ならば空所は部分冠詞 du が入りますが、例文は形容詞で修飾されているので不定冠詞を用いるのが通例となります。

この章は 1・2 章の前提となる基本を音源を活用しながら確認します。この先、下線の箇所は基本表現を自己診断する意味から仏作文かディクテでの対応をお願いします。
解答は pp.274–281 に載せました。

〔0〕（前提・準備段階）to be ≠ être の例 🔊 03

通常、英語の be 動詞はフランス語の être に相当し、to have がフランス語の avoir に相当します。ただ、そうならない重要な基本表現がいくつかあります。それを確認していきます。

用例》

1. - ______________ ?　- J'ai seize ans.
   - How old are you?　- I'm sixteen (years old).
   「年は幾つですか」「16 です」

年齢には avoir を用います。「年齢」はフランス語では「所有」するわけです。なお、この言い回しは建物の築年にも応用できます（例：Notre maison a 10 ans. / Our house is 10 years old.「わが家は築 10 年です」）。

2. ________________________ ?
   What's the matter?
   どうしましたか（何か困ったことでもあるの）。

3. _______________ **sous la table.**
   There is a mouse under the table.
   テーブルの下にネズミがいます。

＊ there is, there are は be 動詞ですが、フランス語の il y a は avoir を用います。

4. ___________________________ **Paris et Londres ?**
   How far is it from Paris to London?
   パリとロンドンの距離はどれぐらいですか。

＊ it is が il y a に相当するケースもあります（別例：Il y a un mois qu'elle est morte. / It has been ［It is］ a month since she died.「彼女が亡くなって 1 ヶ月になります」）。

5. ___________ **demain.**
   It will be sunny tomorrow.
   明日はいい天気でしょう。

＊ 天気・天候を表す基本表現で、多く英語は "［非人称主語］ it + be 動詞" が使われ、フランス語は〈［非人称主語］ il + faire〉が使われます（別例：It's windy tonight. / Il fait du vent ce soir.「今夜は風がある」、It was 35 degrees in the shade. / Il faisait 35 degrés à l'ombre.「日陰で 35 度だった」）。

〔1〕冠詞（総称を表すケース） 🔊 04

総称 générique を表す冠詞には注意が必要です。通常、数えられる名詞には定冠詞複数 les、数えられない名詞には定冠詞単数 le, la, l' を用い、全体・総称（〜というもの、〜一般）を表します。

冠詞、指示形容詞、所有形容詞をまとめて「名詞標識語」あるいは「限定詞」と呼ぶことがあります。共通点は、付加される名詞の性数と一致して変化する（ただし、複数形は男女とも共通）というところ。

用例》

1. ________________________________ dans la vie quotidienne.
Cars are very convenient in everyday life.
車は日々の暮らしにとても便利なものです。

＊ フランス語は定冠詞複数を用いることで可算名詞から具体性を奪い、抽象化する。「車というものはすべて」（→ toutes les voitures）という着眼を反映します。英語は、可算名詞複数の無冠詞（概念としてのモノととらえる感覚）で表します。

2. On dit que ________________________________.
They say that red wine is good for your health.
赤ワインは健康によいと言われています。

＊ ワインは不可算名詞ですから複数形にはしません。フランス語は定冠詞を、英語は無冠詞で「総称」になります。

食べ物などその形状に応じて，フランス語では総称の表し方が異なるものがあります．

3. ______________________. ＊個数を食べる例。
She likes tomatoes.
彼女はトマトが好きです

4. ________________________. ＊全体の一部を食べる例。
She doesn't like melons.
彼女はメロンが好きではありません。

ときに「〜はどれ 1 つとっても（誰でも）」の意味合いで〈[不定冠詞] + [可算名詞]〉が総称として使われるケースもあります。

不定冠詞による総称表現は主語の位置でないと成立しません。

5. ______________________________, non ?
A French person loves cheese, right?
フランス人はチーズが大好きですよね。

＊ フランス人なら無作為に「どの 1 人を例にあげようとも共通なのはチーズ好き」という含意。英語も同じ。不定冠詞を添えて「フランス人」を個別・具体的にとらえている例になります。N'importe quel Français などとも言い換えられます。ただし、Les Français adorent le fromage, non ? / The French love cheese, non? の方が通常よく見かける形です（p.240 の用例 **1** を参照ください）。

〔2〕疑問形容詞

05

「何の，どんな」の意味を表す語。当該の名詞の性・数に応じて以下のように形が変わりますが、発音はすべて同じ［kɛl］となります。

男性単数	女性単数	男性複数	女性複数
quel	**quelle**	**quels**	**quelles**

用例》

（1）〈（前置詞）＋ **√Quel ＋ 名詞** ＋ 動詞 ＋ 主語?〉のパターンで。

名詞の性数に応じて上記の 4 つのスペリングがあり得るため√を添えています。

1. ________________ **commandés ?**
What dishes did you order?
どんな料理を注文しましたか？

＊ 例文の過去分詞が commandés なので、Quel plat avez-vous ~~commandé~~ ? と単数にならない点に注意。

2. ________________ **sa nouvelle robe ?**
What color is her new dress?
彼女の新しいドレスは何色ですか。

＊「どんな色が好きですか」なら Quelle couleur aimez-vous ? / What color do you like? となります。例文が「形容詞」を問うのに対して、今あげた例は「どんな色」と「名詞」を問いかけているためフランス語は de quelle couleur と quelle couleur に違いが出ます（英語はこれを意識しません）。なお、Quelle est la couleur de sa nouvelle robe ? と言い換えることもできます。

(2) √Quel + 動詞 (être) + **主語** ?のパターンで。

3. ______________________ là-dessus ?

What do you think about this?

その点についてどう思われますか。

* 副詞 là-dessus「その点について」の代わりに、フランス語を英語に引きつけて Qu'est-ce que vous pensez de cela ? と言い換えることもできます。

4. Vous _________________ ?

Which country are you from ?

お国はどちらですか。

* Vous êtes de quelle nationalité ? / What's your nationality ? も同義。この質問に対して、「私の国（国籍）は〜」などとは応じずに、通常、「日本」なら Je suis japonais［japonaise］.「私は日本人です」と返答します。

(3) 感嘆文として.

5. ___________________ dans la rue !

What a big crowd there was in the street!

通りになんとたくさんの人がいたことか。

〔3〕疑問代名詞 　06

(1)「誰」と「何」、名詞で表される情報を得るために使われる疑問詞です（英語の who, what など相当）。たずねる対象に応じて、また、文中の働きに応じて次の種類があります。

		主語	直接目的語（属詞）	間接目的語・状況補語
人	単純形	**Qui**	**Qui +（V − S）**	〔前置詞〕**+ qui +（V − S）**
	複合形	**Qui est-ce qui**	**Qui est-ce que (qu')**	〔前置詞〕**+ qui est-ce que (qu')**
物	単純形	なし	**Que +（V − S）**	〔前置詞〕**+ quoi +（V − S）**
	複合形	**Qu'est-ce qui**	**Qu'est-ce que (qu')**	〔前置詞〕**+ quoi est-ce que (qu')**

＊単純形は基本形・単一形とも呼ばれ、複合形は強調形とも呼ばれます。

＊間接疑問の形 qu'est-ce qui → ce qui / qu'est-ce que → ce que にも注意してください。
例：Je ne sais pas ce qui s'est passé. / I don't know what happened.
→ Qu'est-ce qui s'est passé ? / What happeed?

◆〈疑問代名詞 + est-ce que［est-ce qui］〉の形状

英語 "it is ～ that" による強調箇所に疑問詞を置き、その疑問詞を文頭に移動して it is（主語・動詞）を倒置した is it that を使って、Who is it that ...? / What is it that ...? が「いったい誰を（が）/ 何を（が）」となるように、フランス語でも p.242 の一覧にある Qui est-ce que [qui] ...? / Qu'est-ce que [qui] ... ? といった形で疑問詞を強めます。ただし、フランス語では〈c'est ～ que [qui]〉による強調（☞ pp.246–247）というニュアンスは薄れ、いわば疑問文を形作る道具と化しているのが〈疑問代名詞 + est-ce que (est-ce qui)〉という複合形です。なお、会話で C'est qui qui crie ? / Qui c'est qui crie ?「誰が叫んでいるの（←叫んでいるのは誰）」という形を使う人もいます。

用例》

［〈人〉主語］

1. ________________ au chocolat ?

2. __________________________ au chocolat ?

Who ate this chocolate cake?

このチョコレートケーキは誰が食べましたか。

［直接目的語］

3. ____________ dans cette foule ?

4. ____________________ dans cette foule ?

Who are you looking for in this crowd?

この群衆の中で誰を探していますか。

［属詞］

5. ________ ?

Who is it?

（ドアのノックなどを聴いて）どなたですか。

この例では疑問代名詞の複合形は使いません。

［〈物〉主語］

6. ______________________________ ?

What happened?

どうしたのですか（何が起こったのですか）。

［直接目的語］

7. ___________________ dans le grenier ?

8. ________________________________ dans le grenier ?

What are you looking for in the attic?

屋根裏部屋で何を探しているのですか。

［属詞］

9. Alors, _____________________ ?

10. Alors, _________________________________ ?

Well, what are you doing these days?

で、このところどうしておいでですか（お変わりありませんか）。

［〈人 / 物〉間接目的語］

11. _____________________ ?

Who are you thinking of?

誰のことを考えているのですか。。

12. ______________________________________ la photo ?

What are you thinking while looking at the photo?

じっと写真を見ながら何を考えているのですか。

（2）「2 人（2 つ）、あるいはそれ以上のなかでどれ（だれ）」と選択肢のなかから選ぶパターンでは〈定冠詞+疑問形容詞〉の形をとる以下の疑問代名詞を使います。

男性単数	女性単数	男性複数	女性複数
lequel	**laquelle**	**lesquels**	**lesquelles**

* 前置詞〈à, de〉とともに用いる場合には定冠詞の縮約に準じます。

用例》

［主語］

13. ______________________________ cher ?

← **tableau** は男性名詞。

Which of these paintings is the most expensive?

この絵の中で 1 番値段が高いのはどれですか。

［直接目的語］

14. De ces deux chambres, ____________________ ?

← **chambre** は女性名詞。

Of these two bedrooms, which one do you prefer?

2つの部屋（寝室）のうち、どちらがお好きですか。

［状況補語］

15. ______________________ va-t-on à la Gare de Lyon ?

← **route** は女性名詞。

Which of these routes leads to Gare de Lyon?

リヨン駅へはどのルートが通じていますか。

〔4〕疑問副詞

07

相手から副詞に相当する情報を引き出す疑問詞です。

（場所）	quand いつ	depuis quand いつから
（時）	où どこに、どこへ	d'où どこから
（数量）	combien どれだけ、いくら	combien de いくつ
（理由）	pourquoi なぜ、どうして	
（手段・様態）	comment どのように、どのような	

用例》

1. ________________ à Naples ?

When are you going to Naples?

ナポリにはいつ出発なさいますか。

＊ Vou partez à Naples quand ? も Quand est-ce que vous partez à Naples ? も同義。フランス語は 3 つの疑問文の形が可能です。

2. ________________________________ **dans cette école de langue ?**
How long have you been learning French at that language school?
あの語学学校でいつからフランス語を習っていますか。

3. **Dites-moi ________________.**
Tell me where it hurts.
どこが痛いのか教えてください。

4. **Tu ________________ ?**
How far are you going to go?
どこまで行くつもりですか。

5. ________________________________ **avec une touche légère ?**
How much is this abstract painting with a light touch?
この軽妙なタッチの抽象画はおいくらですか。

6. ________________________________ **dans ce parking ?**
How many cars can you park in this car park?
この駐車場には何台の車を駐車できますか。

7. **Je ne sais pas ________________________________.**
I don't know why she arrived late.
なぜ彼女が遅れて着いたのかわかりません。

8. ________________________________**un tarot ?**
Do you know how to play with tarot cards?
タロットカードでどうやって遊ぶかご存知ですか。

〔5〕強調構文 08

〈主語を強調する〉	**C'est ... qui + V...**
〈主語以外を強調する〉	**C'est ... que + S + V...**

＊直接目的語・間接目的語・属詞・状況補語の強調

副詞節の強調にも c'est ... que を使います。C'est parce qu'elle n'a pas compris qu'elle ne m'a pas répondu.「彼女が私に返事をしかなかったのは理解できなかったからです」。なお、C'est ... où, C'est ... dont といった強調構文もあります。

用例》

1. ________________________________
de fleurs.
(← M. Yamada dirige ce magasin de fleurs.)
It is Mr. Yamada who runs this flower shop.
この花屋を経営しているのは山田さんです。

＊ 主語の人称代名詞を強調するなら、、フランス語では強勢形を用いてたとえば C'est lui qui dirige ce magasin de fleurs. となりますが、英語は It is he ［him］ who runs this flower shop. と主格を用いるケース（主に書き言葉）と目的格（話し言葉）にするケースがあります。

2. ______________________________ **j'aime.**

（← J'aime l'innocence de ma fiancée.）

It is my fiancée's innocence that I love.

私が愛するのはフィアンセの天真爛漫さです。

3. ______________________________ **cette cravate rayée.**

（← J'ai acheté cette cravate à Yokohama.）

It was in Yokohama that I bought this striped tie.

私がこのストライプのネクタイを買ったのは横浜でした。

＊ C'est à Yokohama que j'ai acheté cette cravate rayée. / It is in Yokohama that I bought this striped tie. と現在形も使えます。ただし、現在形なら「このストライプのネクタイを買ったこと」に話者は今も意識を向けている感覚、過去形であれば「ネクタイ購入は過去のこと」という違いがあります。

否定表現を強調する形も記憶しておきたい。
Ce n'est que ce matin que nous avons appris la nouvelle. /
It was not until this morning that we heard the news.
「今朝になって初めてそのニュースを聞きました」。

〔6〕近接未来・近接過去　🔊 09

〈aller + 不定詞 inf.〉で近い未来を表します。また、〈venir (juste) de + 不定詞 inf.〉で「（ちょうど）～したばかりである」という近い過去を表します。いずれも、直説法現在と直説法半過去でのみ用いられるものです。

「近接未来」という名称は、どれくらい「近い」未来を示すかが判然としないため「単純未来」との差異がつかまえにくい欠点があります。名称からはわからないですが、前者がその場の状況を肌感覚でとらえた臨場感、現実味がある未来を切り取るのに対して、後者は頭（理屈）でとらえた予測を表すという違いがあります。

用例》

1. Je crois ______________________________.

I believe it's going to start snowing.

雪が降り出すと思います。

＊「行為の始まり」なら se mettre à + inf. が使われます。

例：La neige s'est mise à tomber. / The snow started to fall.
雪が降り出した。

また、「（今まさに）行為の最中」なら être en train de + inf. という言い回しが使えます。

例：Il est en train de neiger. / It is snowing right now.
今は雪が降っている最中です。

2. Quand nous sommes arrivé(e)s, ______________________________.
When we arrived, she had just left.
私たちが到着したとき、彼女はちょうど出発したところでした。

＊「〜し終える、終わる」なら finir par + inf. が使われます。
例：Nous avons fini de déjeuner. / We have finished lunch.
私たちは昼食を食べ終わりました。

ただし、〈aller + inf.〉は「〜しに行く」の意味で使われるケースがあります。〈venir + inf.〉は「〜しに来る」の意味になります。

3. ____________________ va se passer !
Let's see what happens!
これから何が起こるか（しばらく様子）を見てみましょう。

4. _________________________ de temps en temps.
They come to see me from time to time.
彼女たちはときどき私に会いに来ます。

〔7〕指示形容詞　🔊 10

「この、その、あの」と人や物を指し示すときに用いられる形容詞で、冠詞などと同じく、名詞の前に標識語として置かれます。

	単数	複数
男性	ce（cet）	ces
女性	cette	

＊母音（無音の h）で始まる男性名詞には cet（男性形第 2 形）を使います。

用例》

1. ____________________________ ne repose pas sur une idée française.
The construction of this sentence is not based on a French idea.
この文の組み立てはフランス語の発想に立っていません。

2. On dit que ____.
That hotel is said to be the most convenient in town.
そのホテルは町で一番便利だと言われます。

3. Je _____________________________, mais je ne connais pas ____ ________.

I know this woman well, but I do not know that man.
私はこの女性をよく知っていますが、あの男性は知りません。

通常、指示形容詞は遠近の区別なしに用いますが、その区別が必要な場合には -ci, -là を名詞の後につけます。

4. À mon avis, ______________________________.
In my opinion, this wine is better than that wine.
私の意見ですが、このワインはあのワインよりもおいしい。

〔8〕指示代名詞 🔊 11

人・物や観念を「それ、これ、あれ」と指し示す代名詞です。
（1）性数変化しない指示代名詞

1. ce：être の主語として、あるいは関係代名詞の先行詞などに使われます。
2. ceci, cela / ça：名詞と同じように独立的に用いられます。原則として ceci は「近いもの（こと）」、cela は「遠いもの（こと）」に使われます。

なお、ça は cela の代用として日常会話で頻繁に使われる形です。

用例》

1. - Qu'est-ce que c'est ? - ______________________.
- What is this? - It's my electric bike.
これは何ですか。 私の電動自転車です。

2. _______________ plus grand que ____.
This is three times bigger than that.
これはあれよりも 3 倍大きいです。

（2）性数変化する指示代名詞

男性単数	女性単数	男性複数	女性複数
celui	**celle**	**ceux**	**celles**

＊上記の〈[指示代名詞] ce＋[人称代名詞強勢形] lui, elle, eux, elles〉で展開します。
＊ - ci, - là をつけて「遠近・対立・前後」の別を表す場合があります。

用例》

3. **Ce n'est pas cette dent qui me fait mal, ____________________.**
It's not that tooth that hurts, it's the one next to it.
痛いのはその歯ではなく、その隣の歯です。= la dent qui est à côté

〔9〕準助動詞 ◀)) 12

英語の助動詞、can, must などと同じように不定詞 inf. を導く動詞を助動詞に準ずる語として扱うケースがあります（フランス語で助動詞と呼ばれるのは複合時制を作る際の avoir と être です）。代表的な 3 語の基本的な文例を見ておきましょう。

ご存知のように can と be able to は類義ですが、前者は「（肯定的に）〜できる」を表し、後者は「〜できる、でも…」と「前言をひるがえす内容」を従えるケースが多い。なお、can「可能性（〜することがありうる）」は置き換えられません。

◆ **pouvoir**

1. **____________________ d'une seule main ?**
Can you lift this suitcase with one hand?
このスーツケースを片手で持ち上げられるの。

2. **Est-ce que ____________________ ?**
Can I come in without knocking?
ノックせずに中に入っていいですか。

3. **____________________ à boire ?**
Could you bring us something hot to drink?
何か温かい飲み物を持ってきていただけますか。 ＊条件法は丁寧な依頼。

◆ **vouloir**

4. **____________________ tout(e) seul(e).**
I want to eat all the cake by myself.
私はそのケーキを丸ごと一人で食べたいです。

5. **____________________ la gare Saint-Lazare ?**
Can you tell me where the Gare Saint-Lazare is?
サン - ラザール駅がどこか教えていただけますか。

＊「〜していただけますか」には vouloir も pouvoir を使うことができます。この文では疑問詞に導かれた間接疑問節で主語名詞と動詞とで倒置が行なわれ、文末の主語に焦点が当てられた例。

「依頼」に関するニュアンスの違い：vouloir は相手が依頼を断らないことが前提のときに、pouvoir は依頼を受けるか否かは相手次第という差異があります。

◆ **devoir**

6. Léo, ________________________________.
Léo, you must wash your hands before meals.
レオ、食事の前には手を洗らって。

7. ______________________ en hiver.
It must be cold in Canada in the winter.
カナダの冬は寒いに違いありません。

〔10〕所有形容詞 🔊 13

「〜の」(英語の所有格に相当)を表すのが所有形容詞です。

	男性単数	女性単数	男女複数
私の	**mon**	**ma (mon)**	**mes**
君の	**ton**	**ta (ton)**	**tes**
彼の・彼女の・それの	**son**	**sa (son)**	**ses**
私たちの	**notre**		**nos**
あなた(方)の	**votre**		**vos**
彼ら・彼女らの・それらの	**leur**		**leurs**

＊母音または無音の h の前で( )内の形をとります。

所有形容詞は添えられる名詞の性数によって形が決まります。そのため、3 人称単数・複数では文脈がなければ,形の上では「彼の」「彼らの」なのか「彼女の」「彼女らの」なのか区別できません。
例　son frère =(英) his / her brother
　　sa sœur =(英) his / her sister

英語の所有格 their が「彼らの」「彼女らの」「それらの」のどれを指すかは文脈によるのと同じことです。

用例》

1. ________________ à 18 heures.
I finish my work at 6 p.m.
午後 6 時に仕事を終えます。

2. Vous ___________________________ ?
Don't you know his profession?
彼の職業は何なのかご存知ないのですか。

＊sa profession は文脈次第で her profession ともなり得ます。

3. Les rideaux ________________________________.
The curtains lost their color in six months.
半年でカーテンが色褪せました。

＊ 直訳は「半年でカーテンはその色を失った」となります。

〔11〕所有代名詞 🔊 14

所有代名詞とは定冠詞とともに用いて「所有形容詞 + 名詞」
に置き換えられるもの。

		所有物	男性単数	女性単数	男性複数	女性複数
所有者	単数	1人称	**le mien**	**la mienne**	**les miens**	**les miennes**
		2人称	**le tien**	**la tienne**	**les tiens**	**les tiennes**
		3人称	**le sien**	**la sienne**	**les siens**	**les siennes**
	複数	1人称	**le nôtre**	**la nôtre**	**les nôtres**	
		2人称	**le vôtre**	**la vôtre**	**les vôtres**	
		3人称	**le leur**	**la leur**	**les leurs**	

用例》 名詞の部分がすでに話題になっていて、所有者の違いを問題にするケースで使われます。

1. Ton vélo est bleu, ________________.
Your bike is blue, mine is green.
君の自転車は青ですが、私のは緑です。 le mien = mon vélo

＊ 以下は「君の家は大きいが、わが家はそうでもありません」という日本語を所有代名詞を用いて書いた学生による作文です。
Ta maison est grande, la mienne n'est pas si grande.
しかし、これは少々理解しにくい文です。1 文の中で同じ語の繰り返しを避けるのがフランス語なので、ここは2つ目の grande を中性代名詞で受けて、Ta maison est grande, la mienne ne l'est pas autant. などと説明的に書かないとぎこちない印象です。

2. Elle ________________________________.
She spends the holidays with her family.
彼女は休暇を家族とともに過ごします。 les siens = sa famille

＊ これは所有代名詞が男性名詞として用いられ「家族、身内、仲間」の意味となる例です。

〔12〕人称代名詞（目的語）と強勢形　🔊 15

動詞から独立して人称代名詞を用いるケースで使われます。

主語	直接目的語	間接目的語	強勢形
je	**me（m'）**		**moi**
tu	**te（t'）**		**toi**
il	**le（l'）**	**lui**	**lui**
elle	**la（l'）**	**lui**	**elle**
nous	**nous**		**nous**
vous	**vous**		**vous**
ils	**les**	**leur**	**eux**
elles	**les**	**leur**	**elles**

＊直接目的語と間接目的語については文型の項目を参照ください。
＊直接目的語の 3 人称は人だけでなく物も指します。

（強勢形を用いるケース）

（1）主語・目的語などの強調
Lui, il est italien.　彼は、イタリア人です。

（2）前置詞の後
Je vais chez elle.　彼女の家に行く。

（3）属詞として
C'est moi.　私です。　＊例えば、Qui est-ce ?「どなたですか」の問いの返答として。

（4）比較の que の後
Elle est plus grande que moi.　彼女は私より背が高い。

（5）〈強勢形 -même〉「～自身」の形で
Je ferai ce travail moi-même.　その仕事は私が自分でやります。

（6）動詞を省いた文で
J'ai soif. - Moi aussi.　喉が渇いた。 - 私も。

◇ **人称代名詞（目的語）の語順（肯定命令文を除く** ☞ p.270**）**

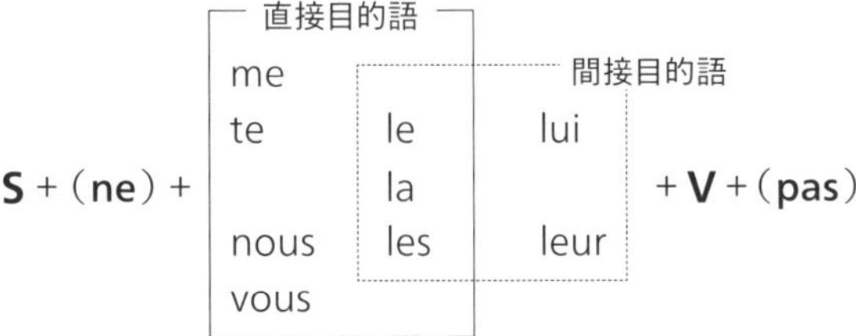

用例》

Il a donné ____________________. ＊フランス語の第 5 文型〈S + V + OD + OI〉。

He gave these flowers to his mother.

彼はこれらの花を母親にあげました。

→ **Il ______________ à sa mère.**（直接目的語 OD を代名詞に）

He gave them to his mother.

彼はそれらを母親にあげました。

→ **Il ___________ ces fleurs.**（間接目的語 OI を代名詞に）

He gave her these flowers.

彼は彼女にこれらの花をあげました

過去分詞が les に性数一致する点に注意。

→ **Il _________________.**（両方を代名詞に）

He gave them to her.

彼はそれらを彼女にあげました。

＊なお、Je vous présente à elle.「あなたを彼女に紹介します」（直接目的語が 1・2 人称のケースでは間接目的は〈à + ［人称代名詞強勢形］〉で遊離する）を ~~Je vous lui présente~~. と言い表すことはできません。

× vous（直接目的語）+ lui（間接目的語）という組み合わせは前ページの図から外れる組み合わせです。

〔13〕数量副詞

16

人・物が「多い」「少ない」、あるいは程度を表す表現など、数量を大まかに表現する数量副詞を見ていきます。
数量副詞を単独で使う形と〈［数量副詞］+ de +［名詞］〉のパターンを併記していきます。

1. beaucoup　たくさん

Merci **beaucoup**.　どうもありがとう。

Il y avait ____________________ dans la rue.

There were a lot of people on the street.

通りには大勢の人がいました。

＊〈beaucoup de +［無冠詞名詞］〉は数と量が多いという両方の意味で使えます。類義語〈de nombreux +［名詞（複数形）］〉は数にのみ対応。つまり、beaucoup d'amis は de nombreux amis と置き換えられますが beaucoup d'argent や beaucoup de vin を〈de nombreux +［名詞（複数形）］〉では表せません。argent や vin は不可算名詞（数えられない名詞）です。

2. un peu　少し

Elle a l'air un peu fatiguée.　彼女は少し疲れているようです。

J'ai ________________ à la banque.

I have a little money in the bank.

私は銀行に少しお金を預けています。

＊肯定的に「少量の、少しの、いくらか～がある」を意味する〈un peu de＋［無冠詞名詞］〉は量を表す言い方。

3. peu　ほとんど～ない

Il sort fort peu le soir.　彼は夜はめったに外には出かけない。

Ma tante a eu ___________ dans sa vie.

My aunt had few friends in her life.

おばには生涯ほとんど友人がいませんでした。

＊「ほとんど～ない、ごくわずかの」という否定的なニュアンスを意味する〈peu de＋［無冠詞名詞］〉は数も量も表せます。

4. assez　かなり、十分

J'ai assez bu hier.　昨日は十分飲みました。

Avez-vous ________________ pour terminer ce rapport ?

Do you have enough time to complete this report?

このレポートを仕上げるのに十分な時間がありますか。

5. trop　あまりにも

C'est trop difficile pour moi.　私には難しすぎます。

J'ai bu ___________ hier soir.

I drank too much wine last night.

昨夜はワインを飲みすぎました。

なお、以下は若干量を表す言い方（文法的には不定形容詞）ですが、**quelques** は「いくつか（2、3 程度の）」、**plusieurs** は「いくつも（どちらかといえば多いというニュアンス）」という意味合いになります。

〈quelque＋［不可算名詞］〉、あるいは quelque part「どこかに（で）」、quelque temps「しばらく、少しの間」は quelque が単数である点に注意してください。

6. Ce roman a _______________________.

This novel has a few good ideas.

この小説にはいくつかグッド・アイデアが載っています。

7. Après avoir obtenu son diplôme, il m'a donné ________________.
After graduating, he gave me several dictionaries.
彼の卒業後、何冊もの辞書をもらいました。

〔14〕前置詞 🔊 17

"[前置詞]+[(代)名詞]" の形で副詞や形容詞の働きをします。
ここは練習問題形式でのチェックです。仏検なら 3 級から準 2 級レベル、DELF なら A1・A2 レベル相当です。

問題 1 🔊 17

以下の 1 ~ 10 の a.b. に共通に入る前置詞を答えてください。

1. a. Est-ce que vos parents se lèvent (　　) le jour ?
b. Je suis tout à fait d'accord (　　) vous.

2. a. On quittera Tokyo (　　) une semaine.
b. Beaucoup d'étudiants vivent (　　) les dortoirs.

3. a. Voilà qu'il se met (　　) pleuvoir !
b. Elle viendra (　　) midi et demie.

4. a. Hélène et Florence sont arrivées (　　) voiture hier soir.
b. Il a écrit ce livre de langue (　　) trois mois.

5. a. Elle y arrivera (　　) le train de 17 heures.
b. Il est arrivé en Suisse (　　) la France.

6. a. Ma mère a essayé (　　) me convaincre.
b. Profitez (　　) l'occasion.

7. a. Tu es pour ou (　　) ce projet ?
b. Elle s'est battue (　　) cet homme.

8. a. (　　) quand est-ce que vous travaillez ici ?
b. On peut voir le grand lac (　　) la fenêtre de l'hôtel.

9. a. Mes parents vont en Italie (　　) une semaine.
b. François a acheté un beau châle (　　) sa femme.

10. a. Il y a un joli vase (　　) la cheminée.
b. Je vais à une conférence (　　) le réchauffement climatique.

解答・解説

1. a は「同時・比例」を表す例で se lever **avec** le jour で「日の出とともに起きる」の意味、**b** は être d'accord **avec** qqn「人と意見が一致する、人に賛成する」の意味。ただし、「(事柄に関して) 意見が一致している」とするなら être d'accord sur qqch の形を用います (訳：Ils sont tous d'accord sur ce point.「彼らはその点に関して皆意見が一致しています」)。共通の **avec** は「ともなう」が基本イメージです。

2. 時間と場所を表す前置詞の例。**a** は単純未来形とともに使われて **dans** une semaine で「(今から) 1 週間後」の意味、**b** は「空間内」vivre **dans** les dortoirs で「寮で暮らす」の意味。**dans** の基本イメージは「中」。

3. a は se mettre **à** + inf. で「(不意に) ～し始める」という頻度の高い言い回し。**b** は時点・時刻を表して **à** midi et demie「昼 12 時半に」の意味になります。**à** の基本イメージは「一点」。

4. a arriver **en** voiture で「車でやって来る」の意味、〈en＋[乗り物]〉で「～に乗って」となります。この言い回しには具体・個別の voiture はイメージされていません。

◆ 冠詞の有無と抽象度について

冠詞 (名詞標識語) の有無によって、通常 [無冠詞] ＜ [定冠詞] ＜ [不定冠詞 / 部分冠詞] ＜ [所有形容詞・指示形容詞] の順に抽象性が減って、具体性が増していきます。

b は所要時間を表す **en** を入れて「彼はこの語学書を 3 カ月で書きました」の意味になります。ちなみに「(ある時点から) 3 カ月以内に」なら avant trois mois や dans les trois mois (ただし、「現時点から 3 カ月以内に」なら d'ici trois mois)、「3 カ月後」なら dans trois mois と言います。

5. a は **par** le train「列車で」という「手段」を表す言い方。**b** の **par** la France は「フランスを通って」の意味。「経由して」via la France とも言い換えられます。

6. a は「母は私を説得しようとした」という意味、**b** は「チャンスを逃さないように」という意味になります。essayer **de** + inf, profiter **de** + inf という展開で、前置詞 **de** が動詞の補語を引き連れ、熟語化した言い回しを作っている例です。

7. a は pour ou **contre** で「賛成か反対か」、**b** の se battre **contre** qqn/qqch は「～と殴り合いの喧嘩をする、戦う」の意味。**contre** の基本イメージは「反発し合う力」。

8. a は時期「～から」を意味する前置詞を入れて「いつからここで働いていますか」、**b** は場所「～から」の意味を添えて「ホテルの窓から大きな湖が見えます」の意味。共通に入るのは **depuis** となります。「起点から離れる」のが **depuis** の基本的なイメージです。

◆ **depuis と時制選択**

depuis が「～以来」「～の間」の意味で用いられるとき、原則、使える時制は直説法現在か直説法半過去になり、直説法複合過去は使えません。

Ma mère apprend [apprenait] l'italien depuis deux ans.
母は 2 年間（2 年越しに）イタリア語を学んでいます［学んでいました］。

これを Ma mère ~~a appris~~ l'italien depuis deux ans.「母は 2 年間イタリア語を学んだ」とするのは正しくありません。
Ma mère a appris l'italien pendant deux ans. としなくてはなりません。
ただし、否定であれば複合過去も使えます。例をあげておきます。

Je n'ai pas vu mon oncle depuis dix ans.
おじに会わなくなって 10 年になります。

〈数字 + ［時間を表す語句］〉という形で期間を表す際に“状態を表す動詞”との組み合わせで pendant は英語の for と同じく省くことができます。
Mon chaton a dormi sur le canapé (pendant) deux heures.
My kitten was sleeping on the sofa (for) two hours.
うちの子猫はソファで2時間寝ていました。

9. **a** は **pour** une semaine で「1 週間の予定で」を表します。**b** は「妻のためにきれいなショールを買った」の意味で **pour** sa femme となります。**pour** の基本イメージは「向かっている」。

10. **a** は接触を意味して「マントルピースの上に」、**b** は主題を意味して「地球温暖化に関する会議」となります。共通に入るのは **sur** です。**sur** の基本イメージは「上」です。

問題 2 🔊 18

文意から考えて下記 1 ~ 8 の（　　）内に入る適当な前置詞句あるいは副詞句を含む言い回しを「語群」から選んで入れてください。ただし、同じものは 1 度しか入れられませんので文意を考えて選択してください。

語 群　à cause du brouillard / après la fusillade / au-dessus du pont / d'après le nom du navire / en cas de problème / jusqu'à cinq heure / le long de la Seine / parmi les filles de sa classe

1. Tu peux voir la lune（　　）?
2. N'hésitez pas à m'appeler（　　）.
3. Ils se promenaient（　　）.
4. L'aéroport a été fermé（　　）.
5. Le député est mort quelques heures（　　）.
6. Mon fils est très populaire（　　）.
7. Ma mère a nommé son hamster（　　）.
8. Ils l'ont attendue（　　）.

解答・解説

1. **au-dessus du pont** と入り「橋の上の月が見えますか」の意味になります。英語 Can you see the moon above the bridge? に相当する文。au-dessus de qqch は基準となる対象から離れて「～の上（の方）に」のほかに、「（数が）～より上の」の意味でも使われます。

2. **en cas de problème** となって、「何かあったら遠慮なく電話してください」の意味。通常、冠詞なしで使われます。英語なら in case of a problem あるいは in case there is a problem となります。

3. **le long de la Seine** と入り「彼らはセーヌ川沿いを散歩していました」の意味。英語にすれば They were taking a walk along the Seine. となります。

4. **à cause du brouillard** で「空港は霧で閉鎖されました」の意味。 à cause de ... で「（マイナス事柄）のせいで」の意味。英語の because of［on account of］the fog に相当します。

5. **après la fusillade** が入って「代議士は銃撃後 2、3 時間で亡くなった」の意味になります。英語にすれば The deputy died a couple of hours after the shooting. といった言い回しに相当します。

6. parmi les filles de sa classe が入ります。「息子はクラスの女の子の間でとても人気があります」の意味。entre = between「（2つの）間に、間で」との差異が問題になるparmi = among「（3つ以上の）中で」を用いて among the girls in his classとなります。

7. d'après le nom du navire と入り「母は船の名前にちなんでハムスターに名前をつけました」の意味になります。d'après qqn/qqch で「～に基づいて、ならって」の意味。英語なら My mother named her hamster after the name of the ship. といった言い回しに相当します。

8. jusqu'à cinq heures と入り「彼らは 5 時まで彼女を待っていました」の意味。英語にすれば They waited for her until five o'clock. となります。

〔15〕代名動詞

19

代名動詞の 4 つの用法をチェックしていきます。

再帰的用法：「自分を（に）」と動作が主語に帰ってくるもの。

1. Ma grand-mère ______________________ ce matin.
My grandmother got up around six o'clock this morning.
祖母は今朝 6 時ごろ起きました。

2. ______________________ avant le petit-déjeuner ?
Didn't you wash your hands before breakfast?
朝食前に手を洗わなかったの。

＊ se laver les mains なので、les mains が直接目的語、よって主語と過去分詞の性数一致はしません。

相互的用法：主語が複数で「お互いを（に）」と相互的に作用するもの。

3. Ils ______________________ sans rien dire.
They looked at each other without saying anything.
彼らは何も言わずに互いを見つめ合いました。

4. Elles ________________.
They kissed each other.
彼女たちは互いにビズ（頬への軽いキス）を交わしました。

＊ se faire la bise でいわゆる「フレンチキスを交わす」という意味。この文は la bise が直接目的、se は間接目的になります。

受動的用法：主語が 3 人称「物」で受動的な意味を表すもの。

5. **Le français ______________________________ aussi ?**
   Is French spoken in some Asian countries too?
   一部のアジア諸国でもフランス語は話されていますか。

6. **__________________________ les repas.**
   This medication is taken after meals.
   この薬は食後に服用のこと。

本来的（本質的）代名動詞：代名動詞の形しかないもの、
あるいは別途独立したもの。

7. **Mes camarades de classe ________________________.**
   My classmates often make fun of me.
   クラスメートは私をよくからかいます。

* その他、この用法の代表的な例として se souvenir de, s'en aller, se douter de などがあります。

〔16〕中性代名詞 🔊 20

人称代名詞とは違って性や数に関係ない中性代名詞の基本を応答文の形で見ていきます。なお、ここは英語との比較があまり意味をもたないため（仏英で距離があるので）、フランス語を軸に説明していきます。

EN

1. **- Tu as acheté des timbres ?** **- Non, __________________.**
   切手は買ったの。 いえ、買わなかった。

* 中性代名詞の en は上記のように〈［不定冠詞］＋［名詞］〉を受けたり、〈de［前置詞］＋［名詞・代名詞・不定詞］〉を受けたり、または数量や分量を表す名詞を受けたりします。例示の en は des timbres に相当する直接目的語なのですが、うしろにある過去分詞の性・数一致は行なわれません。中性たる所以で、その点、下記の例（人称代名詞）とは相違します。
  - Tu as acheté cette montre ? - Oui, je l'ai achetée.
  この時計を買ったの。 ええ、買いました。

この応対を英語にすると「中性代名詞」相当箇所が消えます。- Did you buy any stamps?
- No, I didn't buy any.

l' = la montre なので、過去分詞 acheté は性数一致して achetée と女性形をとります。

2. Quand on parle du loup, ________________.
噂をすれば影（狼の話をすると尻尾が見える）。

* On voit la queue du loup. の下線部を受けた形。

Y

3. J'ai reçu une lettre recommandée ce matin: ________________.
今朝速達の書簡を受けとりました、すぐ返事をしなくてはなりません。

* 中性代名詞 y は初級レベルですと à, dans, sur など、主に場所を示す前置詞に導かれた語句を受けるケースが大半です。 たとえば、- Votre oncle est à Paris ?　- Oui, il y est.「おじさんはパリにいるの」「ええ、います」のように前文で à Paris と〈à + ［場所］〉が明示されていれば y を用いるのはそれほど難しくありません。しかし、例文は場所ではなく、répondre à cette lettre recommandée を y で受けた形。répondre à qqch で「～に返答（返事）する」という意味で用いると知らないと、中性代名詞 y がなかなか浮かびにくいものです。

LE

4. - Sophie, il faut partir tout de suite.　　**- Oui, ________.**
ソフィー、すぐに出発しないと。　　ええ、わかってる。

* 中性代名詞の le は前文の不定詞・形容詞・句・節などを受けます。ただし、下記の人称代名詞の le と混同しないように。
- Voulez-vous lire ce roman ? Bon, je vous le prête.
この小説が読みたいの。いいよ、貸しますよ。

le = ce roman、これは人称代名詞「それを」の意味。

◆（補足）中性代名詞 le か en か?
たとえば、

5. Est-ce que tu te souviens qu'elle est venue à Kyoto il y a un an ?
彼女が 1 年前に京都に来たことを覚えていますか。

に「はい、覚えています」と返事をするとどうなりますか。この質問に、前出の文、節、句、不定詞、名詞や形容詞を受ける中性代名詞〈le〉を用いて返答することはできません。文法的には筋が通っているように思えますが、Oui, je ~~me le souviens~~. は誤文です。
「～を覚えている」se souvenir は〈se souvenir de qqn/qqch〉か〈que + S + V［直説法］〉の形で使われますが、フ

ランス人には前者のイメージが強く、de qqn/qqch を導く中性代名詞〈en〉を用いてこう返事をします。

6. Oui, ________________.

また、douter「～は疑わしい」も同じく、こんな例で。

7. Je doute __________________________.

彼女がすぐ来るとは思えません。

この下線部を代名詞で受けるなら、

8. __________.

「それは怪しいものだ」となります。 douter de qqn/qqch が背後に見え隠れするせいです。つまり、〈「前出の文、節」→ le〉とする安易なとらえ方はミスを生むというわけです。

では、次のケースでは、どちらの返事が適当でしょうか。

9. Elle t'a dit de partir tout de suite ?

彼女はすぐに出かけるように君に言ったのですか。

（**1**） **Oui, elle me l'a dit.**
（**2**） **Oui, elle m'en a dit.**

これは第 5 文型〈dire à qqn（OI） de + inf.（OD）〉なので、下線部 de + inf. の箇所は直接目的語（名詞）です。直接目的語として用いられた不定詞・節は le「そのことを」で受けます。正しいのは（1）です。言い換えれば、上記の文は **9** Elle t'a dit: « Pars tout de suite. » という命令文の箇所を間接話法にした文とみなすことができるからです。

- Elle t'a parlé de partir tout de suite ?
  彼女はすぐに出かけるつもりだと話したのですか。
- Oui, elle m'en a parlé.
  はい、私にそう話しました。

と上記 9 の例は、似ているように見えますが、違います。この文は parler de + inf.「～するつもりだと話す」（英語の talk of doing）という自動詞ですから de + inf. の箇所は文法上は修飾語（副詞）です。したがって、en（副詞）で受けます。なお、こうした点を踏まえて、中性代名詞 en, y を「副詞的代名詞」と分類している文法書もあります。

〔17〕同格・倒置

🔊 21

同格とは、名詞（あるいは名詞相当語）や節を説明・限定するために、他の名詞（名詞相当語, 形容詞など）や節を列記することです。
倒置については、主に書き言葉で「～だと言う、尋ねる」というニュアンスを含んでいる語が、文中・文末に置かれ倒置されるケース、並びに文頭に置かれるとそれに続く主語と動詞が倒置される例を見ておきます。

用法《

〔同格〕

1. **Je vous présente M. Cartier, ＿＿＿＿＿＿＿＿＿＿＿＿＿＿＿＿.**
   I present to you Mr. Cartier, a colleague of my brother.
   兄（弟）の同僚であるカルティエさんを紹介します。

2. **Ma sœur, ＿＿＿＿＿＿＿＿＿＿＿＿＿＿, est sortie d'un air radieux.**
   My sister, happy with the result, walked out beaming.
   私の姉（妹）は、結果に満足して、晴れやかな顔をして出ていきました。

3. **Sa résolution ＿＿＿＿＿＿＿＿＿＿＿＿＿ est ferme.**
   Her resolution to study in France is firm.
   彼女のフランスに留学しようとする決意は固いです。

＊ A de B（[不定詞]）で「同格」を表す例です。

4. **L'idée m'est venue ＿＿＿＿＿＿＿＿＿＿＿＿＿＿＿＿＿＿＿＿＿.**
   The idea came to me that I had to tell my fiancée everything.
   フィアンセにすべてを伝えなければならないという考えが浮かびました。

〔倒置〕ここはフランス語を軸に。

① 属詞を文頭に置いた強調として。

5. **Telle est ＿＿＿＿＿＿＿＿＿.**
   以上が私たちの意見です（私たちの意見は今述べた通りです）。

＊ 不定形容詞 tel,telle を文頭に置き、前文の内容を受けて、「以上が（それこそが）～である」とした形。話のまとめという意味では Voilà notre opinion. と同義です。なお、この例を英語にすると Such is our opinion. とか So that's our opinion. などとなります。

② 関係代名詞で導かれる節でバランス（文体）を考えて。

6. Je ne connais pas bien les affaires dont ________________.

両親が関係している仕事のことはわかりかねます。

＊普通、代名詞主語は倒置されませんが、「名詞主語」と「動詞」の間では例示のように（特に関係詞 que, où で）しばしば倒置が行なわれます。

③ 直接話法で。

7. « Il n'y a rien à faire. », ______________.

「やるべきことは何もありません」と医師は口にする。

この倒置は dire だけでなく、répondre, demander, expliquer といった動詞でも広く書き言葉で行なわれる操作。

＊人の口にしたこと（せりふ）を引用するケースでは、Le médecin dit: «Il n'y a rien à faire.» がよく見かける語順ですが、上記の例のように引用符で囲われた箇所を先置きすると、「〜は言う」の箇所の語順（S + V）を入れ替える操作（単純倒置 V + S）が行なわれます。ただし、S が代名詞の場合なら倒置は行なわれません。なお、この文を間接話法に書き換えると Le médecin dit qu'il n'y a rien à faire.「医者は何もすることがないと言います」となります。

4. 副詞（句）（à peine, aussi, encore, peut-être など）が文頭に置かれたとき。

8. À peine ______________________________ son porte-monnaie sous sa chaise.

彼女が立ち去ってすぐに私は椅子の下に彼女の小銭入れを見つけました。

＊〈à peine ... que +［直説法］〉で、「〜するとすぐに」の意味。à peine が文頭のケースは一般に主語と動詞は倒置されます。英語に置けば No sooner had she left than I found her coin purse under her chair. と相関表現が使われ倒置になります。

9. Peut-être ________________________ le train de partir.

おそらく雪のせいで列車が出発できなかったのかもしれません。

用例》

〔比較級〕

1. **C'est ______________________ Le Caire.**
   It is a city as big as Cairo.
   そこはカイロと同じくらい大きな都市です。

2. **Elle a __________________.**
   She is six years older than he is.
   彼女は彼より 6 つ年上です。

＊ 英語では下線部（代名詞の場合）は 3 つの形式が可能です。She is six years older than he [he is, him]. ただ、主格 he は口語では避けられます。一方で him（目的格）を使うのは文法的な正しさが危ういとされ、結果、he is とするのが無難とされるようです（同等比較も同じ）。フランス語はこうした揺れはなく、比較の que のうしろでは人称代名詞強勢形が使われます。

ただし、口語では him を使うケースが大半です。

3. **Mon frère est _________________.**
   My brother is more of a dreamer than an artist.
   私の兄（弟）は、芸術家というよりは夢想家です。

4. **Elle est ____________________________________.**
   She is two centimeters shorter than him.
   彼女は 2 センチ彼より背が低い。

〔最上級〕

5. **Hakodate, c'est ____________________________________.**
   Hakodate is one of the most beautiful cities I know.
   函館は私が知っている中で最も美しい都市の 1 つです。

6. **Jean-Pierre a choisi ______________________.**
   Jean-Pierre chose the cheapest room.
   ジャン=ピエールは一番安い部屋を選びました。

7. **Maria court ____________________.**
   Maria runs the fastest of the five of us.
   マリアは私たち 5 人のなかで 1 番速く走ります。

＊ 副詞の最上級ですから常に定冠詞は le になります（副詞は名詞の男女の別や、単複には影響されません）。

〔19〕非人称構文

時間や天候を表す表現はもちろん、それ以外にも、さまざまな構文で非人称（il）を主語とした文が用いられます。そうした例をいくつか見ていくことにしましょう。

用例》

1. ________________ hier soir à cette intersection.
There happened a car accident last night at this intersection.
昨夜、この交差点で自動車事故が発生しました。

⋆ この例は Il y a eu un accident de voiture hier soir à cette intersection. とも言い表せます。また、L'accident de voiture a eu lieu hier soir à cette intersection. / The car accident took place last night at this intersection. といった言い方もします。ただし、この 2 つの文は同じものではありません。フランス語の非人称構文 il est arrivé, il y a、英語の there 構文は、情景をいわば 1 枚の絵のように聞き手に描写している感覚で使うのに対して（言い換えれば、新情報となる人やモノの存在を伝えるもの。その意味で定冠詞を添えた l'accident de voiture を用いることができません）、一方の「交通事故」を主語にする文は、すでに「事故」のことが話題にのぼっていて、そこに「昨夜、この交差点で」と情報をプラスする際に用いるものです。

旧情報（知っている事柄）が主語になるという文構成の原理原則に則っているからです。

2. ________________ tout de suite.
We must leave immediately.
私たちはすぐに出発しなければなりません。

⋆ フランス語は Il nous faut partir tout de suite. とも表現できます。また、「誰が何をすべきか」を明示して、英語に即して Nous devons partir tout de suite. とも言い換えられます。

must と have to は類義ですが、前者は「話し手自らの判断で」、後者は「客観的な理由によって」用います（特にイギリス英語）。つまり、前者は「話者の意思」が、後者は「必要に迫られて=義務感」が裏にあるわけです。

3. ________________ une chose pareille.
It's unbelievable that she would say such a thing.
彼女がそんなことを言ったなんて信じられません。

⋆ 上記、**2**にも**3**にも接続法が使われる点にも注意したい。

4. ________________ pleuvoir.
It looks like it's going to rain.
雨が降りそうです。

疑いの気持ちが強いとき，あるいは主節が否定や疑問のときには接続法になります。

5. ________________________________ de réfléchir avant d'agir.
It does not seem that it is necessary to think before acting.
行動する前に考える必要はないようです。

なお、動詞 pleuvoir は通常、非人称 il でしか活用できない動詞ですが、活用形を類推し、比喩的な意味合いで用いられるケースがあります（例：Les critiques pleuvaient sur cette actrice.「あの女優は雨のように降る批判にさらされました」)。

〔20〕不定形容詞・不定代名詞〈tout〉

🔊 24

名詞の意味を限定するのが形容詞の役割ですが、その内容が漠然としている形容詞を不定形容詞と呼びます。また、漠然と不特定の内容を指し示す代名詞が不定代名詞です。そのなかでも用法が多岐にわたる tout の用法を簡単にまとめておきましょう。

① **tout**：（1）～全体　tout(e) + 限定辞（定冠詞，所有・指示形容詞）+ 単数名詞
（2）すべての　tous(toutes) + les（所有・指示形容詞）+ 複数名詞
～ごとに　tous(toutes) + les（+ 数詞）+ 複数名詞（時・距離）

男性単数	女性単数	男性複数	女性複数
tout	**toute**	**tous**	**toutes**

1. Madame Martin a perdu ______________.
Mrs. Martin lost all her money.
マルタン夫人は彼女のお金をすべて失った。

2. M. Bernard se rend en Europe ______________.
Mr. Bernard travels to Europe every three years.
ベルナール氏は、3 年おきにヨーロッパに旅行します。

＊〈tout(e) +［無冠詞名詞］〉は「いかなる，どんな～も」の意味。たとえば、Tout homme est mortel. / Every man is mortal. は「（いずれは）どんな人も死ぬ運命です」という意味になります。

② tout, tous, toutes：すべての物（人々）

3. Le vendeur m'a montré trois costumes : ______________.
The clerk showed me three suits: I liked all of them.
店員は私にスーツを 3 着見せてくれたが、全部気に入りました。

4. _____________ qui finit bien.
All's well that ends well.
終わりよければすべてよし。

〔21〕命令法・命令文 🔊 25

「命令」とネーミングされますが、「要求」「勧告」あるいは「願望」など多様なニュアンスを帯びます。英語は動詞の原形を用いますが、フランス語の命令法は原則 tu, vous, nous に対する直説法現在の活用を用います。

（1）単純形と複合形
① 現在（単純形）：現在・未来において達成されるべき行為

1. ____________________ à la boulangerie.（← se dépêcher tu te dépêches から）
Hurry up to the bakery.
急いでパン屋さんに行ってきて。

＊2 人称単数の活用形から語尾の〈s〉を省きます。

また、代名動詞の肯定命令の次の展開に注意
（例：Dépêche-toi.「急げ」/ Dépêchez-vous.「急いでください」/ Dépêchons-nous.「急ぎましょう」）。

2. ____________________________, s'il vous plaît.（← venir vous venez）
Come tomorrow morning at six o'clock, please.
明朝 6 時においでください。

3. _________________________ ensemble. （← aller nous allons）
Let's go shopping together.
いっしょに買い物に行きましょう。

② 過去（複合形）：未来のある時点までに完了しておくべき行為

4. ______________________ avant midi.（← avoir fini [vous] ayez fini ）
Finish your work before noon.
正午までに仕事を済ませておいてください。

＊avant midi を間違えて jusqu'à midi とする人がいます（例：Je vous attendrai jusqu'à midi.「正午までお待ちします」）。「〜までに（は）」（期限）と「〜まで」（継続）は同義ではありません。英語の by と until の違いです。

（2）命令法と人称代名詞を置く位置

① 肯定命令：人称代名詞（目的語）は動詞のうしろに置きます。

5. Laisse ton bébé tranquille. → ________________.
Leave your baby alone. → **Leave him alone.**
赤ちゃんを → 彼をそっとしておいて。

6. Dites à Marie d'attendre dans le salon. → ________________.
Tell Mary to wait in the living room. → **Tell her to wait in the living room.**
マリーに → 彼女に居間で待つように言ってください。

7. Pensez à votre avenir. → ________.
Think about your future. → **Think about it.**
自分の将来のことを → そのことを考えてください。

8. Laisse un peu de gâteau pour moi. → ____________________.
Leave some cake for me. → **Leave some for me.**
ケーキを少し → 少し私にも残しておいて。

＊**8** の例は、以下のように置き換えることもできます。
Laisse-moi un peu de gâteau. → Laisse-m'en un peu.
Leave me some cake. → Leave me some.

en, y が使われる tu に対する命令であれば〈Laisses-en〉と〈s〉を省きません。

② 否定命令：人称代名詞（目的語）は動詞の前に置きます。

9. Ne touchez pas mon ordinateur. → ________________.
Don't touch my computer. → **Don't touch it.**
パソコンに → それに触らないで。

（3）命令法を用いた構文

10. __________, __ vous réussirez.
Study hard, and you'll succeed.
いっしょうけんめい勉強なさい、そうしたら成功しますよ。

＊命令文 et ...「〜しなさい、そうすれば…」と条件を表す言い回し。命令文 ou ... なら「〜しなさい、さもないと」という展開になります。Étudiez dur, ou vous échouerez. / Study hard, or you'll fail.「いっしょうけんめい勉強なさい、そうでないと失敗しますよ」(“「一生懸命勉強するか」あるいは「失敗するか」、あなたはどちらを選びますか”ということ)。ただし、こうした訳文はあくまでひとつの例に過ぎません。たとえば、Viens ici et écoute-moi. / Come here, and listen to me. なら「そうすれば」といった間伸びした言葉は不釣り合い、「ここに来て、私の言うことを聞きなさい」といった訳が自然です。

〔22〕等位接続詞 🔊 26

「等位」=等しい位、つまり同じ役割をする「語と語」「句と句」「節と節」を結ぶ接続詞のこと。

用例》

フランス式の７つの等位接続詞の覚え方は、Mais où est donc Ornicar ?「でも、Ornicar はいったいどこに?」(mais, ou, et, donc, or, ni, car) です。

1. Georges __ Michel ____________.
ジョルジュとミシェルはここに来るでしょう。

2. __ Georges __ Michel ______________.
ジョルジュもミシェルもここに来ないでしょう。

＊英語では neither A nor B を用いて Neither Georges nor Michel will come here. となります。

3. Elle ____________________, ____________________.
彼女は今晩来ませんよ、病気ですから。

＊car は「というのは、というのも〜だから」の意味で、相手の知らない理由をプラスする展開で使います。その意味では、通常 parce que に置き換えられます。ただし、文頭に car を置く文は作れません。あわせて、先に理由を示して、あとからそれを裏付けする文を car を用いて明らかにする展開、たとえば Elle est malade, car elle n'est pas venue hier soir.「彼女は病気ですよ、(だから) 昨晩来なかったわけです」は parce que に置き換えられません。

4. Je pense, ____________.
われ思うゆえにわれあり。

＊デカルトの『方法序説』から。ラテン語訳 Cogito ergo sum. も知られています。

5. Excusez-moi, ______________________________ une question ?
すみませんが、質問してよろしいですか。

*英語なら Excuse me, but may I ask you a question? となります。

〔23〕分詞（現在・過去）

🔊 27

現在分詞と過去分詞の副詞的用法に関する例文を見ておきます。

注意
分詞を形容詞的に用いるケースは p.131, p.196, p.226, pp.227-228 で扱っています。

①**現在分詞**（副詞的用法：分詞構文）：原因・理由，条件，譲歩などのニュアンス

1. ____________, ________________ ce soir.
Being ill, she did not come tonight.
病気のため、彼女は今夜来ませんでした。

*接続詞を用いて書き換えれば、Comme elle était malade, elle n'est pas venue ce soir. / As she was ill, she did not come this evening. となります。

この文を例に分詞構文を作るプロセス1～3を追えば以下のような手順となります。

1 主節の S と従属節の S′ の一致を確認して、

Comme elle était malade, elle n'est pas venue ce soir.
接続詞　S′　　　　　　S　→　S′=S

2 接続詞と主語 S′ を削除、

~~Comme elle~~ était malade, elle n'est pas venue ce soir.

3 動詞 était（être の直説法半過去）を現在分詞 étant に置き換えて完成。

~~Comme elle~~ était malade, elle n'est pas venue ce soir.
→ Étant malade, elle n'est pas venue ce soir.

2. ____________________, ____________ fait le ménage.
My mother being busy, I do the housework.
母が忙しいので、自分が家事をします。

＊主節の主語（c'est moi qui）と従属節の主語（ma mère）が一致していません。その場合には従属節の主語を分詞の前に残します。絶対分詞構文（英語では独立分詞構文）と呼ばれる形で、ジェロンディフにはない用法です。

② **過去分詞**（副詞的用法：分詞構文）：原因・理由、条件、譲歩などのニュアンス

3. ______________________________, ma grand-mère avait l'air heureuse.

Praised by her grandchildren, my grandmother looked happy.

孫たちにほめられたので、祖母は嬉しそうでした。

＊２つ分詞が重なるので、文頭の現在分詞 étant / being を省いて、文を過去分詞で始めている例。

分詞構文は分詞句と主節の内容とが同時に並行して行なわれていることを示すものなので、「～している状態をともなって」という分詞の基本から意味を判断するのが筋です。
たとえば、上記３の例を「理由」ではなく、「同時性」と考えて Ma grand-mère a été félicitée par ses petits-enfants et avait l'air heureuse. / My grandmother was praised by her grandchildren and looked happy. と解すこともできます。そもそも特定の接続詞で置き換えにくいケースもあり、あくまで解釈は読み手に任されています。なお、分詞構文は文体の推敲が必須の小説・物語文や、新情報を追記することの多い新聞記事などでよく使われます。

下記は、過去分詞の絶対分詞構文（独立分詞構文）の例。主節は「私」je / I が主語ですが、従属節は「私の離婚」mon divorce / my divorce が主語になっています。

4. ____________________, ______________________ une appli de rencontres.

My divorce finalized, I registered on a dating app.

離婚が決着をみたので、私は出会い系アプリに登録しました。

Grammaire + Dictées

解答

〔00〕(前提・準備段階) 冠詞

問題 1 🔊 01

1. Les serpents sont des animaux dangereux.
2. Mon père va au gymnase trois fois par semaine.
3. Ma mère aime jouer du piano.
4. Il a touché ma sœur par la main.
5. Fermez le rideau, s'il vous plaît.

問題 2 🔊 02

1. On peut bien voir la lune depuis le toit du bâtiment.
2. Mon frère a montré du courage.
3. C'était loin de l'arrêt de bus, alors j'ai pris un taxi qui passait devant moi.
4. C'est la voiture de mon oncle que j'ai achetée il y a un mois.
5. Il y a souvent un épais brouillard dans ce marais vert.

〔0〕(前提・準備段階) to be ≠ être の例 🔊 03

1. - **Tu as quel âge** ? - J'ai seize ans.
2. **Qu'est-ce que vous avez** ?
3. **Il y a une souris sous** la table.
4. **Quelle distance y a-t-il entre** Paris et Londres ?
5. **Il fera beau** demain.

〔1〕冠詞 (総称を表すケース) 🔊 04

1. **Les voitures sont très pratiques** dans la vie quotidienne.
2. On dit que **le vin rouge est bon pour la santé**.
3. **Elle aime les tomates**.
4. **Elle n'aime pas le melon**.
5. **Un Français adore le fromage**, non ?

〔2〕疑問形容詞 🔊 05

1. **Quels plats avez-vous** commandés ?
2. **De quelle couleur est** sa nouvelle robe ?
3. **Quelle est votre opinion** là-dessus ?
4. Vous **venez de quel pays** ?
5. **Quel monde il y avait** dans la rue !

〔3〕疑問代名詞 🔊 06

1. **Qui a mangé ce gâteau** au chocolat ?
2. **Qui est-ce qui a mangé ce gâteau** au chocolat ?
3. **Qui cherches-tu** dans cette foule ?
4. **Qui est-ce que tu cherches** dans cette foule ?
5. **Qui est-ce** ?
6. **Qu'est-ce qui s'est passé** ?
7. **Que cherches-tu** dans le grenier ?
8. **Qu'est-ce que tu cherches** dans le grenier ?
9. Alors, **que devenez-vous** ?
10. Alors, **qu'est-ce que vous devenez** ?
11. **À qui pensez-vous** ?
12. **À quoi pensez-vous en regardant** la photo ?
13. **Lequel de ces tableaux est le plus** cher ?
14. De ces deux chambres, **laquelle préférez-vous** ?
15. **Par laquelle de ces routes** va-t-on à la Gare de Lyon ?

〔4〕疑問副詞 🔊 07

1. **Quand partez-vous** à Naples ?
2. **Depuis quand apprenez-vous le français** dans cette école de langue ?
3. Dites-moi **où vous avez mal**.
4. Tu **vas aller jusqu'où** ?
5. **Combien coûte cette peinture abstraite** avec une touche légère ?
6. **Combien de voitures peut-on stationner** dans ce parking ?
7. Je ne sais pas **pourquoi elle est arrivée en retard**.
8. **Savez-vous comment on joue avec** un tarot ?

〔5〕強調構文 08

1. **C'est M. Yamada qui dirige ce magasin** de fleurs.
2. **C'est l'innocence de ma fiancée que** j'aime.
3. **C'était à Yokohama que j'ai acheté** cette cravate rayée.

〔6〕近接未来・近接過去 09

1. Je crois **qu'il va se mettre à neiger**.
2. Quand nous sommes arrivé(e)s, **elle venait juste de partir**.
3. **Allons voir ce qui** va se passer !
4. **Elles viennent me voir** de temps en temps.

〔7〕指示形容詞 10

1. **La construction de cette phrase** ne repose pas sur une idée française.
2. On dit que **cet hôtel est le plus pratique de la ville**.
3. Je **connais bien cette femme**, mais je ne connais pas **cet homme**.
4. À mon avis, **ce vin-ci est meilleur que ce vin-là**.

〔8〕指示代名詞 11

1. - Qu'est-ce que c'est ? - **C'est mon vélo électrique**.
2. **Ceci est trois fois plus grand que** cela.
3. Ce n'est pas cette dent qui me fait mal, **c'est celle qui est à côté**.

〔9〕準助動詞 12

1. **Tu peux soulever cette valise** d'une seule main ?
2. Est-ce que **je peux entrer sans frapper** ?
3. **Pourriez-vous nous apporter quelque chose de chaud** à boire ?
4. **Je veux manger tout le gâteau** tout(e) seul(e).
5. **Voulez-vous me dire où se trouve** la gare Saint-Lazare ?
6. Léo, **tu dois te laver les mains avant les repas**.
7. **Il doit faire froid au Canada** en hiver.

〔10〕所有形容詞

🔊 13

1. **Je finis mon travail** à 18 heures.
2. Vous **ne connaissez pas sa profession** ?
3. Les rideaux **ont perdu leur couleur en six mois**.

〔11〕所有代名詞

🔊 14

1. **Ton vélo** est bleu, **le mien est vert**.
2. Elle **passe les vacances avec les siens**.

〔12〕人称代名詞（目的格）と強勢形

🔊 15

Il a donné **ces fleurs à sa mère.**
→ Il **les a données** à sa mère.
→ Il **lui a donné** ces fleurs.
→ Il **les lui a données**.

〔13〕数量副詞

🔊 16

1. Il y avait **beaucoup de gens** dans la rue.
2. J'ai **un peu d'argent** à la banque.
3. Ma tante a eu **peu d'amis dans sa vie**.
4. Avez-vous **assez de temps** pour terminer ce rapport ?
5. J'ai bu **trop de vin** hier soir.
6. Ce roman a **quelques bonnes idées**.
7. Après avoir obtenu son diplôme, il m'a donné **plusieurs dictionnaires**.

〔14〕前置詞

問題 1

🔊 17

1. a. Est-ce que vos parents se lèvent avec le jour ?
   b. Je suis tout à fait d'accord avec vous.
2. a. On quittera Tokyo dans une semaine.
   b. Beaucoup d'étudiants vivent dans les dortoirs.

3. a. Voilà qu'il se met à pleuvoir !
   b. Elle viendra à midi et demie.
4. a. Hélène et Florence sont arrivées en voiture hier soir.
   b. Il a écrit ce livre de langue en trois mois.
5. a. Elle y arrivera par le train de 17 heures.
   b. Il est arrivé en Suisse par la France.
6. a. Ma mère a essayé de me convaincre.
   b. Profitez de l'occasion.
7. a. Tu es pour ou contre ce projet ?
   b. Elle s'est battue contre cet homme.
8. a. Depuis quand est-ce que vous travaillez ici ?
   b. On peut voir le grand lac depuis la fenêtre de l'hôtel.
9. a. Mes parents vont en Italie pour une semaine.
   b. François a acheté un beau châle pour sa femme.
10. a. Il y a un joli vase sur la cheminée.
    b. Je vais à une conférence sur le réchauffement climatique.

問題 2 18

1. Tu peux voir la lune au-dessus du pont ?
2. N'hésitez pas à m'appeler en cas de problème.
3. Ils se promenaient le long de la Seine.
4. L'aéroport a été fermé à cause du brouillard.
5. Le député est mort quelques heures après la fusillade.
6. Mon fils est très populaire parmi les filles de sa classe.
7. Ma mère a nommé son hamster d'après le nom du navire.
8. Ils l'ont attendue jusqu'à cinq heures.

〔15〕代名動詞

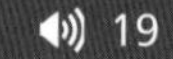

1. Ma grand-mère **s'est levée vers six heures** ce matin.
2. **Tu ne t'es pas lavé les mains** avant le petit-déjeuner ?
3. Ils **se sont regardés l'un l'autre** sans rien dire.
4. Elles **se sont fait la bise**.
5. Le français **se parle-t-il dans certains pays d'Asie** aussi ?
6. **Ce médicament se prend après** les repas.
7. Mes camarades de classe **se moquent souvent de moi**.

〔16〕中性代名詞 🔊 20

1. - Tu as acheté des timbres ? - Non, **je n'en ai pas acheté**.
2. Quand on parle du loup, **on en voit la queue**.
3. J'ai reçu une lettre recommandée ce matin:
   je dois y répondre rapidement.
4. - Sophie, il faut partir tout de suite. - Oui, **je le sais**.
5. Est-ce que tu te souviens qu'elle est venue à Kyoto il y a un an ?
6. Oui, **je m'en souviens**.
7. Je doute **qu'elle vienne tout de suite**.
8. J'**en doute**.
9. - Elle t'a dit de partir tout de suite ?
   - Oui, elle me l'a dit.

〔17〕同格・倒置 🔊 21

1. Je vous présente M. Cartier, **un collègue de mon frère**.
2. Ma sœur, **contente du résultat**, est sortie d'un air radieux.
3. Sa résolution **d'étudier en France** est ferme.
4. L'idée m'est venue **qu'il fallait tout dire à ma fiancée**.
5. Telle est **notre opinion**.
6. Je ne connais pas bien **les affaires dont s'occupent mes parents**.
7. ≪ Il n'y a rien à faire. ≫, **dit le médecin**.
8. À peine **était-elle partie que j'ai trouvé** son porte-monnaie sous sa chaise.
9. Peut-être **la neige a-t-elle empêché** le train de partir.

〔18〕比較級・最上級 🔊 22

1. C'est **une ville aussi grande que** Le Caire.
2. Elle a **six ans de plus que lui**.
3. Mon frère est **plus rêveur qu'artiste**.
4. Elle est **moins grande que lui de deux centimètres**.
5. Hakodate, c'est **une des plus belles villes que je connaisse**.
6. Jean-Pierre a choisi **la chambre la moins chère**.
7. Maria **court le plus vite de nous cinq**.

〔19〕非人称構文 🔊 23

1. **Il est arrivé un accident de voiture** hier soir à cette intersection.
2. **Il faut que nous partions** tout de suite.
3. **Il est incroyable qu'elle ait dit** une chose pareille.
4. **Il semble qu'il va** pleuvoir.
5. **Il ne semble pas qu'il soit nécessaire** de réfléchir avant d'agir.

〔20〕不定形容詞・不定代名詞〈 tout 〉 🔊 24

1. Madame Martin a perdu **tout son argent**.
2. M. Bernard se rend en Europe **tous les trois ans**.
3. Le vendeur m'a montré trois costumes: **tous m'ont plu**.
4. **Tout est bien** qui finit bien.

〔21〕命令法・命令文 🔊 25

1. **Dépêche-toi d'aller** à la boulangerie.
2. **Venez demain matin à six heures**, s'il vous plaît.
3. **Allons faire du shopping** ensemble.
4. **Ayez fini votre travail** avant midi.
5. **Laisse-le tranquille**.
6. **Dites-lui d'attendre dans le salon**.
7. **Pensez-y**.
8. **Laisses-en un peu pour moi**.
9. **Ne le touchez pas**.
10. **Étudiez dur, et** vous réussirez.

〔22〕等位接続詞 🔊 26

1. Georges **et** Michel **viendront ici**.
2. **Ni** Georges **ni** Michel **ne viendront ici**.
3. Elle **ne vient pas ce soir, car elle est malade**.
4. Je pense, **donc je suis**.
5. Excusez-moi, **mais est-ce que je peux vous poser** une question ?

〔23〕分詞（現在・過去） 🔊 27

1. **Étant malade, elle n'est pas venue** ce soir.
2. **Ma mère étant occupée, c'est moi qui** fait le ménage.
3. **Félicitée par ses petits-enfants**, ma grand-mère avait l'air heureuse.
4. **Mon divorce finalisé, je me suis inscrit(e) sur** une appli de rencontres.

索引
index

E …英語　F …フランス語

A-Y

あ

さ

た

な

は

ま

や

ら

わ

おわりに

『英語がわかればフランス語はできる!』、この本がはじめて書店に並んだ四半世紀前のこと、友から言われました。「このタイトル、なんだかあざといな」。

たしかに、その頃は、英語を使ってフランス語を教え、学ぶことに少々抵抗感のあった時代です。語学学習の二足のわらじは発音の混乱を招くとか、英仏でスペリングが似ている単語のせいで誤解が生じかねないとか、さらには、難解なフランス語を英語と同次元で比較対照するなど不埒千万という極論さえありました。しかし、そうした指摘は間違っています。フランス人の英語嫌いも今ではもう昔話。若者はフランス語を愛しながらも、英語をうまく使いこなしています。

今日、日本の義務教育で英語を学ばない人はいません。英語もフランス語も 26 文字の alphabet を使います。個々の単語の読みに違いはあるものの、遡れば大半の語はフランス語から英語に移入・移植されたものです。また、語句を並べる順番はおおむね同じですし、文法の大枠も類似しています。英語を使える人たちが着実に増えてきている昨今、そうした知識をあえて封印して「学ぶ」ことに意味があるでしょうか。

日本語との比較も視野に、ここ数年、英語とフランス語をつなぐ語学書を積極的に書いています。一人でも多くの方に、外国語を学ぶ楽しさを伝え、知っている英語と未知のフランス語に橋をかけて、少しでも学習の負担を減らしたいとの思いからです。外国語を教える人の気概は各人違うでしょうが、「英語にかけた労力の半分で新しい語学はものになる」、そのことを実感してもらいたくてわたしは教室で声を張りあげてきました。そして、その原点とも呼べる1冊が『英語がわかればフランス語はできる!』です。四半世紀の時を経て、改めて、前作のレベルを超える英仏対照の文法書を形にしようと思い至りました。それは、自分に残された時間への焦燥感とともに、先に触れた朋友が永眠したことにつながっています。

遠い昔に「あざとい」と口にしたことを覚えていて、病床の友は「ヒサマッちゃん、例の『あざとい』一冊……その先が見てみたいよ」と言ってくれたのです。その日から数年を閲しましたが、やっと胸を張って「その先」を世に問いかけることができそうです。
まあ「あざと可愛くなどない本」ではありますが。

久松健一

著者
久松 健一（ひさまつ　けんいち）

東京（浅草）生まれ。現在、明治大学の教壇に立つ。元、NHK ラジオ「まいにちフランス語」講師。英語とフランス語を比較対照するオリジナルを複数冊、世に送り出している。駿河台出版社から『英語がわかればフランス語はできる！』『これは似ている！英仏基本構文 100+95』『（バイリンガル叢書）英語・フランス語どちらも話せる！』、IBC パブリッシングから『仏英日例文辞典 POLYGLOTTE』、語研から『[日常頻出順] 中学レベルの英単語をフランス語へ橋渡しする』など。

［中級文法への道標］
英語ができれば
フランス語ここに極まる！
（音声無料ダウンロード）

2023 年 4 月 28 日　初版印刷
2023 年 4 月 28 日　初版発行

著者　久松 健一
装丁・本文デザイン・DTP　屋良 達哉
印刷・製本　精文堂印刷株式会社
発行　株式会社 駿河台出版社
〒 101-0062 東京都千代田区神田駿河台 3-7
TEL 03-3291-1676 / FAX 03-3291-1675
http://www.e-surugadai.com
発行人　上野　名保子

ISBN 978-4-411-00567-0 C1085

動 詞 活 用 表

◇活用表中，現在分詞と過去分詞はイタリック体，
また書体の違う活用は，とくに注意すること．

◇単純時称の作り方

不定法	
—er	[e]
—ir	[ir]
—re	[r]
—oir	[war]

現在分詞	
—ant	[ɑ̃]

	直説法現在				接続法現在		直説法半過去	
je (j')	—e	[無音]	—s	[無音]	—e	[無音]	—ais	[ɛ]
tu	—es	[無音]	—s	[無音]	—es	[無音]	—ais	[ɛ]
il	—e	[無音]	—t	[無音]	—e	[無音]	—ait	[ɛ]
nous	—ons	[ɔ̃]			—ions	[jɔ̃]	—ions	[jɔ̃]
vous	—ez	[e]			—iez	[je]	—iez	[je]
ils	—ent	[無音]			—ent	[無音]	—aient	[ɛ]

	直説法単純未来		条件法現在	
je (j')	—rai	[re]	—rais	[rɛ]
tu	—ras	[rɑ]	—rais	[rɛ]
il	—ra	[ra]	—rait	[rɛ]
nous	—rons	[rɔ̃]	—rions	[rjɔ̃]
vous	—rez	[re]	—riez	[rje]
ils	—ront	[rɔ̃]	—raient	[rɛ]

	直説法単純過去					
je	—ai	[e]	—is	[i]	—us	[y]
tu	—as	[ɑ]	—is	[i]	—us	[y]
il	—a	[a]	—it	[i]	—ut	[y]
nous	—âmes	[am]	—îmes	[im]	—ûmes	[ym]
vous	—âtes	[at]	—îtes	[it]	—ûtes	[yt]
ils	—èrent	[ɛr]	—irent	[ir]	—urent	[yr]

過去分詞	—é [e], —i [i], —u [y], —s [無音], —t [無音]

①**直説法現在**の単数形は，第一群動詞では—e, —es, —e；他の動詞ではほとんど—s, —s, —t.

②直説法現在と接続法現在では，nous, vous の語幹が，他の人称の語幹と異なること(母音交替)がある.

③**命令法**は，直説法現在の tu, nous, vous をとった形.（ただし—es → e　vas → va)

④**接続法現在**は，多く直説法現在の３人称複数形から作られる．ils partent → je parte.

⑤**直説法半過去**と**現在分詞**は，直説法現在の１人称複数形から作られる.

⑥**直説法単純未来**と**条件法現在**は多く不定法から作られる. aimer → j'aimerai, finir → je finirai, rendre → je rendrai (-oir 型の語幹は不規則).

1. avoir	直説法								
	現在			半過去			単純過去		
現在分詞	j'	ai		j'	avais		j'	eus	［y］
ayant	tu	as		tu	avais		tu	eus	
	il	a		il	avait		il	eut	
過去分詞	nous	avons		nous	avions		nous	eûmes	
eu［y］	vous	avez		vous	aviez		vous	eûtes	
	ils	ont		ils	avaient		ils	eurent	
命令法	複合過去			大過去			前過去		
	j'	ai	eu	j'	avais	eu	j'	eus	eu
aie	tu	as	eu	tu	avais	eu	tu	eus	eu
	il	a	eu	il	avait	eu	il	eut	eu
ayons	nous	avons	eu	nous	avions	eu	nous	eûmes	eu
ayez	vous	avez	eu	vous	aviez	eu	vous	eûtes	eu
	ils	ont	eu	ils	avaient	eu	ils	eurent	eu

2. être	直説法								
	現在			半過去			単純過去		
現在分詞	je	suis		j'	étais		je	fus	
étant	tu	es		tu	étais		tu	fus	
	il	est		il	était		il	fut	
過去分詞	nous	sommes		nous	étions		nous	fûmes	
été	vous	êtes		vous	étiez		vous	fûtes	
	ils	sont		ils	étaient		ils	furent	
命令法	複合過去			大過去			前過去		
	j'	ai	été	j'	avais	été	j'	eus	été
sois	tu	as	été	tu	avais	été	tu	eus	été
	il	a	été	il	avait	été	il	eut	été
soyons	nous	avons	été	nous	avions	été	nous	eûmes	été
soyez	vous	avez	été	vous	aviez	été	vous	eûtes	été
	ils	ont	été	ils	avaient	été	ils	eurent	été

3. avoir aimé	直説法								
［複合時称］	複合過去			大過去			前過去		
分詞複合形	j'	ai	aimé	j'	avais	aimé	j'	eus	aimé
ayant aimé	tu	as	aimé	tu	avais	aimé	tu	eus	aimé
	il	a	aimé	il	avait	aimé	il	eut	aimé
命令法	elle	a	aimé	elle	avait	aimé	elle	eut	aimé
aie aimé	nous	avons	aimé	nous	avions	aimé	nous	eûmes	aimé
	vous	avez	aimé	vous	aviez	aimé	vous	eûtes	aimé
ayons aimé	ils	ont	aimé	ils	avaient	aimé	ils	eurent	aimé
ayez aimé	elles	ont	aimé	elles	avaient	aimé	elles	eurent	aimé

4. être allé(e)(s)	直説法								
［複合時称］	複合過去			大過去			前過去		
分詞複合形	je	suis	allé(e)	j'	étais	allé(e)	je	fus	allé(e)
étant allé(e)(s)	tu	es	allé(e)	tu	étais	allé(e)	tu	fus	allé(e)
	il	est	allé	il	était	allé	il	fut	allé
命令法	elle	est	allée	elle	était	allée	elle	fut	allée
sois allé(e)	nous	sommes	allé(e)s	nous	étions	allé(e)s	nous	fûmes	allé(e)s
	vous	êtes	allé(e)(s)	vous	étiez	allé(e)(s)	vous	fûtes	allé(e)(s)
soyons allé(e)s	ils	sont	allés	ils	étaient	allés	ils	furent	allés
soyez allé(e)(s)	elles	sont	allées	elles	étaient	allées	elles	furent	allées

	条件法	接続法	
単純未来	現在	現在	半過去
j' aurai	j' aurais	j' aie	j' eusse
tu auras	tu aurais	tu aies	tu eusses
il aura	il aurait	il ait	il eût
nous aurons	nous aurions	nous ayons	nous eussions
vous aurez	vous auriez	vous ayez	vous eussiez
ils auront	ils auraient	ils aient	ils eussent
前未来	過去	過去	大過去
j' aurai eu	j' aurais eu	j' aie eu	j' eusse eu
tu auras eu	tu aurais eu	tu aies eu	tu eusses eu
il aura eu	il aurait eu	il ait eu	il eût eu
nous aurons eu	nous aurions eu	nous ayons eu	nous eussions eu
vous aurez eu	vous auriez eu	vous ayez eu	vous eussiez eu
ils auront eu	ils auraient eu	ils aient eu	ils eussent eu

	条件法	接続法	
単純未来	現在	現在	半過去
je serai	je serais	je sois	je fusse
tu seras	tu serais	tu sois	tu fusses
il sera	il serait	il soit	il fût
nous serons	nous serions	nous soyons	nous fussions
vous serez	vous seriez	vous soyez	vous fussiez
ils seront	ils seraient	ils soient	ils fussent
前未来	過去	過去	大過去
j' aurai été	j' aurais été	j' aie été	j' eusse été
tu auras été	tu aurais été	tu aies été	tu eusses été
il aura été	il aurait été	il ait été	il eût été
nous aurons été	nous aurions été	nous ayons été	nous eussions été
vous aurez été	vous auriez été	vous ayez été	vous eussiez été
ils auront été	ils auraient été	ils aient été	ils eussent été

	条件法	接続法	
前未来	過去	過去	大過去
j' aurai aimé	j' aurais aimé	j' aie aimé	j' eusse aimé
tu auras aimé	tu aurais aimé	tu aies aimé	tu eusses aimé
il aura aimé	il aurait aimé	il ait aimé	il eût aimé
elle aura aimé	elle aurait aimé	elle ait aimé	elle eût aimé
nous aurons aimé	nous aurions aimé	nous ayons aimé	nous eussions aimé
vous aurez aimé	vous auriez aimé	vous ayez aimé	vous eussiez aimé
ils auront aimé	ils auraient aimé	ils aient aimé	ils eussent aimé
elles auront aimé	elles auraient aimé	elles aient aimé	elles eussent aimé

	条件法	接続法	
前未来	過去	過去	大過去
je serai allé(e)	je serais allé(e)	je sois allé(e)	je fusse allé(e)
tu seras allé(e)	tu serais allé(e)	tu sois allé(e)	tu fusse allé(e)
il sera allé	il serait allé	il soit allé	il fût allé
elle sera allée	elle serait allée	elle soit allée	elle fût allée
nous serons allé(e)s	nous serions allé(e)s	nous soyons allé(e)s	nous fussions allé(e)s
vous serez allé(e)(s)	vous seriez allé(e)(s)	vous soyez allé(e)(s)	vous fussiez allé(e)(s)
ils seront allés	ils seraient allés	ils soient allés	ils fussent allés
elles seront allées	elles seraient allées	elles soient allées	elles fussent allées

5. être aimé(e)(s)［受動態］

直説法		接続法
現在	複合過去	現在
je suis aimé(e)	j' ai été aimé(e)	je sois aimé(e)
tu es aimé(e)	tu as été aimé(e)	tu sois aimé(e)
il est aimé	il a été aimé	il soit aimé
elle est aimée	elle a été aimée	elle soit aimée
nous sommes aimé(e)s	nous avons été aimé(e)s	nous soyons aimé(e)s
vous êtes aimé(e)(s)	vous avez été aimé(e)(s)	vous soyez aimé(e)(s)
ils sont aimés	ils ont été aimés	ils soient aimés
elles sont aimées	elles ont été aimées	elles soient aimées
半過去	大過去	過去
j' étais aimé(e)	j' avais été aimé(e)	j' aie été aimé(e)
tu étais aimé(e)	tu avais été aimé(e)	tu aies été aimé(e)
il était aimé	il avait été aimé	il ait été aimé
elle était aimée	elle avait été aimée	elle ait été aimée
nous étions aimé(e)s	nous avions été aimé(e)s	nous ayons été aimé(e)s
vous étiez aimé(e)(s)	vous aviez été aimé(e)(s)	vous ayez été aimé(e)(s)
ils étaient aimés	ils avaient été aimés	ils aient été aimés
elles étaient aimées	elles avaient été aimées	elles aient été aimées
単純過去	前過去	半過去
je fus aimé(e)	j' eus été aimé(e)	je fusse aimé(e)
tu fus aimé(e)	tu eus été aimé(e)	tu fusses aimé(e)
il fut aimé	il eut été aimé	il fût aimé
elle fut aimée	elle eut été aimée	elle fût aimée
nous fûmes aimé(e)s	nous eûmes été aimé(e)s	nous fussions aimé(e)s
vous fûtes aimé(e)(s)	vous eûtes été aimé(e)(s)	vous fussiez aimé(e)(s)
ils furent aimés	ils eurent été aimés	ils fussent aimés
elles furent aimées	elles eurent été aimées	elles fussent aimées
単純未来	前未来	大過去
je serai aimé(e)	j' aurai été aimé(e)	j' eusse été aimé(e)
tu seras aimé(e)	tu auras été aimé(e)	tu eusses été aimé(e)
il sera aimé	il aura été aimé	il eût été aimé
elle sera aimée	elle aura été aimée	elle eût été aimée
nous serons aimé(e)s	nous aurons été aimé(e)s	nous eussions été aimé(e)s
vous serez aimé(e)(s)	vous aurez été aimé(e)(s)	vous eussiez été aimé(e)(s)
ils seront aimés	ils auront été aimés	ils eussent été aimés
elles seront aimées	elles auront été aimées	elles eussent été aimées
条件法		**現在分詞**
現在	過去	étant aimé(e)(s)
je serais aimé(e)	j' aurais été aimé(e)	**過去分詞**
tu serais aimé(e)	tu aurais été aimé(e)	été aimé(e)(s)
il serait aimé	il aurait été aimé	
elle serait aimée	elle aurait été aimée	**命令法**
nous serions aimé(e)s	nous aurions été aimé(e)s	sois aimé(e)s
vous seriez aimé(e)(s)	vous auriez été aimé(e)(s)	soyons aimé(e)s
ils seraient aimés	ils auraient été aimés	soyez aimé(e)(s)
elles seraient aimées	elles auraient été aimées	

6. se lever［代名動詞］

直説法		接続法
現在	**複合過去**	**現在**
je me lève	je me suis levé(e)	je me lève
tu te lèves	tu t' es levé(e)	tu te lèves
il se lève	il s' est levé	il se lève
elle se lève	elle s' est levée	elle se lève
nous nous levons	nous nous sommes levé(e)s	nous nous levions
vous vous levez	vous vous êtes levé(e)(s)	vous vous leviez
ils se lèvent	ils se sont levés	ils se lèvent
elles se lèvent	elles se sont levées	elles se lèvent
半過去	**大過去**	**過去**
je me levais	je m' étais levé(e)	je me sois levé(e)
tu te levais	tu t' étais levé(e)	tu te sois levé(e)
il se levait	il s' était levé	il se soit levé
elle se levait	elle s' était levée	elle se soit levée
nous nous levions	nous nous étions levé(e)s	nous nous soyons levé(e)s
vous vous leviez	vous vous étiez levé(e)(s)	vous vous soyez levé(e)(s)
ils se levaient	ils s' étaient levés	ils se soient levés
elles se levaient	elles s' étaient levées	elles se soient levées
単純過去	**前過去**	**半過去**
je me levai	je me fus levé(e)	je me levasse
tu te levas	tu te fus levé(e)	tu te levasses
il se leva	il se fut levé	il se levât
elle se leva	elle se fut levée	elle se levât
nous nous levâmes	nous nous fûmes levé(e)s	nous nous levassions
vous vous levâtes	vous vous fûtes levé(e)(s)	vous vous levassiez
ils se levèrent	ils se furent levés	ils se levassent
elles se levèrent	elles se furent levées	elles se levassent
単純未来	**前未来**	**大過去**
je me lèverai	je me serai levé(e)	je me fusse levé(e)
tu te lèveras	tu te seras levé(e)	tu te fusses levé(e)
il se lèvera	il se sera levé	il se fût levé
elle se lèvera	elle se sera levée	elle se fût levée
nous nous lèverons	nous nous serons levé(e)s	nous nous fussions levé(e)s
vous vous lèverez	vous vous serez levé(e)(s)	vous vous fussiez levé(e)(s)
ils se lèveront	ils se seront levés	ils se fussent levés
elles se lèveront	elles se seront levées	elles se fussent levées

条件法		現在分詞
現在	**過去**	se levant
je me lèverais	je me serais levé(e)	**命令法**
tu te lèverais	tu te serais levé(e)	
il se lèverait	il se serait levé	
elle se lèverait	elle se serait levée	
nous nous lèverions	nous nous serions levé(e)s	
vous vous lèveriez	vous vous seriez levé(e)(s)	lève-toi
ils se lèveraient	ils se seraient levés	levons-nous
elles se lèveraient	elles se seraient levées	levez-vous

◇ se が間接補語のとき過去分詞は性・数の変化をしない.

不 定 法 現在分詞 過去分詞	直 説 法			
	現 在	半過去	単純過去	単純未来
7. aimer *aimant* *aimé*	j' aime tu aimes il aime n. aimons v. aimez ils aiment	j' aimais tu aimais il aimait n. aimions v. aimiez ils aimaient	j' aimai tu aimas il aima n. aimâmes v. aimâtes ils aimèrent	j' aimerai tu aimeras il aimera n. aimerons v. aimerez ils aimeront
8. commencer *commençant* *commencé*	je commence tu commences il commence n. commençons v. commencez ils commencent	je commençais tu commençais il commençait n. commencions v. commenciez ils commençaient	je commençai tu commenças il commença n. commençâmes v. commençâtes ils commencèrent	je commencerai tu commenceras il commencera n. commencerons v. commencerez ils commenceront
9. manger *mangeant* *mangé*	je mange tu manges il mange n. mangeons v. mangez ils mangent	je mangeais tu mangeais il mangeait n. mangions v. mangiez ils mangeaient	je mangeai tu mangeas il mangea n. mangeâmes v. mangeâtes ils mangèrent	je mangerai tu mangeras il mangera n. mangerons v. mangerez ils mangeront
10. acheter *achetant* *acheté*	j' achète tu achètes il achète n. achetons v. achetez ils achètent	j' achetais tu achetais il achetait n. achetions v. achetiez ils achetaient	j' achetai tu achetas il acheta n. achetâmes v. achetâtes ils achetèrent	j' achèterai tu achèteras il achètera n. achèterons v. achèterez ils achèteront
11. appeler *appelant* *appelé*	j' appelle tu appelles il appelle n. appelons v. appelez ils appellent	j' appelais tu appelais il appelait n. appelions v. appeliez ils appelaient	j' appelai tu appelas il appela n. appelâmes v. appelâtes ils appelèrent	j' appellerai tu appelleras il appellera n. appellerons v. appellerez ils appelleront
12. préférer *préférant* *préféré*	je préfère tu préfères il préfère n. préférons v. préférez ils préfèrent	je préférais tu préférais il préférait n. préférions v. préfériez ils préféraient	je préférai tu préféras il préféra n. préférâmes v. préférâtes ils préférèrent	je préférerai tu préféreras il préférera n. préférerons v. préférerez ils préféreront
13. employer *employant* *employé*	j' emploie tu emploies il emploie n. employons v. employez ils emploient	j' employais tu employais il employait n. employions v. employiez ils employaient	j' employai tu employas il employa n. employâmes v. employâtes ils employèrent	j' emploierai tu emploieras il emploiera n. emploierons v. emploierez ils emploieront

条件法	接続法		命令法	同型
現在	現在	半過去		
j' aimerais tu aimerais il aimerait n. aimerions v. aimeriez ils aimeraient	j' aime tu aimes il aime n. aimions v. aimiez ils aiment	j' aimasse tu aimasses il aimât n. aimassions v. aimassiez ils aimassent	aime aimons aimez	注 語尾 -er の動詞 (除：aller, envoyer) を**第一群規則動詞**ともいう.
je commencerais tu commencerais il commencerait n. commencerions v. commenceriez ils commenceraient	je commence tu commences il commence n. commencions v. commenciez ils commencent	je commençasse tu commençasses il commençât n. commençassions v. commençassiez ils commençassent	commence commençons commencez	**avancer** **effacer** **forcer** **lancer** **placer** **prononcer** **remplacer** **renoncer**
je mangerais tu mangerais il mangerait n. mangerions v. mangeriez ils mangeraient	je mange tu manges il mange n. mangions v. mangiez ils mangent	je mangeasse tu mangeasses il mangeât n. mangeassions v. mangeassiez ils mangeassent	mange mangeons mangez	**arranger** **changer** **charger** **déranger** **engager** **manger** **obliger** **voyager**
j' achèterais tu achèterais il achèterait n. achèterions v. achèteriez ils achèteraient	j' achète tu achètes il achète n. achetions v. achetiez ils achètent	j' achetasse tu achetasses il achetât n. achetassions v. achetassiez ils achetassent	achète achetons achetez	**achever** **amener** **enlever** **lever** **mener** **peser** **(se) promener**
j' appellerais tu appellerais il appellerait n. appellerions v. appelleriez ils appelleraient	j' appelle tu appelles il appelle n. appelions v. appeliez ils appellent	j' appelasse tu appelasses il appelât n. appelassions v. appelassiez ils appelassent	appelle appelons appelez	**jeter** **rappeler** **rejeter** **renouveler**
je préférerais tu préférerais il préférerait n. préférerions v. préféreriez ils préféreraient	je préfère tu préfères il préfère n. préférions v. préfériez ils préfèrent	je préférasse tu préférasses il préférât n. préférassions v. préférassiez ils préférassent	préfère préférons préférez	**considérer** **désespérer** **espérer** **inquiéter** **pénétrer** **posséder** **répéter** **sécher**
j' emploierais tu emploierais il emploierait n. emploierions v. emploieriez ils emploieraient	j' emploie tu emploies il emploie n. employions v. employiez ils emploient	j' employasse tu employasses il employât n. employassions v. employassiez ils employassent	emploie employons employez	**-oyer** (除：**envoyer**) **-uyer** **appuyer** **ennuyer** **essuyer** **nettoyer**

不定法 現在分詞 過去分詞	直説法			
	現在	半過去	単純過去	単純未来
14. payer	je paye (paie)	je payais	je payai	je payerai (paierai)
	tu payes (paies)	tu payais	tu payas	tu payeras (*etc.*. . .)
payant	il paye (paie)	il payait	il paya	il payera
payé	n. payons	n. payions	n. payâmes	n. payerons
	v. payez	v. payiez	v. payâtes	v. payerez
	ils payent (paient)	ils payaient	ils payèrent	ils payeront
15. envoyer	j' envoie	j' envoyais	j' envoyai	j' **enverrai**
	tu envoies	tu envoyais	tu envoyas	tu **enverras**
envoyant	il envoie	il envoyait	il envoya	il **enverra**
envoyé	n. envoyons	n. envoyions	n. envoyâmes	n. **enverrons**
	v. envoyez	v. envoyiez	v. envoyâtes	v. **enverrez**
	ils envoient	ils envoyaient	ils envoyèrent	ils **enverront**
16. aller	je **vais**	j' allais	j' allai	j' **irai**
	tu **vas**	tu allais	tu allas	tu **iras**
allant	il **va**	il allait	il alla	il **ira**
allé	n. allons	n. allions	n. allâmes	n. **irons**
	v. allez	v. alliez	v. allâtes	v. **irez**
	ils **vont**	ils allaient	ils allèrent	ils **iront**
17. finir	je finis	je finissais	je finis	je finirai
	tu finis	tu finissais	tu finis	tu finiras
finissant	il finit	il finissait	il finit	il finira
fini	n. finissons	n. finissions	n. finîmes	n. finirons
	v. finissez	v. finissiez	v. finîtes	v. finirez
	ils finissent	ils finissaient	ils finirent	ils finiront
18. partir	je pars	je partais	je partis	je partirai
	tu pars	tu partais	tu partis	tu partiras
partant	il part	il partait	il partit	il partira
parti	n. partons	n. partions	n. partîmes	n. partirons
	v. partez	v. partiez	v. partîtes	v. partirez
	ils partent	ils partaient	ils partirent	ils partiront
19. sentir	je sens	je sentais	je sentis	je sentirai
	tu sens	tu sentais	tu sentis	tu sentiras
sentant	il sent	il sentait	il sentit	il sentira
senti	n. sentons	n. sentions	n. sentîmes	n. sentirons
	v. sentez	v. sentiez	v. sentîtes	v. sentirez
	ils sentent	ils sentaient	ils sentirent	ils sentiront
20. tenir	je tiens	je tenais	je tins	je **tiendrai**
	tu tiens	tu tenais	tu tins	tu **tiendras**
tenant	il tient	il tenait	il tint	il **tiendra**
tenu	n. tenons	n. tenions	n. tînmes	n. **tiendrons**
	v. tenez	v. teniez	v. tîntes	v. **tiendrez**
	ils tiennent	ils tenaient	ils tinrent	ils **tiendront**

条件法	接続法		命令法	同型
現在	現在	半過去		
je payerais (paierais) tu payerais (*etc.*...) il payerait n. payerions v. payeriez ils payeraient	je paye (paie) tu payes (paies) il paye (paie) n. payions v. payiez ils payent (paient)	je payasse tu payasses il payât n. payassions v. payassiez ils payassent	 paie (paye) payons payez 	[発音] je paye [ʒəpɛj], je paie [ʒəpɛ]; je payerai [ʒəpɛjre], je paierai [ʒəpɛre].
j' enverrais tu enverrais il enverrait n. enverrions v. enverriez ils enverraient	j' envoie tu envoies il envoie n. envoyions v. envoyiez ils envoient	j' envoyasse tu envoyasses il envoyât n. envoyassions v. envoyassiez ils envoyassent	 envoie envoyons envoyez 	注 未来, 条・現を除いては, **13** と同じ. **renvoyer**
j' irais tu irais il irait n. irions v. iriez ils iraient	j' **aille** tu **ailles** il **aille** n. allions v. alliez ils **aillent**	j' allasse tu allasses il allât n. allassions v. allassiez ils allassent	 **va** allons allez 	注 yがつくとき命令法・現在は vas: vas-y. 直・現・3人称複数に ont の語尾をもつものは他に ont (avoir), sont (être), font (faire) のみ.
je finirais tu finirais il finirait n. finirions v. finiriez ils finiraient	je finisse tu finisses il finisse n. finissions v. finissiez ils finissent	je finisse tu finisses il finît n. finissions v. finissiez ils finissent	 finis finissons finissez 	注 finir 型の動詞を第2群規則動詞という.
je partirais tu partirais il partirait n. partirions v. partiriez ils partiraient	je parte tu partes il parte n. partions v. partiez ils partent	je partisse tu partisses il partît n. partissions v. partissiez ils partissent	 pars partons partez 	注 助動詞は être. **sortir**
je sentirais tu sentirais il sentirait n. sentirions v. sentiriez ils sentiraient	je sente tu sentes il sente n. sentions v. sentiez ils sentent	je sentisse tu sentisses il sentît n. sentissions v. sentissiez ils sentissent	 sens sentons sentez 	注 **18**と助動詞を除けば同型.
je tiendrais tu tiendrais il tiendrait n. tiendrions v. tiendriez ils tiendraient	je tienne tu tiennes il tienne n. tenions v. teniez ils tiennent	je tinsse tu tinsses il tînt n. tinssions v. tinssiez ils tinssent	 tiens tenons tenez 	注 **venir 21** と同型, ただし, 助動詞は avoir.

不定法 現在分詞 過去分詞	直説法			
	現在	半過去	単純過去	単純未来
21. venir	je viens	je venais	je vins	je **viendrai**
	tu viens	tu venais	tu vins	tu **viendras**
venant	il vient	il venait	il vint	il **viendra**
venu	n. venons	n. venions	n. vînmes	n. **viendrons**
	v. venez	v. veniez	v. vîntes	v. **viendrez**
	ils viennent	ils venaient	ils vinrent	ils **viendront**
22. accueillir	j' **accueille**	j' accueillais	j' accueillis	j' **accueillerai**
	tu **accueilles**	tu accueillais	tu accueillis	tu **accueilleras**
accueillant	il **accueille**	il accueillait	il accueillit	il **accueillera**
accueilli	n. accueillons	n. accueillions	n. accueillîmes	n. **accueillerons**
	v. accueillez	v. accueilliez	v. accueillîtes	v. **accueillerez**
	ils accueillent	ils accueillaient	ils accueillirent	ils **accueilleront**
23. ouvrir	j' **ouvre**	j' ouvrais	j' ouvris	j' ouvrirai
	tu **ouvres**	tu ouvrais	tu ouvris	tu ouvriras
ouvrant	il **ouvre**	il ouvrait	il ouvrit	il ouvrira
ouvert	n. ouvrons	n. ouvrions	n. ouvrîmes	n. ouvrirons
	v. ouvrez	v. ouvriez	v. ouvrîtes	v. ouvrirez
	ils ouvrent	ils ouvraient	ils ouvrirent	ils ouvriront
24. courir	je cours	je courais	je courus	je **courrai**
	tu cours	tu courais	tu courus	tu **courras**
courant	il court	il courait	il courut	il **courra**
couru	n. courons	n. courions	n. courûmes	n. **courrons**
	v. courez	v. couriez	v. courûtes	v. **courrez**
	ils courent	ils couraient	ils coururent	ils **courront**
25. mourir	je meurs	je mourais	je mourus	je **mourrai**
	tu meurs	tu mourais	tu mourus	tu **mourras**
mourant	il meurt	il mourait	il mourut	il **mourra**
mort	n. mourons	n. mourions	n. mourûmes	n. **mourrons**
	v. mourez	v. mouriez	v. mourûtes	v. **mourrez**
	ils meurent	ils mouraient	ils moururent	ils **mourront**
26. acquérir	j' acquiers	j' acquérais	j' acquis	j' **acquerrai**
	tu acquiers	tu acquérais	tu acquis	tu **acquerras**
acquérant	il acquiert	il acquérait	il acquit	il **acquerra**
acquis	n. acquérons	n. acquérions	n. acquîmes	n. **acquerrons**
	v. acquérez	v. acquériez	v. acquîtes	v. **acquerrez**
	ils acquièrent	ils acquéraient	ils acquirent	ils **acquerront**
27. fuir	je fuis	je fuyais	je fuis	je fuirai
	tu fuis	tu fuyais	tu fuis	tu fuiras
fuyant	il fuit	il fuyait	il fuit	il fuira
fui	n. fuyons	n. fuyions	n. fuîmes	n. fuirons
	v. fuyez	v. fuyiez	v. fuîtes	v. fuirez
	ils fuient	ils fuyaient	ils fuirent	ils fuiront

条件法	接続法		命令法	同型
現在	現在	半過去		
je viendrais	je vienne	je vinsse		注助動詞は être.
tu viendrais	tu viennes	tu vinsses	viens	**devenir**
il viendrait	il vienne	il vînt		**intervenir**
n. viendrions	n. venions	n. vinssions	venons	**prévenir**
v. viendriez	v. veniez	v. vinssiez	venez	**revenir**
ils viendraient	ils viennent	ils vinssent		**(se) souvenir**
j' accueillerais	j' accueille	j' accueillisse		**cueillir**
tu accueillerais	tu accueilles	tu accueillisses	**accueille**	
il accueillerait	il accueille	il accueillît		
n. accueillerions	n. accueillions	n. accueillissions	accueillons	
v. accueilleriez	v. accueilliez	v. accueillissiez	accueillez	
ils accueilleraient	ils accueillent	ils accueillissent		
j' ouvrirais	j' ouvre	j' ouvrisse		**couvrir**
tu ouvrirais	tu ouvres	tu ouvrisses	**ouvre**	**découvrir**
il ouvrirait	il ouvre	il ouvrît		**offrir**
n. ouvririons	n. ouvrions	n. ouvrissions	ouvrons	**souffrir**
v. ouvririez	v. ouvriez	v. ouvrissiez	ouvrez	
ils ouvriraient	ils ouvrent	ils ouvrissent		
je courrais	je coure	je courusse		**accourir**
tu courrais	tu coures	tu courusses	cours	
il courrait	il coure	il courût		
n. courrions	n. courions	n. courussions	courons	
v. courriez	v. couriez	v. courussiez	courez	
ils courraient	ils courent	ils courussent		
je mourrais	je meure	je mourusse		注助動詞は être.
tu mourrais	tu meures	tu mourusses	meurs	
il mourrait	il meure	il mourût		
n. mourrions	n. mourions	n. mourussions	mourons	
v. mourriez	v. mouriez	v. mourussiez	mourez	
ils mourraient	ils meurent	ils mourussent		
j' acquerrais	j' acquière	j' acquisse		**conquérir**
tu acquerrais	tu acquières	tu acquisses	acquiers	
il acquerrait	il acquière	il acquît		
n. acquerrions	n. acquérions	n. acquissions	acquérons	
v. acquerriez	v. acquériez	v. acquissiez	acquérez	
ils acquerraient	ils acquièrent	ils acquissent		
je fuirais	je fuie	je fuisse		**s'enfuir**
tu fuirais	tu fuies	tu fuisses	fuis	
il fuirait	il fuie	il fuît		
n. fuirions	n. fuyions	n. fuissions	fuyons	
v. fuiriez	v. fuyiez	v. fuissiez	fuyez	
ils fuiraient	ils fuient	ils fuissent		

不定法 現在分詞 過去分詞	直説法			
	現在	半過去	単純過去	単純未来
28. rendre	je rends	je rendais	je rendis	je rendrai
	tu rends	tu rendais	tu rendis	tu rendras
rendant	il **rend**	il rendait	il rendit	il rendra
rendu	n. rendons	n. rendions	n. rendîmes	n. rendrons
	v. rendez	v. rendiez	v. rendîtes	v. rendrez
	ils rendent	ils rendaient	ils rendirent	ils rendront
29. prendre	je prends	je prenais	je pris	je prendrai
	tu prends	tu prenais	tu pris	tu prendras
prenant	il **prend**	il prenait	il prit	il prendra
pris	n. prenons	n. prenions	n. prîmes	n. prendrons
	v. prenez	v. preniez	v. prîtes	v. prendrez
	ils prennent	ils prenaient	ils prirent	ils prendront
30. craindre	je crains	je craignais	je craignis	je craindrai
	tu crains	tu craignais	tu craignis	tu craindras
craignant	il craint	il craignait	il craignit	il craindra
craint	n. craignons	n. craignions	n. craignîmes	n. craindrons
	v. craignez	v. craigniez	v. craignîtes	v. craindrez
	ils craignent	ils craignaient	ils craignirent	ils craindront
31. faire	je fais	je faisais	je fis	je **ferai**
	tu fais	tu faisais	tu fis	tu **feras**
faisant	il fait	il faisait	il fit	il **fera**
fait	n. faisons	n. faisions	n. fîmes	n. **ferons**
	v. **faites**	v. faisiez	v. fîtes	v. **ferez**
	ils **font**	ils faisaient	ils firent	ils **feront**
32. dire	je dis	je disais	je dis	je dirai
	tu dis	tu disais	tu dis	tu diras
disant	il dit	il disait	il dit	il dira
dit	n. disons	n. disions	n. dîmes	n. dirons
	v. **dites**	v. disiez	v. dîtes	v. direz
	ils disent	ils disaient	ils dirent	ils diront
33. lire	je lis	je lisais	je lus	je lirai
	tu lis	tu lisais	tu lus	tu liras
lisant	il lit	il lisait	il lut	il lira
lu	n. lisons	n. lisions	n. lûmes	n. lirons
	v. lisez	v. lisiez	v. lûtes	v. lirez
	ils lisent	ils lisaient	ils lurent	ils liront
34. suffire	je suffis	je suffisais	je suffis	je suffirai
	tu suffis	tu suffisais	tu suffis	tu suffiras
suffisant	il suffit	il suffisait	il suffit	il suffira
suffi	n. suffisons	n. suffisions	n. suffîmes	n. suffirons
	v. suffisez	v. suffisiez	v. suffîtes	v. suffirez
	ils suffisent	ils suffisaient	ils suffirent	ils suffiront

条件法	接続法		命令法	同型
現在	現在	半過去		
je rendrais tu rendrais il rendrait n. rendrions v. rendriez ils rendraient	je rende tu rendes il rende n. rendions v. rendiez ils rendent	je rendisse tu rendisses il rendît n. rendissions v. rendissiez ils rendissent	rends rendons rendez	**attendre** **descendre** **entendre** **pendre** **perdre** **répandre** **répondre** **vendre**
je prendrais tu prendrais il prendrait n. prendrions v. prendriez ils prendraient	je prenne tu prennes il prenne n. prenions v. preniez ils prennent	je prisse tu prisses il prît n. prissions v. prissiez ils prissent	prends prenons prenez	**apprendre** **comprendre** **entreprendre** **reprendre** **surprendre**
je craindrais tu craindrais il craindrait n. craindrions v. craindriez ils craindraient	je craigne tu craignes il craigne n. craignions v. craigniez ils craignent	je craignisse tu craignisses il craignît n. craignissions v. craignissiez ils craignissent	crains craignons craignez	**atteindre** **éteindre** **joindre** **peindre** **plaindre**
je ferais tu ferais il ferait n. ferions v. feriez ils feraient	je **fasse** tu **fasses** il **fasse** n. **fassions** v. **fassiez** ils **fassent**	je fisse tu fisses il fît n. fissions v. fissiez ils fissent	fais faisons **faites**	**défaire** **refaire** **satisfaire** 注 fais-[f(ə)z-]
je dirais tu dirais il dirait n. dirions v. diriez ils diraient	je dise tu dises il dise n. disions v. disiez ils disent	je disse tu disses il dît n. dissions v. dissiez ils dissent	dis disons **dites**	**redire**
je lirais tu lirais il lirait n. lirions v. liriez ils liraient	je lise tu lises il lise n. lisions v. lisiez ils lisent	je lusse tu lusses il lût n. lussions v. lussiez ils lussent	lis lisons lisez	**relire** **élire**
je suffirais tu suffirais il suffirait n. suffirions v. suffiriez ils suffiraient	je suffise tu suffises il suffise n. suffisions v. suffisiez ils suffisent	je suffisse tu suffisses il suffît n. suffissions v. suffissiez ils suffissent	suffis suffisons suffisez	

不定法 現在分詞 過去分詞	直説法			
	現在	半過去	単純過去	単純未来
35. conduire	je conduis	je conduisais	je conduisis	je conduirai
	tu conduis	tu conduisais	tu conduisis	tu conduiras
conduisant	il conduit	il conduisait	il conduisit	il conduira
conduit	n. conduisons	n. conduisions	n. conduisîmes	n. conduirons
	v. conduisez	v. conduisiez	v. conduisîtes	v. conduirez
	ils conduisent	ils conduisaient	ils conduisirent	ils conduiront
36. plaire	je plais	je plaisais	je plus	je plairai
	tu plais	tu plaisais	tu plus	tu plairas
plaisant	il **plaît**	il plaisait	il plut	il plaira
plu	n. plaisons	n. plaisions	n. plûmes	n. plairons
	v. plaisez	v. plaisiez	v. plûtes	v. plairez
	ils plaisent	ils plaisaient	ils plurent	ils plairont
37. coudre	je couds	je cousais	je cousis	je coudrai
	tu couds	tu cousais	tu cousis	tu coudras
cousant	il coud	il cousait	il cousit	il coudra
cousu	n. cousons	n. cousions	n. cousîmes	n. coudrons
	v. cousez	v. cousiez	v. cousîtes	v. coudrez
	ils cousent	ils cousaient	ils cousirent	ils coudront
38. suivre	je suis	je suivais	je suivis	je suivrai
	tu suis	tu suivais	tu suivis	tu suivras
suivant	il suit	il suivait	il suivit	il suivra
suivi	n. suivons	n. suivions	n. suivîmes	n. suivrons
	v. suivez	v. suiviez	v. suivîtes	v. suivrez
	ils suivent	ils suivaient	ils suivirent	ils suivront
39. vivre	je vis	je vivais	je vécus	je vivrai
	tu vis	tu vivais	tu vécus	tu vivras
vivant	il vit	il vivait	il vécut	il vivra
vécu	n. vivons	n. vivions	n. vécûmes	n. vivrons
	v. vivez	v. viviez	v. vécûtes	v. vivrez
	ils vivent	ils vivaient	ils vécurent	ils vivront
40. écrire	j' écris	j' écrivais	j' écrivis	j' écrirai
	tu écris	tu écrivais	tu écrivis	tu écriras
écrivant	il écrit	il écrivait	il écrivit	il écrira
écrit	n. écrivons	n. écrivions	n. écrivîmes	n. écrirons
	v. écrivez	v. écriviez	v. écrivîtes	v. écrirez
	ils écrivent	ils écrivaient	ils écrivirent	ils écriront
41. boire	je bois	je buvais	je bus	je boirai
	tu bois	tu buvais	tu bus	tu boiras
buvant	il boit	il buvait	il but	il boira
bu	n. buvons	n. buvions	n. bûmes	n. boirons
	v. buvez	v. buviez	v. bûtes	v. boirez
	ils boivent	ils buvaient	ils burent	ils boiront

条件法	接続法		命令法	同型
現在	現在	半過去		
je conduirais tu conduirais il conduirait n. conduirions v. conduiriez ils conduiraient	je conduise tu conduises il conduise n. conduisions v. conduisiez ils conduisent	je conduisisse tu conduisisses il conduisît n. conduisissions v. conduisissiez ils conduisissent	 conduis conduisons conduisez	**construire** **cuire** **détruire** **instruire** **introduire** **produire** **traduire**
je plairais tu plairais il plairait n. plairions v. plairiez ils plairaient	je plaise tu plaises il plaise n. plaisions v. plaisiez ils plaisent	je plusse tu plusses il plût n. plussions v. plussiez ils plussent	 plais plaisons plaisez	**déplaire** **(se) taire** （ただし il se tait）
je coudrais tu coudrais il coudrait n. coudrions v. coudriez ils coudraient	je couse tu couses il couse n. cousions v. cousiez ils cousent	je cousisse tu cousisses il cousît n. cousissions v. cousissiez ils cousissent	 couds cousons cousez	
je suivrais tu suivrais il suivrait n. suivrions v. suivriez ils suivraient	je suive tu suives il suive n. suivions v. suiviez ils suivent	je suivisse tu suivisses il suivît n. suivissions v. suivissiez ils suivissent	 suis suivons suivez	**poursuivre**
je vivrais tu vivrais il vivrait n. vivrions v. vivriez ils vivraient	je vive tu vives il vive n. vivions v. viviez ils vivent	je vécusse tu vécusses il vécût n. vécussions v. vécussiez ils vécussent	 vis vivons vivez	
j' écrirais tu écrirais il écrirait n. écririons v. écririez ils écriraient	j' écrive tu écrives il écrive n. écrivions v. écriviez ils écrivent	j' écrivisse tu écrivisses il écrivît n. écrivissions v. écrivissiez ils écrivissent	 écris écrivons écrivez	**décrire** **inscrire**
je boirais tu boirais il boirait n. boirions v. boiriez ils boiraient	je boive tu boives il boive n. buvions v. buviez ils boivent	je busse tu busses il bût n. bussions v. bussiez ils bussent	 bois buvons buvez	

不 定 法 現在分詞 過去分詞	直 説 法			
	現 在	半 過 去	単純過去	単純未来
42. résoudre *résolvant* *résolu*	je résous tu résous il résout n. résolvons v. résolvez ils résolvent	je résolvais tu résolvais il résolvait n. résolvions v. résolviez ils résolvaient	je résolus tu résolus il résolut n. résolûmes v. résolûtes ils résolurent	je résoudrai tu résoudras il résoudra n. résoudrons v. résoudrez ils résoudront
43. connaître *connaissant* *connu*	je connais tu connais il **connaît** n. connaissons v. connaissez ils connaissent	je connaissais tu connaissais il connaissait n. connaissions v. connaissiez ils connaissaient	je connus tu connus il connut n. connûmes v. connûtes ils connurent	je connaîtrai tu connaîtras il connaîtra n. connaîtrons v. connaîtrez ils connaîtront
44. naître *naissant* *né*	je nais tu nais il **naît** n. naissons v. naissez ils naissent	je naissais tu naissais il naissait n. naissions v. naissiez ils naissaient	je naquis tu naquis il naquit n. naquîmes v. naquîtes ils naquirent	je naîtrai tu naîtras il naîtra n. naîtrons v. naîtrez ils naîtront
45. croire *croyant* *cru*	je crois tu crois il croit n. croyons v. croyez ils croient	je croyais tu croyais il croyait n. croyions v. croyiez ils croyaient	je crus tu crus il crut n. crûmes v. crûtes ils crurent	je croirai tu croiras il croira n. croirons v. croirez ils croiront
46. battre *battant* *battu*	je bats tu bats il **bat** n. battons v. battez ils battent	je battais tu battais il battait n. battions v. battiez ils battaient	je battis tu battis il battit n. battîmes v. battîtes ils battirent	je battrai tu battras il battra n. battrons v. battrez ils battront
47. mettre *mettant* *mis*	je mets tu mets il **met** n. mettons v. mettez ils mettent	je mettais tu mettais il mettait n. mettions v. mettiez ils mettaient	je mis tu mis il mit n. mîmes v. mîtes ils mirent	je mettrai tu mettras il mettra n. mettrons v. mettrez ils mettront
48. rire *riant* *ri*	je ris tu ris il rit n. rions v. riez ils rient	je riais tu riais il riait n. riions v. riiez ils riaient	je ris tu ris il rit n. rîmes v. rîtes ils rirent	je rirai tu riras il rira n. rirons v. rirez ils riront

条件法	接続法		命令法	同型
現在	現在	半過去		
je résoudrais	je résolve	je résolusse		
tu résoudrais	tu résolves	tu résolusses	résous	
il résoudrait	il résolve	il résolût		
n. résoudrions	n. résolvions	n. résolussions	résolvons	
v. résoudriez	v. résolviez	v. résolussiez	résolvez	
ils résoudraient	ils résolvent	ils résolussent		
je connaîtrais	je connaisse	je connusse		注 t の前にくるとき
tu connaîtrais	tu connaisses	tu connusses	connais	i→î.
il connaîtrait	il connaisse	il connût		**apparaître**
n. connaîtrions	n. connaissions	n. connussions	connaissons	**disparaître**
v. connaîtriez	v. connaissiez	v. connussiez	connaissez	**paraître**
ils connaîtraient	ils connaissent	ils connussent		**reconnaître**
je naîtrais	je naisse	je naquisse		注 t の前にくるとき
tu naîtrais	tu naisses	tu naquisses	nais	i→î.
il naîtrait	il naisse	il naquît		助動詞はêtre.
n. naîtrions	n. naissions	n. naquissions	naissons	
v. naîtriez	v. naissiez	v. naquissiez	naissez	
ils naîtraient	ils naissent	ils naquissent		
je croirais	je croie	je crusse		
tu croirais	tu croies	tu crusses	crois	
il croirait	il croie	il crût		
n. croirions	n. croyions	n. crussions	croyons	
v. croiriez	v. croyiez	v. crussiez	croyez	
ils croiraient	ils croient	ils crussent		
je battrais	je batte	je battisse		**abattre**
tu battrais	tu battes	tu battisses	bats	**combattre**
il battrait	il batte	il battît		
n. battrions	n. battions	n. battissions	battons	
v. battriez	v. battiez	v. battissiez	battez	
ils battraient	ils battent	ils battissent		
je mettrais	je mette	je misse		**admettre**
tu mettrais	tu mettes	tu misses	mets	**commettre**
il mettrait	il mette	il mît		**permettre**
n. mettrions	n. mettions	n. missions	mettons	**promettre**
v. mettriez	v. mettiez	v. missiez	mettez	**remettre**
ils mettraient	ils mettent	ils missent		
je rirais	je rie	je risse		**sourire**
tu rirais	tu ries	tu risses	ris	
il rirait	il rie	il rît		
n. ririons	n. riions	n. rissions	rions	
v. ririez	v. riiez	v. rissiez	riez	
ils riraient	ils rient	ils rissent		

不定法 現在分詞 過去分詞	直説法			
	現在	半過去	単純過去	単純未来
49. conclure *concluant* *conclu*	je conclus tu conclus il conclut n. concluons v. concluez ils concluent	je concluais tu concluais il concluait n. concluions v. concluiez ils concluaient	je conclus tu conclus il conclut n. conclûmes v. conclûtes ils conclurent	je conclurai tu concluras il conclura n. conclurons v. conclurez ils concluront
50. rompre *rompant* *rompu*	je romps tu romps il rompt n. rompons v. rompez ils rompent	je rompais tu rompais il rompait n. rompions v. rompiez ils rompaient	je rompis tu rompis il rompit n. rompîmes v. rompîtes ils rompirent	je romprai tu rompras il rompra n. romprons v. romprez ils rompront
51. vaincre *vainquant* *vaincu*	je vaincs tu vaincs il **vainc** n. vainquons v. vainquez ils vainquent	je vainquais tu vainquais il vainquait n. vainquions v. vainquiez ils vainquaient	je vainquis tu vainquis il vainquit n. vainquîmes v. vainquîtes ils vainquirent	je vaincrai tu vaincras il vaincra n. vaincrons v. vaincrez ils vaincront
52. recevoir *recevant* *reçu*	je reçois tu reçois il reçoit n. recevons v. recevez ils reçoivent	je recevais tu recevais il recevait n. recevions v. receviez ils recevaient	je reçus tu reçus il reçut n. reçûmes v. reçûtes ils reçurent	je **recevrai** tu **recevras** il **recevra** n. **recevrons** v. **recevrez** ils **recevront**
53. devoir *devant* *dû* (due, dus, dues)	je dois tu dois il doit n. devons v. devez ils doivent	je devais tu devais il devait n. devions v. deviez ils devaient	je dus tu dus il dut n. dûmes v. dûtes ils durent	je **devrai** tu **devras** il **devra** n. **devrons** v. **devrez** ils **devront**
54. pouvoir *pouvant* *pu*	je **peux (puis)** tu **peux** il peut n. pouvons v. pouvez ils peuvent	je pouvais tu pouvais il pouvait n. pouvions v. pouviez ils pouvaient	je pus tu pus il put n. pûmes v. pûtes ils purent	je **pourrai** tu **pourras** il **pourra** n. **pourrons** v. **pourrez** ils **pourront**
55. émouvoir *émouvant* *ému*	j' émeus tu émeus il émeut n. émouvons v. émouvez ils émeuvent	j' émouvais tu émouvais il émouvait n. émouvions v. émouviez ils émouvaient	j' émus tu émus il émut n. émûmes v. émûtes ils émurent	j' **émouvrai** tu **émouvras** il **émouvra** n. **émouvrons** v. **émouvrez** ils **émouvront**

条件法	接続法		命令法	同型
現在	現在	半過去		
je conclurais tu conclurais il conclurait n. conclurions v. concluriez ils concluraient	je conclue tu conclues il conclue n. concluions v. concluiez ils concluent	je conclusse tu conclusses il conclût n. conclussions v. conclussiez ils conclussent	conclus concluons concluez	
je romprais tu romprais il romprait n. romprions v. rompriez ils rompraient	je rompe tu rompes il rompe n. rompions v. rompiez ils rompent	je rompisse tu rompisses il rompît n. rompissions v. rompissiez ils rompissent	romps rompons rompez	**interrompre**
je vaincrais tu vaincrais il vaincrait n. vaincrions v. vaincriez ils vaincraient	je vainque tu vainques il vainque n. vainquions v. vainquiez ils vainquent	je vainquisse tu vainquisses il vainquît n. vainquissions v. vainquissiez ils vainquissent	vaincs vainquons vainquez	**convaincre**
je recevrais tu recevrais il recevrait n. recevrions v. recevriez ils recevraient	je reçoive tu reçoives il reçoive n. recevions v. receviez ils reçoivent	je reçusse tu reçusses il reçût n. reçussions v. reçussiez ils reçussent	reçois recevons recevez	**apercevoir** **concevoir**
je devrais tu devrais il devrait n. devrions v. devriez ils devraient	je doive tu doives il doive n. devions v. deviez ils doivent	je dusse tu dusses il dût n. dussions v. dussiez ils dussent	dois devons devez	注命令法はほとんど用いられない.
je pourrais tu pourrais il pourrait n. pourrions v. pourriez ils pourraient	je **puisse** tu **puisses** il **puisse** n. **puissions** v. **puissiez** ils **puissent**	je pusse tu pusses il pût n. pussions v. pussiez ils pussent		注命令法はない.
j' émouvrais tu émouvrais il émouvrait n. émouvrions v. émouvriez ils émouvraient	j' émeuve tu émeuves il émeuve n. émouvions v. émouviez ils émeuvent	j' émusse tu émusses il émût n. émussions v. émussiez ils émussent	émeus émouvons émouvez	**mouvoir** ただし過去分詞は mû (mue, mus, mues)

不定法 現在分詞 過去分詞	直説法			
	現在	半過去	単純過去	単純未来
56. savoir *sachant* *su*	je sais tu sais il sait n. savons v. savez ils savent	je savais tu savais il savait n. savions v. saviez ils savaient	je sus tu sus il sut n. sûmes v. sûtes ils surent	je **saurai** tu **sauras** il **saura** n. **saurons** v. **saurez** ils **sauront**
57. voir *voyant* *vu*	je vois tu vois il voit n. voyons v. voyez ils voient	je voyais tu voyais il voyait n. voyions v. voyiez ils voyaient	je vis tu vis il vit n. vîmes v. vîtes ils virent	je **verrai** tu **verras** il **verra** n. **verrons** v. **verrez** ils **verront**
58. vouloir *voulant* *voulu*	je **veux** tu **veux** il veut n. voulons v. voulez ils veulent	je voulais tu voulais il voulait n. voulions v. vouliez ils voulaient	je voulus tu voulus il voulut n. voulûmes v. voulûtes ils voulurent	je **voudrai** tu **voudras** il **voudra** n. **voudrons** v. **voudrez** ils **voudront**
59. valoir *valant* *valu*	je **vaux** tu **vaux** il vaut n. valons v. valez ils valent	je valais tu valais il valait n. valions v. valiez ils valaient	je valus tu valus il valut n. valûmes v. valûtes ils valurent	je **vaudrai** tu **vaudras** il **vaudra** n. **vaudrons** v. **vaudrez** ils **vaudront**
60. s'asseoir *s'asseyant*[1] *assis*	je m'assieds[1] tu t'assieds il **s'assied** n. n. asseyons v. v. asseyez ils s'asseyent	je m'asseyais[1] tu t'asseyais il s'asseyait n. n. asseyions v. v. asseyiez ils s'asseyaient	je m'assis tu t'assis il s'assit n. n. assîmes v. v. assîtes ils s'assirent	je m'**assiérai**[1] tu t'**assiéras** il s'**assiéra** n. n. **assiérons** v. v. **assiérez** ils s'**assiéront**
s'assoyant[2]	je m'assois[2] tu t'assois il s'assoit n. n. assoyons v. v. assoyez ils s'assoient	je m'assoyais[2] tu t'assoyais il s'assoyait n. n. assoyions v. v. assoyiez ils s'assoyaient		je m'**assoirai**[2] tu t'**assoiras** il s'**assoira** n. n. **assoirons** v. v. **assoirez** ils s'**assoiront**
61. pleuvoir *pleuvant* *plu*	il pleut	il pleuvait	il plut	il **pleuvra**
62. falloir *fallu*	il faut	il fallait	il fallut	il **faudra**

<table>
<tr><th colspan="1">条件法</th><th colspan="2">接続法</th><th rowspan="2">命令法</th><th rowspan="2">同　型</th></tr>
<tr><th>現　在</th><th>現　在</th><th>半過去</th></tr>
<tr><td>je saurais
tu saurais
il saurait
n. saurions
v. sauriez
ils sauraient</td><td>je sache
tu saches
il sache
n. sachions
v. sachiez
ils sachent</td><td>je susse
tu susses
il sût
n. sussions
v. sussiez
ils sussent</td><td>sache

sachons
sachez</td><td></td></tr>
<tr><td>je verrais
tu verrais
il verrait
n. verrions
v. verriez
ils verraient</td><td>je voie
tu voies
il voie
n. voyions
v. voyiez
ils voient</td><td>je visse
tu visses
il vît
n. vissions
v. vissiez
ils vissent</td><td>vois

voyons
voyez</td><td>revoir</td></tr>
<tr><td>je voudrais
tu voudrais
il voudrait
n. voudrions
v. voudriez
ils voudraient</td><td>je veuille
tu veuilles
il veuille
n. voulions
v. vouliez
ils veuillent</td><td>je voulusse
tu voulusses
il voulût
n. voulussions
v. voulussiez
ils voulussent</td><td>veuille

veuillons
veuillez</td><td></td></tr>
<tr><td>je vaudrais
tu vaudrais
il vaudrait
n. vaudrions
v. vaudriez
ils vaudraient</td><td>je vaille
tu vailles
il vaille
n. valions
v. valiez
ils vaillent</td><td>je valusse
tu valusses
il valût
n. valussions
v. valussiez
ils valussent</td><td></td><td>㊟命令法はほとんど用いられない.</td></tr>
<tr><td>je m'assiérais(1)
tu t'assiérais
il s'assiérait
n. n. assiérions
v. v. assiériez
ils s'assiéraient</td><td>je m'asseye(1)
tu t'asseyes
il s'asseye
n. n. asseyions
v. v. asseyiez
ils s'asseyent</td><td rowspan="2">j' m'assisse
tu t'assisses
il s'assît
n. n. assissions
v. v. assissiez
ils s'assissent</td><td>assieds-toi(1)

asseyons-nous
asseyez-vous</td><td rowspan="2">㊟時称により2種の活用があるが, (1)は古来の活用で, (2)は俗語調である. (1)の方が多く使われる.</td></tr>
<tr><td>je m'assoirais(2)
tu t'assoirais
il s'assoirait
n. n. assoirions
v. v. assoiriez
ils s'assoiraient</td><td>je m'assoie(2)
tu t'assoies
il s'assoie
n. n. assoyions
v. v. assoyiez
ils s'assoient</td><td>assois-toi(2)

assoyons-nous
assoyez-vous</td></tr>
<tr><td>il pleuvrait</td><td>il pleuve</td><td>il plût</td><td></td><td>㊟命令法はない.</td></tr>
<tr><td>il faudrait</td><td>il faille</td><td>il fallût</td><td></td><td>㊟命令法・現在分詞はない.</td></tr>
</table>